U0853462

Incentives and Political Economy

当 代 世 界 学 术 名 著

激励与政治经济学

[法] 让-雅克·拉丰（Jean-Jacques Laffont）/著
刘冠群 杨小静/译
刘冠群 周业安/校

中国人民大学出版社
·北京·

“当代世界学术名著”
出版说明

中华民族历来有海纳百川的宽阔胸怀，她在创造灿烂文明的同时，不断吸纳整个人类文明的精华，滋养、壮大和发展自己。当前，全球化使得人类文明之间的相互交流和影响进一步加强，互动效应更为明显。以世界眼光和开放的视野，引介世界各国的优秀哲学社会科学的前沿成果，服务于我国的社会主义现代化建设，服务于我国的科教兴国战略，是新中国出版工作的优良传统，也是中国当代出版工作者的重要使命。

中国人民大学出版社历来注重对国外哲学社会科学成果的译介工作，所出版的“经济科学译丛”、“工商管理经典译丛”等系列译丛受到社会广泛欢迎。这些译丛侧重于西方经典性教材；同时，我们又推出了这套“当代世界学术名著”系列，旨在逡译国外当代学术名著。所谓“当代”，一般指近几十年发表的著作；所谓“名著”，是指这些著作在该领域产生巨大影响并被各类文献反复引用，成为研究者的必读著作。我们希望经过不断的筛选和积累，使这套丛书成为当代的“汉译世界学术名著丛书”，成为读书人的精神殿堂。

由于本套丛书所选著作距今时日较短，未经历史的充分淘洗，加之判断标准见仁见智，以及选择视野的局限，这项工作肯定难以尽如人意。我们期待着海内外学界积极参与推荐，并对我们的工作提出宝贵的意见和建议。我们深信，经过学界同仁和出版者的共同努力，这套丛书必将日臻完善。

中国人民大学出版社

拉丰建立了政治家行为的激励理论，这些政治家包括公共品生产过程中的“监督者”，以及通过不完全宪政治理的政体中的剩余决策者。为了做好这一工作，拉丰从产业组织和信息经济学中汲取营养，建立了国家组织和宪政治理的政治经济学的理论基础。对政治学家和经济学家等而言，拉丰的这本著作称得上是实证政治经济学领域最值得期待的全新尝试之一。

——肯尼斯·A·谢普斯勒，哈佛大学

让-雅克·拉丰已经在激励理论中做出了卓越的贡献。在这本重要著作中，他生动地说明激励理论对于理解和评价政治制度是多么重要。

——埃里克·马斯金，哈佛大学

序 言

这本书是我 1977 年在牛津大学（Clarendon）演讲内容的延伸与拓展，非常感谢牛津大学经济学院和牛津大学出版社邀请我来发表演讲，同时还要感谢他们在我访问牛津期间给予的盛情款待。

这些演讲其实都是在试图运用委托—代理模型和相关理论来理解机制设计，我认为政治经济学正是源于将经济政策授权给政治家这一需要，因此，从根本上来说，政治经济学是一门关于激励的学科。

当然，这本书也要归功于我很多同事的努力和付出，在这么多年里，正是他们的帮助，让我领略到激励理论美不胜收的图景，特别是杰瑞·格林（Jerry Green），罗杰·格斯奈里（Roger Guesnerie），埃里克·马斯金（Eric

Maskin)，让·夏尔·罗歇（Jean-Charles Rochet）和让·梯若尔（Jean Tirole）。这本书在很大程度上也运用了我和下列学者的合作研究成果，他们是：马塞尔·布瓦耶（Marcel Boyer），安东尼·佛尔-格里默（Antoine Faure-Grimaud），马蒂厄·梅勒（Mathieu Meleu），琪琪·尼基桑（Tchétché N'Guessan），让·梯若尔（Jean Tirole），特别是大卫·马赫蒂摩（David Martimort）。我还要感谢伊莎贝拉·布罗卡（Isabelle Brocas），阿维纳什·迪克西特（Avinash Dixit）和约西·斯皮格尔（Yossi Spiegel），他们为本书的初稿提出了宝贵的评论。最后我要将特别致谢献给我的秘书玛丽-皮埃尔·博伊（Marie-Pierre Boé），感谢她为我录入手稿，她非常专业。

我想在本书伊始就声明：这并不是一本描绘政治经济学全景的书籍。它仅仅探讨了将各种社会决策授权给政治家的过程中出现的一些激励问题，而且它是循序渐进的，所考虑的每个模型中都包含了一些与政治经济学相关的特征，其他的特征则固定不变。政治经济学领域中的研究者应当将我们所提出的理论中的构成要素嵌入到他们钟爱的政治经济学模型中。

简言之，我的观点表述如下。从契约理论的视角来说，任何现实主义的政治经济学模型都会必然牵涉到大量的不完全契约特征：不完全宪政、选民与其代表之间的不完全契约、官僚机构内部的不完全契约等等。任何试图勾勒全景的建模过程都需要很多特设的假定条件，使得我们所得到的是一个结果不稳定且相当难控制的模型。在这个阶段，我找到了一种更具建设性的研究思路，就是在完全契约理论的边缘地带，通过研究整个谜题的一些碎片来获取研究政治经济学主要问题的灵感，比如说：政治家被利益集团俘获，权力分离的目的，制衡的意义，留给政治家的自由裁量权的限度及其对经济政策的隐含影响，利益集团的形成，授权所起到的作用等。

我并不否认这种碎片式思路的局限性。不过，我还是希望本书的读者会发现这本书对思考政治经济学会非常有用。

让-雅克·拉丰

图卢兹，1999 年 4 月

致　谢

在撰写本书的过程中，我主要借鉴了以下论文的学术研究成果。

布瓦耶和拉丰（Boyer，M. and J. J. Laffont，1999），《一个关于环境激励规制兴起的政治理论》，兰德经济学，第 30 卷，第 137～157 页。

佛尔-格里默，拉丰和马赫蒂摩（Faure-Grimaud，A.，J. J. Laffont and D. Martimort，1998），《存在内生交易成本时的监管理论》，IDEI 未公开发表的学术论文。

拉丰（Laffont，J. J.，1997），《产业政策与政治》，产业组织国际期刊，第 14 卷，第 1 - 27 页。

拉丰（Laffont，J. J.，1997），《不灵活的规则与政治上的自由裁量权》，北欧政治经济学期刊，第24卷，第78－87页。

拉丰（Laffont，J. J.，1998），《弗里希、霍特林和边际成本定价之争》，计量经济学会，纪念R. 弗里希文集，S. 斯特罗姆主编，剑桥：剑桥大学出版社。

拉丰和马赫蒂摩（Laffont，J. J. and D. Martimort，1995），《针对合谋行为的双重监管者》，即将刊发在兰德经济学上。

拉丰和马赫蒂摩（Laffont，J. J. and D. Martimort，1998），《合谋与授权》，兰德经济学，第29卷，第280－305页。

拉丰和马赫蒂摩（Laffont，J. J. and D. Martimort，1998），《合谋和关联关系下的机制设计》，即将刊发在计量经济学上。

拉丰和梅勒（Laffont，J. J. and M. Meleu，1997），《互惠监督，合谋和组织机构设计》，斯堪的纳维亚经济学期刊，第99卷，第519－540页。

拉丰和尼基桑（Laffont，J. J. and T. T. N′Guessan，1998），《代理关系中的竞争和腐败》，即将刊发在发展经济学上。

拉丰和罗歇（Laffont，J. J. and J. C. Rochet，1997），《组织中的合谋》，斯堪的纳维亚经济学期刊，第99卷，第485－495页。

拉丰和梯若尔（Laffont，J. J. and J. Tirole，1991），《政府决策制定中的政治学：一个关于规制俘获的理论》，经济学季刊，第106卷，第1089－1127页。

目　录

第 1 章　简介

1　尽管我是一个经济学家，而且本书中所使用的分析工具均来自于经济学理论，但本书的研究结论对于社会学家和政治学家来说，就如同对于经济学家来说一样，息息相关。

曼库·奥尔森（Mancur Olson，1965），第 3 页

1.1　仁慈君主制度下的政治经济学

现代政治经济学发源于君主制的国家。经济学家们为治理整个国家的经济而寻求好的政策规则。不管他们的信念如何，他们都不能质疑这个前提：即君主是一位完美的代理人，仁慈

地为自己的臣民着想。君主寻求能使社会福利最大化的好规则，社会福利的定义多种多样，侧重于民众福利水平的不同方面。然而，这并不意味着经济学家不能质疑管理机构是否仁慈，管理机构只是君主用以实施政策的代理人而已。事实上，正是负责国家经济的管理机构主体的机能不良，推动了作为经济政策的自由主义的诞生，而自由主义则可以使公共干扰最小化。

亚当·斯密（1776）认识到国家在国防、司法、教育、公共工程以及旨在为私人经济活动提供便利的机构设置等方面的作用，也承认国家为了提供这些公共品可以收取适当的税收。但是，他对于带有国家干预性质的公共管理持批评态度。他提倡在设计各种政策规则时，其主要目的都应该是为各种管理机构主体提供适当的激励。他还强调，涵盖这些激励的最好方法，就是对于本地公共品的管理，采取分权化的方式：

“地方上的公共工程应由地方政府的收入提供资金支持。”（第689 2
页）因为，

“地方政府和州政府管理地方收入和州收入，固然有时不免发生弊病，但是，这种弊病若与管理和花费一个大帝国收入时常发生的弊病相比，实在算不了什么。”[1]（第689页）

类似地，他提出用与损耗配比的通行费来为高速公路、桥梁以及管道的建设提供资金，支付花费，并且平衡公共设施的预算。除了产权方面的考虑之外，斯密认为，比起用社会的一般性收入来提供资金的方式而言，这种融资方式还可以激励管理机构进行合适的投资。

“如果公路、桥梁、运河等等，是由利用它们的商业来建造和维持，那么这种工程就只能在商业需要它们的地方兴建，因而只能在宜于兴建的地方兴建。……宽阔的大道，断不可能在无商业可言的荒凉国境内建造，也断不能单为通达州长或州长所要献媚的某大领主的乡村别墅而建造。同样，不能在无人通过的地方或单为丰富附近某座宫殿凭窗眺望的景致，而在河流上建设大桥。这类事情，在公共工程建设费不由该工程本身提供的收入支付而由又其他收入支付的国家中，也时有发生。”[2]（第683页）

---

① 亚当·斯密：《国民财富的性质和原因的研究》下卷，1974年6月第1版，293页。

② 亚当·斯密：《国民财富的性质和原因的研究》下卷，1974年6月第1版，286页。

此外，他反对把价格提高到平衡预算所需的价格水平之上，因为（参见原书第685～686页[1]）如果提高过路费，将会给商业造成重大阻碍；而按载重比例征收的车辆通行税则会主要加重穷人们的负担；道路本身的修缮则被忽略——这些讨论都将社会福利方面的考虑与管理机构的激励动机联系起来了。

负责实施政策的管理机构面临着一定的激励约束，如何在这种情况下设计出能使社会福利最大化的政策，这就是亚当·斯密眼中政治
3 经济学的探讨范围。在本书的第一部分中，我们将会运用激励理论的相关工具，来继续探讨这一问题。

1.2　民主制度的设计

民主的出现摒弃了君主会最大化社会福利的神话。孟德斯鸠与美国联邦党人（American Federalists）将讨论的重点放在设计更多的民主制度上，从而使社会福利从中获益。一国的宪政不应仅仅型构（founding）民众选出政治家的代理机制，也应包括政府的结构。联邦党人非常清楚利益集团会有组织地去影响政策决策，因此就必须对政治家和行政管理机构进行适当的激励。

君主是个完美的法官，是民众完美的代理人，也是个完美的决策者。现在这个任务变得更难了。当政府的司法、行政和立法机构都必须由民众授权的代理人来担当时，这些代理人有着各自的私人利益[2]，同时又面临着被利益集团俘获的可能，这种情况下，社会将会怎样组织呢？我们是否可以认为宪政是一个在激励约束下能将社会福利最大

① 参见《国民财富的性质和原因的研究》下卷第289－290页。

② 人们并不是总能意识到将政治家的激励因素纳入考虑范围的必要性。对于罗素（Rousseau，1948）来说，政府仅仅是个实施民众意愿的抽象工具。信息问题对于理解这一方法为何不现实是至关重要的，我们来看看唐斯（Downs）的观点：

“对于罗素理论的另一个可能的解释是，政府仅仅由受雇佣的人们组成，他们所实施的政策正是‘民众的意愿’所要求的。这一论证对于政府成员的私人动机的解释过于简单：他们很精确地去遵守人民的指令，仅仅就是为了保住工作，因为即使细微的背离都会意味着立刻被开除。而我们的研究则显示，这种观点与不确定性和劳动分工的观点不相容。”唐斯（Downs，1957），第285页。

化的宏大契约，就像是君主曾经发挥的作用那样？事情并没有这么简单[①]，这主要有以下几个原因： 4

第一个原因是，契约要求有一个强制实施的罚金，当违约方拒交罚金时，还要有一个外在的能够保证强制实施的机制。第二个原因是，由于有限理性的存在，宪政必定是个不完全的契约，而剩余决策权则必须分配给政府机构，这些机构因此获得了采取自由裁量行动的可能性。对政治家和管理机构在行政和立法方面的自由裁量行动的控制，只能由宪政的一般规定来体现，而且需要通过一个权力有限（出于激励原因）的司法机构和能够影响政治家私人利益的连任机制来实现。

有两个自由度会影响我们的分析：a）宪政没有约定的自然状态的选择；b）对原本所谓仁慈的司法权的限制。

一旦这些选择确定之后，就可以将宪政的设计设想成一个使预期社会福利最优化的问题。最优化的过程中，可以运用的工具包括：选择各个政府实体的选举过程，可选的政策工具，剩余决策权的分配，监督行动，即在社会各成员（包括选民、政治家、官僚等）所面临的个体和集体的激励约束下，不同政府机构之间的制衡关系。

这样一个最优化的过程正是美国联邦党人在构建美国政府的时候所承担的职责（克拉姆尼克（Kramnick，1987），第 48 页）：

“政府的职能成为了特定社会力量角力的竞技场。我们可以争辩说，这些职能的分离与独立，需要通过一种分享与混合的力量，实现各方面势力的均衡……从而形成一个稳健的、温和的、冷静的政府。”

这个职责至少是我们应该赋予宪政设计的标准理论的内容之一。当然，我也不会忽视那些悲观的论调，约翰·昆西·亚当斯（John Quincy Adams）就曾有过详细论述，根据他的论述，宪政的设计最终会使那些原本就有影响力、权力和财富的人变得更有影响力、权力和财富。这一批评有两个地方值得我们注意。第一个就是理解宪政在理 5
论上应该怎样去设计，借此标准来评价现行的政府机构，并且使公民了解，他们应该为之努力的理想状态是怎样的。而这正是一个知识分子可以发挥作用的绝佳领域。第二个则是一个积极问题，从本质上来

① “在一个得民心的国家，必须还有一个机制，叫做道德。”孟德斯鸠（Montesquieu，1748），第 536 页。

说，这个问题除了目标函数需要最大化，基本类似于作为统治集团应该如何设计最佳宪政的问题。知识分子在帮助统治集团设计最佳宪政时，角色是怎样的？答案却是模棱两可的。

1.3 民主国家中的政治经济学

有了这个关于政治机构的较为复杂的观点之后，政治经济学的发展会是怎样的呢？首先，我们应该强调的是，大多数的经济学家都会选择忽视经济政策与政治之间的内在作用关系。更有甚者，有些经济学家会相信，以政治方面的考虑来代替直接设计政策指令的做法“在政治上是不正确的”。

第一届诺贝尔经济学奖的得主，R. 弗里希（R. Frisch）曾经在他的获奖演讲（1970）中明确说道：

“对于我们这些经济计量学者和社会工程师而言，我们的职责可不是陷入对政治体系的细节的讨论中。”（第228页）

建立一个可供公民使用的纯粹的经济分析框架，让他们可以用这个工具来对他们面临的政治冲突进行分析，这是一个高贵的职责，这个职责能够带来影响力广泛并且不随机构变动而改变的附加价值。从长期来看，这可能是经济学家能够为社会做出的最大贡献了。而这一角色首先是教学上的，但在向统治集团提供经济政策建议时，直接的政策作用却很有限，这主要是因为：（a）对于统治集团来说，如果一个建议没有考虑到政策行动所面临的政治约束，那这个建议就不是好的建议；（b）以社会福利最大化为目标的政策建议并不符合统治集团的需求，因而很可能不会被采纳。

在实践中，有两种政治经济学比较可行：一种是作为统治集团的授权顾问，在给定的政治和经济条件约束下，寻求能够将统治集团的
6 报酬最大化的政策；[①] 另一种是作为知识分子，将政治和经济约束纳入考虑范围之后，寻求可以使长期的预期社会福利最大化的政策，这些政策也可以付诸实践，成为制度规则。这样看来，后者似乎是目前那

① “这个建议可能就像是劝说一个以利润最大化为目标的垄断企业按照边际成本的价格将产品出售来造福社会一样毫无意义。”唐斯（Downs，1957），第283页。

些试图对于他们所在的社会产生短期影响的独立经济学家们的唯一选择。这是一个真正的政治经济学应有的目标，将经济学和政治科学整合在一起。然而，这些经济学家是否会受到社会的严肃对待，我们却不甚清楚，他们通常宣称自己是代表民众利益的仁慈的经济学家，这就与他们作为知识分子的思维方式相互矛盾，他们的思维一般是将其他所有的机构都看作是以自我利益为中心的。

1.4 利益集团政治的芝加哥学派观点

尽管关于公共经济干预的公众利益观点十分流行，一个强调利益集团在公共政策形成过程中的作用的“俘获”或者说“利益集团”理论发展起来。马克思关于大型商业组织控制公共机构的观点就是其中的代表，世纪之交的很多政治学家的工作也属于这一理论框架，诸如本特利（Bentley，1908）等。芝加哥学派正是发端于斯蒂格勒（Stigler，1971）对于监管机构被其监管的行业所俘获这一问题的解释。他的理论由他在芝加哥的同事发扬光大，这其中包括佩尔茨曼（Peltzmen，1976），波斯纳（Posner，1974）和贝克尔（Becker，1983）等人。他们的目的正是建立起一个着重分析利益集团在政策决策中的作用的积极分析方法，同时也揭示出公众利益观点在实证分析中只有非常薄弱的解释力。

让我们来详细考察一下贝克尔（Becker）在1983年的主要工作，来看看将不对称信息（asymmetric information）引入分析中，从而建立起一个有说服力的规范理论是多么重要。他关于政治施压集团之间的一般竞争模型正是试图对于政治选择提供一个规范的解释。政治家、
政治党派和选民，就像是一个“黑箱”，传达着来自于各个活跃的政治 7
集团的压力。这些施压集团互相竞争，竞相要求自身得到优待，这种竞争决定了经济工具（税收，补贴，公共品提供水平等）的均衡结构，因为正是这些经济工具决定了谁将得到优待。这就是为什么关于政府的规范理论通常被称为是仅由需求决定的规范理论。

在政治优待的供给方面，也就是关于政治家和选民为什么以及如何提供这些优待，却一直没有出现相关的模型。贝克尔（Becker，

1983）也承认：

“关于政治体系是如何将施压集团的行动转化为政治影响的，这方面的建模我没有尝试过。”

在这个由需求决定的政治均衡的有限范围内，贝克尔（Becker）虽然没有明说，但是实际上却引入了诸多不完全信息的假设。在接下来的论述中，我们会发现，一个考虑信息的更基础的模型可以使我们在他的分析基础上得到更多结论。更进一步，它会帮助我们打开供给方面的那个“黑箱”。

考虑有两个利益集团，规模分别为 n_1 和 n_2，这两个集团争夺的是某种经济工具的决定权，比如说税收水平 t，这个税收水平对于利益集团 1 来说是有利的，而对于利益集团 2 来说却不利。政治系统会根据两个集团的政治影响力来生成一个税收水平

$$t=T(L_1,L_2) \tag{1.1}$$

且

$$\frac{\partial T}{\partial L_1}>0 \quad \frac{\partial T}{\partial L_2}<0$$

政治影响力取决于利益集团的规模 n_i，以及利益集团在游说活动上所耗费的资源，即

$$L_i=p_i(n_i,a_in_i) \quad i=1,2 \tag{1.2}$$

其中 a_i 代表每位成员的花费。

每个利益集团自行决定 a_i。在这样做的时候，它必须要解决的一个问题就是利益集团内部的免费搭车问题。用 $U_i(t)$ 代表税负水平为 t 的时候利益集团 i 的效用水平。在接下来的分析中，如果 $f(n_i)=n_i$，那么免费搭车问题就完全得到解决。如果 $f(n_i)=1$，那么全部成员都是免费搭车者。利益集团 i 对下式求解

8

$$\max_{a_i} U_i(t)-f(n_i)a_i \tag{1.3}$$

得到

$$\frac{\mathrm{d}U_i}{\mathrm{d}t}\cdot\frac{\partial T}{\partial L_i}\frac{\partial p_i}{\partial a_i}=f(n_i) \quad i=1,2 \tag{1.4}$$

均衡水平即由式（1.4）决定。

贝克尔（Becker）假设伴随着税负，会产生无谓损失，可以写成

$$\frac{\mathrm{d}U_1}{\mathrm{d}t}+\frac{dU_2}{dt}<0$$

自维克里（Vickrey，1945）和米尔利斯（Mirrlees，1971）的分析之后，我们知道，不完全信息正是代理人能够获取高昂信息租金的原因，也是造成无谓损失的最基本的来源。因此，政治冲突一个主要的无效性来自于不对称信息导致的再分配工具的无效性。通过对信息不对称精心建模，可以得到一个准确的无谓损失的结果，这就使得（在没有对工具进行套利限制的前提下）探究政治影响的供给方变得可能了。于是，政治成为了一场对租金再分配的博弈，这场博弈是在宪政所不能及的自由裁量范围中进行的。

等式（1.1）正是将不同利益集团对于政治影响的需求转化成为政治结果的黑箱。为了打开这个黑箱，需要对于政治机构进行详细明确的说明。我们可以从较为成熟的政治学中得到答案。给定一系列制度规则后，在不完全信息的条件下，投票者的行为也是一个很重要的基石。贝克尔（Becker）十分了解信息在其中发挥的作用，以及操纵信息对于投票者偏好的影响。

“这些所谓的‘偏好’其实是可以被操纵的，甚至是可以被创造出来的，利益集团通过选择提供哪些信息、不提供哪些信息，就可以做到了……

个人并没有很强烈的动机去了解政治事务的详情，因为他们很清楚，个人对于由大多数人（或类似规则）决定的政治结果而言，影响力十分微弱。”第 392 页。

在决定谁会得到优待的供给黑箱中，贝克尔在利益集团与政治家 9
或者官僚的关系中，提出了委托—代理问题。

“在政治均衡如何决定的问题中，一个更一般的分析思路引入了官僚、政治家和利益集团之间的委托—代理关系”，第 396 页。

对于委托—代理人关系的现代分析着重于信息不对称问题。等式（1.2）强调了两个会影响利益集团政治影响力的主要变量：在只有通过投票选举才能发挥影响力的时候，利益集团的总规模 n_i，以及用于游说的资源 a_in_i，这些资源既有可能用于政治献金，也可能用于对官

僚和政治家的贿赂。除那些能够演示政治献金如何影响选民的信念和最终的选票流向的模型之外，我们还需要那些以信息为基础的关于腐败的模型。等式（1.4）给出了关于一个利益集团如何分配他们的游说经费的说明。这个等式还包含了另一个问题，即利益集团是否能够在集团内部解决免费搭车问题。在不存在信息不对称的时候，贝克尔的分析有一个非常主要的含义，即利益集团之间的竞争有利于确定税收的有效方法（参见他文章中的命题4，第386页；也可参考斯蒂格勒（Stigler，1971，1982），贝克尔（Becker，1976，1985），维特曼（Wittman，1989））。这其中的逻辑很简单。当选民理性时，那些进行低效率转移支付的政治家会被踢出局。

政治经济学的弗吉尼亚学派宣称，如果选民得到的信息很少，政治家会采取那些低效率的鬼鬼祟祟的再分配方式（塔洛克（Tullock，1983）将其命名为“假扮的转移支付机制”），而不是其他那些更为透明更为有效的方式。贝克尔（Becker，1976）和维特曼（Wittman，1989）批评了这一观点中隐含的选民非理性问题，这个问题是使得这样一种机制能够维持下去的必要前提。最近，科特和莫里斯（Coate and Morris，1995）在信息不完全但选民理性的基础之上建立起一个模型，在这个模型中，最终选择的是低效率的转移支付机制，具体分析如下。有两种类型的政治家，好的和坏的。他们得到的信息量都比普通民众多。好的政治家只有在这么做有效率的时候，才会运用公共计划来将财富转移至某个利益集团。坏的政治家在运用公共计划进行转移支付的时候，并不考虑这样做是否有效率，有时候即使没效率他们也还是会这么做，因为这样他们才能维护自己的“好名声”（当然有时候这种好名声是虚假的）。有的时候，有效率的转移支付的对象是他
10 们想偏袒的利益集团，这会立刻揭露出他们坏政治家的本色。而选择无效率的转移支付，其目的是发挥信号作用。其他还有待我们了解的问题包括，为什么在均衡状态下我们同时拥有这两种政治家，为什么好的政治家无法表明自己，以及为什么政治竞争没有为选民提供足够的信息来辨别政治家的好与坏？同样，如果无成本的直接支付可以实现，为什么好的政治家不能中和公共计划的再分配影响，并且用这些转移支付进行透明的再分配呢？毫无疑问，推论中对于政治家可以使用的工具种类有所限制。

在一个信息不对称的世界中，任何一个公共计划都会产生信息租金，而且这些租金无法抵消掉（或者可能是这么做的效率成本非常之高）。无成本的转移支付是不存在的。更一般的问题则是：政治决策是如何扭曲了资源配置，使之偏离了次优的帕累托效率？我们如何设计制度规则，才能使构造出的政治博弈不会偏离次优状态太多？为什么抵消这些扭曲效应是不可能的？

1.5 完全契约方法

一种可能性的思路是，介绍这样一个事实，即集体决策者在进行决策时拥有社会价值非常高的信息。比如说，他可能是唯一一个知道当下真实国际局势或是商业状况的人。效率会要求决策者运用这类信息，但是这也产生了采取自由裁量行为的可能性。

然而，显示原理告诉我们，使预期社会福利最大化，可以通过运用最优显示机制来实现，最优显示机制能以一种激励相容的方式获取政治家手中的信息，并且避免政治家被利益集团俘获。更一般地说，就是去探寻既能解决个体激励问题，也能解决联盟激励问题的分配机制。这样一来，政治家就成为了社会中一个特定的代理人，这个代理人被赋予了集体决策权。这里的重点是私人信息，以及激励相容所要求的必要的扭曲效应。 11

这样一个政治经济学的产物，既能够明确提出职责的分配（包括那些集体决策者的职责），也能说明进行职责分配时应该遵循的规则。根据显示原理，这样一个最优社会从形式上看来，类似于一个巨大的信息传递系统，信息从外围传递到宪政层面之后，宪政来确定应如何使用这些信息来进行资源配置。

我们将这种方法称为完备宪政方法（the complete constitution approach）。这种方法里的政治家是知情的监管者。在第 2 章中，我们会依据梯若尔（Tirole，1986）的监督模型，建立一个可验证信息约束条件下的简单集体决策模型，对这一方法进行进一步的说明。第 3 章会在这个模型的框架内，提出权力分离的理论。第四章会沿着这一分析思路，继续考虑更为复杂的情况，即政府有两个甚至更多部门，在这些部门之间很可能发生互惠偏好。

政治经济学中，这种契约方法也有一些弱点。契约方法假设存在一个完美的仁慈的法庭来强制执行契约，并且不存在任何复杂成本，也不存在有限理性。

1.6　不完全契约方法

另一种思路，我们称之为不完备宪政方法（the incomplete constitution approach），这种方法忽略了不对称的私下信息。这种方法与完全契约方法的差别在于，对事后才能知道的自然状态，设定了非契约性的假设。① 在宪政没有提供任何指引的情况下，政治家就成为了在作出集体决策时，那个拥有剩余权利的代理人。

这种思路的出现，是因为并不存在着一个仁慈的法庭，而且现实
12 中的理性总是有限的。尽管缺少企业基础，用这种思路去处理上面提到的这两个问题仍然算是一条捷径。一个主要的问题在于，针对资源配置中的非契约问题所带来的限制，现有理论并不能提供一个令人满意的描述。我们要么接受马斯金和梯若尔（Maskin-Tirole，1998）的批评来获得最优的社会福利最大化（注意这种方法仍然需要一个仁慈的法庭），要么忍受有可能出现的契约条款受到随意的限制。接下来就要谈到自由度，有三个自由度。第一个就是选出被赋予剩余控制权的决策者的博弈机制。比如说，以多数选举机制选出政治家。第二个是政治家可以实现的自由裁量决策的集合。第三是非契约性事件。对政治家的控制并不是来自于契约，而是来自于未来的选举结果。如果他仍想当权，那就必须赢得未来的选举。无论选举能提供的反馈控制是什么，对于给定的一系列非契约性状态，一个有趣的权衡问题仍然存在：通过从宪政层面上限制政治家的决策集合，从而减少了自由裁量权，但是这样做也有可能会破坏事后的效率。替代性的想法是，将非

① 与完全契约分析方法相区别的方法还有，考虑有限承诺、再谈判、多位委托人的治理机制，以及更进一步的，考虑威廉姆森（Williamson，1989）提出的交易成本。诺斯（North，1990）根据交易成本的思路，开始对政治过程进行分析。参见迪克西特（Dixit，1996）对于这一方面的研究成果。

契约状态的集合当作是给定条件，并且不考虑决策所受的约束条件来探寻政治博弈的结构。政治家再分配公共品时，不同结构下各个利益集团对其影响力是不同的。

这就是芝加哥学派的主要分析思路，其结论是，因为没有什么原因能使政治家放弃使再分配总量最大化的努力，因此，事后的效率就能够实现。贝克尔的模型就是这种性质的。这个模型算是个规范模型，但是有一点例外，就是从利益集团的形成对应到政治结果的这一过程是给定的。格罗斯曼和赫尔普曼（Grossman and Helpman，1996）通过对给定外生利益集团之间的贿赂博弈进行建模，掀开了这个黑箱的一角。佩尔森，罗兰和塔贝里尼（Persson，Roland and Tabellini，1997）的思路跟大部分的政治学家一样，关注点在于给定一系列决策内容后，不同的选举模式所得到的反馈控制。需要注意的是，在所有的这些文献中，非契约状态下我们为什么需要政治家的动机，都没有明说。

宪政设计的结果并不是得到一个契约，而是设计出一种特定的政治博弈，明确了谁拥有剩余决策权，以及可以使用的工具包括哪些。我们的分析，不仅会对均衡状态进行积极的描述，也会对于不同的博 13
弈形式、不同的工具限制之间进行比较分析。

1.7 加入不对称信息

通过以上分析中对于不对称信息的介绍，我们作出了从政治工具到租金的对应关系，在这种对应关系中，除去个人理性约束之外，对于工具没有其他的事后限制，在这种情况下，给出了政治选择中代理人权限的定义。更进一步，这种次优的架构在没有收入效应的情况下使帕累托边界变得更凸了，并且产生了政治博弈中一种潜在的无效性（在寻租的相关文献中有说明）。

这样一来，我们就可以把完全信息的宪政分析与不完全契约结合起来。通过限制政治家所能选择的工具类型，制度改革可以达到效率与自由裁量之间的平衡，从而提高事前的社会福利水平。

在第5章中，我们会解释在随机多数选举规则下，不灵活的规则与政治上的自由裁量权之间如何权衡的问题。第 6 章中将延续这一分析思路，对于边际成本定价的论战进行了综述。第 7 章讲的是环境政策方面理论如何应用于实际的问题。

1.8　内生性联盟形成

个人的政治选择可以以投票的方式体现出来，除此之外，利益集团可以以贿赂、政治献金等形式来对政治家施加影响。

正如贝克尔（Becker，1983）在第 393 页中强调的那样，

"如果有一个明确的模型来说明联盟是如何形成的，那么这种分析思路的有效性将会大大加强"

14 以及佩尔森（Persson，1997）在他最近的游说模型中也谈及，

"感兴趣的人会问，为什么一些地区出现了那些有组织的利益集团，而另一些地区则没有。这是个很难回答的问题，奥尔松（Olson，1965）发现了这个问题的重要性，但是迄今为止仍然没有一个令人满意的答案。"

在有关寻租问题的文献综述中，托里森（Tollison，1989）在第 521 页提到：

"事实很简单，经济学家对于利益集团的形成和行为的动态系统知之甚少。"

我们相信，对于利益集团行为的理论而言，不对称信息提供的政策租金对应关系至关重要。这样的一个理论，当然要考虑合谋过程中不对称信息所带来的交易成本。第 8 章中，我们就将利益集团行为中的显示原理进行了一般化归纳，并且表明考虑了在不对称信息条件下个人和联盟的激励约束之后，宪政如何能够实现最优化。第 9 章中我们探讨了授权过程中发生的一种特殊形式的合谋行为，并且进一步讨论了授权的优缺点，从而对分权化的成本收益进行评估。第 10 章作出结论。

15

第一部分

作为知情监督者的政治家

“必须承认的是，如果我们能够发现如何建立起一个最接近于我们的描述的国家，那么我们就能找到一条能够满足现实要求的道路。不知这是否能够满足你的需求，总之对于我来说是足够了。”

柏拉图（Plato，1941），第 473 页

17 第 2 章　制度设计中的完全契约分析

“宪政是在统治者与被统治者之间一个广泛的长期契约，这个契约明确了在哪些条件下，代理人可以为了提升委托人的利益而行使权利。”

——莱恩（Lane，1996），第 180 页

2.1　引言

20 世纪 70—80 年代发展起来的委托—代理理论，为理解关于组织内部如何形成契约，展开了一幅广阔图景。这一理论解释了在委托人向代理人提出要约时，应注意契约的结构设计，使之至少能在部分程度上克服其面临的信息不对称问题，从而使其预期效用最大化。存在逆向

选择（Adverse selection）时，存在道德风险时，以及当第三方无法验明某些变量时，这三种情形下的最佳契约问题，如今已经得到了较好的理解。

尽管研究领域中也有针对多委托人、多代理人组织的富于远见的研究扩展，这一部分知识距离成为一个完善的组织理论，仍然相去甚远。除去受研究的组织会施与严格的限制外，还有一个主要的原因就是，在多代理人的建模过程中通常会假设其采取一种不合作的策略。事实上，在这个标准范式中，如果委托人要求代理人进行合作，他可以通过对契约的条款进行特别设计从而达到这一目的。在其他代理人行为保持不变的前提下，双方的福利最大化水平均可实现。接下来的问题就是要假设委托人对于代理人之间的博弈具有完全的控制。① 同时也要假设不必要的沟通和私下契约是可以避免的。而事实上，这是一 18
个相当不现实的假设。契约理论告诉我们，委托人在设计契约结构时，会尽可能以最低的效率成本，来使因代理人的信息优势所产生的信息租金最小化。自然而然地，我们就不难预期，为了保护他们的租金利益，代理人会采取集体行动来应对委托人的特别设计。

我们需要理解代理人对于组织的规则会如何反应，更进一步，也需要理解一个知晓代理人具有合谋动机的委托人应当如何设计组织的结构。为联盟或者合谋行为建模，并且归纳出应对这些行为的监管反应应当具有怎样的特征，是每一个组织理论的主要任务，尤其是对于有关政府的组织理论而言。

关于合谋的有关经验证据很容易获得。一个最明显的例子就是拍卖，关于竞价者之间会发生的合作行为已经有完善的记录。在波特与詹纳（Porter and Zona，1993）的论述中，“合谋是拍卖中一个非常普遍的现象”。而经济生活中，代理人之间的合谋行为也十分重要，这一点在其他的许多论文中也有记录。特别是像克洛泽（Crozier，1963）、道尔顿（Dalton，1959）、古尔德纳（Gouldner，1954）和明茨伯格（Mintzberg，1979）这些研究组织行为的社会学家，会经常强调，经济学家忽略了这种集团行为。他们已经对横向派系和纵向派系作出区分，横向派系是指那些由同一层级的组织成员结成的小集团，比如拍

① 参见拉丰（Laffont，1990）。

卖活动中合谋的竞价人；而纵向派系则由组织中位于不同层级的成员构成，比如管理者与工人，竞价人与拍卖人，这种纵向派系最有可能导致勒索与偏袒。产业经济学的研究中，马克斯（Marx）、斯蒂格勒（Stigler，1971）和奥尔松（Olson，1965）很早就提出了监管机构被利益集团俘获的问题。这也是经济学家所说的“纵向合谋”的一个重要例子。我们还要注意，在欠发达国家，组织内部及外部的腐败问题对经济增长的阻碍作用已经越来越明显（莫罗（Mauro，1995）），而即使是在较为发达的国家里，这一问题也并未得到根除，仍然有很漫长的路要走。

为了将这一方面的文献纳入我们的视野，方便起见，我们回到显示原理这一主题上。这个原理告诉我们，在对契约没有任何限制但是信息分散的情况下，任何组织都等同于一个集权组织。这个集权组织
19 中的信息会通过一个激励相容的渠道传达到信息中心，该中心则将关于即将实施的行动（这些行动是可证实的）的介绍发送给代理人，同时将需要他们投入多少努力的要求（这个不可观察）发送给代理人（迈尔森（Myerson，1982））。因此，可行的激励相容配置有着什么样的特征，通过研究能让所有代理人真实反映其拥有的私人信息的显示机制具有怎样的特征，就可以得到答案了。在给定的衡量标准下（比如社会福利或者其他更小的目标），最好的组织是一个在一系列可行的激励相容配置中，能使该衡量标准最大化的组织。我们将通过一个抽象的显示机制得到“最优组织”，余下的问题则是在实践中找出这些机制，它们会表现为我们更为熟悉的制度，如非线性价格、拍卖、管理者的激励计划等。

自始至终，我们都假定代理人会采取不合作行为。隐含的前提是信息中心能够控制代理人之间的信息交流。信息中心是否能完全胜任这一职责，这还很值得怀疑。因此，如果能从相反的角度着手，假定代理人之间的信息交流是完全充分的，他们进行私下契约也是可能的，对这个问题的研究将会变得更为有趣。

关于联盟形成的第一阶段的研究文献中（如格林和拉丰（Green and Laffont，1979）关于公共品提供机制的研究，罗宾逊（Robinson，1985）关于拍卖的研究，以及关于寡头如何分享信息的浩繁卷帙）通常都会假设私下知情的代理人，有途径获得能使他们在形成联盟时对

彼此完全知情的技术，而这门技术的基础是什么，为何各个组织的委托人却无从得到这门技术，这些问题却从未得到讨论。

梯若尔（Tirole，1986）从这一分析思路出发，给出了一个更为清晰的版本。考虑一个设有委托人—监督人—代理人的层级结构，监督人的定义本质上是一个不完美的提供关于代理人可验证[①]的硬信息技术，由于委托人缺乏精力去关注，其拥有的相关专业技能也很有限，技术的使用必须授权给中间人，同时也要为这些中间人提供 20 适当的激励[②]，使其能够发现有用的信息，并将这些信息传达给委托人。

更准确地说，假设代理人有一私人信息——成本特征 θ，θ 可以取 $\underline{\theta}$ 和 $\bar{\theta}$ 两个值，取这两个值的概率分别为 v 和 $1-v$。在可能性 $\xi<1$（ξ 的大小取决于代理人的效率）的情况下，监督人的技术使他能够以可证实的方式发现较低的成本特征 $\underline{\theta}$。当监督人观察到并且向委托人披露 $\theta=\underline{\theta}$ 时，委托人得到完全信息，并且能够向有效率的代理人提供一个不产生任何租金的契约。当监督人的观察没有任何结果，委托人提出的要约对于成本特征为 $\bar{\theta}$ 的代理人来说不会产生任何租金，但是对于成本特征为 $\underline{\theta}$ 的代理人来说则有一个正的租金。监督人进行自由裁量的范围又是怎样的呢？当他观察到 $\theta=\underline{\theta}$ 时，他不能伪装出 $\theta=\bar{\theta}$，因为他得到的唯一可证实的信息就是 $\theta=\underline{\theta}$，但是他可以假装没有观察到任何结果，并且将他观察到的可证实信息隐瞒起来。这就在代理人和监督人之间留下了一个进行合谋的可能性。

梯若尔（Tirole，1986），拉丰与梯若尔（Laffont and Tirole，1993）之后进行了一系列特别假设，这些假设使得建立合谋模型过程中的很多问题得到解决，同时也使得确定最佳组织反应具有哪些特征的整个方案得以实施。合谋中只关注两个中间人，代理人和监督人，因此并不存在形成次级合谋的问题。[③] 合谋仅在监督人观察到 $\theta=\underline{\theta}$（概率为 $\nu\xi$）的情况下发生。在这种情况下，代理人和监督人都有完全信息。合谋中讨价还价的权力因此落在监督人手中。然而，也存在着其

---

① 在这里，可证实性的含义比通常意义上的要弱一些。我们并不是说信息可以由一个陪审团直接观察到，而是说委托人有理由相信信息反映的就是代理人的类型。

② 进一步的假设是，复制这项技术的成本十分高昂，以至于无法实现复制。

③ 其他类型的合谋（委托人与代理人合谋，委托人与监督人合谋）在这里不予考虑。

他替代性的假设。但是重点是委托人会预期到这种讨价还价的结果，从而确定其最佳反应。合谋的约束条件的数量是有限的，因为事实上代理人只能有两种类型。因此，我们假设风险中性的监督人面临有限责任，从而使得委托人不得不支付给监督人一定数目的租金来获取其拥有的信息。最后，也是最重要的一点，代理人和监督人之间签订私
21 下契约是可能的，尽管这种私下契约是不合法的，也难以通过法庭强制执行。很明显，在一个可重复的关系中，契约的执行问题是个可以大做文章的地方。为了抓住契约里的这个局限，拉丰和梯若尔（Laffont and Tirole，1993）在私下契约的研究中引入了外生性交易成本的概念。

在这些假设下，描绘出面临合谋时最佳的组织反应具有怎样的特征就变得可能了，有两个步骤。首先，要建立起一个通用的防范合谋原则。这个原则要说明的是，组织结构所导致的任何一种资源配置结果，都可以通过一个关于代理人和监督人的显示机制得到，而在这一原则下，显示机制所显示出来的结果正是代理人和监督人不愿进行合谋，也不愿隐藏信息。而附加的防范合谋约束则采取了一种简单但是非常有用的形式：向传达可证实信息的监督人的支付额要高于扣除交易成本后合谋所能得到的利益。合谋的得利正是监督人隐瞒信息时代理人所得到的信息租金。这种不相等关系为委托人避免合谋提供了三种思路：向监督人提供激励支付；减少合谋所能得到的利益；提高合谋的交易成本。

防范合谋原则使得我们可以扩大显示原理这一方法的使用范围，因此在我们的分析中至关重要。通常的激励相容条件和防范合谋原则共同描绘出了可行的资源配置具有哪些特征。为了得到最优机制（也就是最优组织结构），就需要在这一资源配置条件下使委托人的目标函数最大化。

这种方法仅在有限的特殊情境下可以应用。然而，最近出现了一些替代性的分析框架，新的分析框架提供了新的分析视角，比如一个组织在面临合谋威胁时要怎样调整自身的结构，新的发展带来了大量的相关文献，比如，拉丰和梯若尔（Laffont and Tirole，1993）就运用这个模型，研究了诸如监督者的俘获问题、拍卖中的偏袒问题、成本审计中的合谋问题等一系列研究专题。下面我们再谈另外两个

例子。

一个是科夫曼和拉瓦瑞（Kofman and Lawarree，1993）的研究，他们的研究发现，对于企业的股东来说，如果相比内部监督人而言，外部监督人不那么容易被管理层“俘获”的话，即便这些外部监督人对于企业的了解程度比那些内部监督人低，他们仍然倾向于使用外部监督人来对管理层进行监督。另一个例子是施特劳斯（Strausz，1997） 22
的研究，他对于组织内部为何会出现合谋给出了一种可能的解释。他将梯若尔的模型扩展了一下，引入了一个不完美技术的概念，从而使委托人可以发现监督人和代理人之间的合谋行为。更特别的是，当监督人向委托人汇报后，委托人会得到一个与合谋发生与否这一事件不完全相关的信号。施特劳斯首先表明了如果委托人可以以这个信号作为标的设立契约，并且承诺不会进行再谈判，那么均衡状态下就不会出现合谋。但是，如果没有可能去承诺，防范再谈判约束（契约不完全性的一个特殊形式）意味着委托人无法系统性地避免合谋的出现。从直觉上来说，当合谋被发现的可能性很大时，委托人会并不想为了防范合谋所能带来的较少的预期收益，而对契约进行显著地扭曲性设计。①

在这一章中，我们会在一个特殊的监督模型中使用梯若尔的方法，来研究作为知情监督人的政治家扮演了怎样的角色。这会为第 3 章、第 4 章的分析打下基础。之后，我会沿用这个分析，在第 3 章中建立关于权力分离的激励理论，在第 4 章中建立起一个可用于比较分析各个制衡模式的分析框架。

2.2 简单监督模型

我们之所以需要政治家，是因为好的社会决策需要信息的支撑，而获取信息这一专业职能则需要特定的代理人来完成。② 政治家会像一

---

① 参见科夫曼和拉瓦瑞（Kofman and Lawarree，1993），以及卡里尔和拉瓦瑞（Khalil and Lawarree，1994）。

② “代理人在讨论公共事务方面的能力就是他们的巨大优势。在这方面，集合起来的民众并不适合这种角色。”孟德斯鸠（Montesquieu，1748），第 587 页。

个知情监督人那样去行动。在本章中，我们会研究在需要政治家来充
23 当监督人时①，为使预期社会福利最大化，应如何设计宪政。②

2.2.1　无监督条件下的最优宪政

考虑一家提供公共品的企业，该企业对于自身的成本类型方面的信息并未公开。生产 q 单位的公共品所需成本为 θq，其中边际成本 θ 可以取两个值 $\{\underline{\theta}, \bar{\theta}\}$，取值概率分别为 v 和 $1-v$，并满足 $\Delta\theta=\bar{\theta}-\underline{\theta}>0$。概率分布是共同知识，但是，只有提供公共品的企业的经理知道 θ 的真实取值，且只有这一个企业来提供公共品。用 t 来表示政府对该企业的转移支付，由于要使企业参与到公共品的提供中来③，就必须在信息 θ 的所有可能取值下均满足个人理性约束，也就是下式要成立。

$$U \equiv t-\theta q \geqslant 0 \tag{2.1}$$

消费者消费公共品的效用函数为 $S(q)$，该函数满足 $S'>0$，$S''<0$。公共品的生产资金来源于间接税，公共资金④的成本为 $(1+\lambda)>1$，因此消费者的福利函数为

$$S \equiv S(q)-(1+\lambda)t \tag{2.2}$$

公共品的提供可以从宪政层面上进行组织。社会福利从而被定义成：

$$W \equiv S+U=S(q)-(1+\lambda)\theta q-\lambda U \tag{2.3}$$

宪政的职能是限定应如何设计与提供公共品的企业的契约条款，

---

① 在整本书中我们会不断地提到“政治家”这一概念，其实有时候我们用官僚来代替这个称呼会更合适一些。

② “政治意义上的宪政，是指政府的实际组织结构，而不仅仅是作为这个结构基础的那些法律文件。”唐斯（Downs，1957），第 290 页。

③ 我们将所有成本类型企业目前的效用水平都统一设定为 0。参见路易斯和萨平顿（Lewis and Sappington，1989），麦吉和罗德里格斯（Maggi and Rodriguez，1995），朱利安（Jullien，1997），金多新和拉丰（Jeon and Laffont，1999），这些论文分析了个人理性效用水平取决于成本类型时出现的对抗性激励。

④ 出于信息方面的原因，税收通常都是扭曲性的，并且会造成无谓损失。在美国这种发达国家，沉没成本占税收总收入的比例大概在 30%左右，在发展中国家，这一比例会更高。（参见琼斯，坦登和福格尔桑（Jones，Tandon and Vogelsang，1990））。

从而能满足预期社会福利最大化的要求。根据显示原理[①]，我们知道可以通过最优显示机制来得到解答。这样一个显示机制涉及一组激励相容的契约（$\underline{q}$，$\underline{t}$），（$\bar{q}$，$\bar{t}$）。 24

由于是激励相容的契约，因此需要满足

$$(\underline{IC})\quad \underline{t}-\underline{\theta}\underline{q}\geqslant\bar{t}-\underline{\theta}\bar{q} \tag{2.4}$$

$$(\overline{IC})\quad \bar{t}-\bar{\theta}\bar{q}\geqslant\underline{t}-\bar{\theta}\underline{q} \tag{2.5}$$

或者，我们用变量（U，q）来代替（t，q），且 $\underline{U}=\underline{t}-\underline{\theta}\underline{q}$，$\bar{U}=\bar{t}-\bar{\theta}\bar{q}$，那么

$$(\underline{IC})\quad \underline{U}\geqslant\bar{U}+\Delta\theta\bar{q} \tag{2.6}$$

$$(\overline{IC})\quad \bar{U}\geqslant\underline{U}-\Delta\theta\underline{q} \tag{2.7}$$

个人理性约束的条件就变成

$$(\underline{IR})\quad \underline{U}\geqslant 0 \tag{2.8}$$

$$(\overline{IR})\quad \bar{U}\geqslant 0 \tag{2.9}$$

宪政应该选择一对在（2.6）至（2.9）式的约束条件下能使预期社会福利最大化的契约，也就是使得下式最大化：

$$\upsilon[S(\underline{q})-(1+\lambda)\underline{\theta}\underline{q}-\lambda\underline{U}]+(1-\upsilon)[S(\bar{q})-(1+\lambda)\bar{\theta}\bar{q}-\lambda\bar{U}] \tag{2.10}$$

很明显，式（2.8）可以通过式（2.6）和式（2.9）推导出。事实上，如果契约（$\bar{t}$，$\bar{q}$）对于给定成本 $\bar{\theta}$ 产生了一个非负的效用水平，那么对于更富生产力的成本条件 $\underline{\theta}$ 而言，当其将成本伪装为更高的 $\bar{\theta}$，并从而选择契约（$\bar{t}$，$\bar{q}$）时，就能得到一个正的效用水平。因此，激励相容的条件要求契约（$\underline{t}$，$\underline{q}$）对于成本为 $\underline{\theta}$ 的企业也提供一个正的效用水平。让我们暂时忽略式（2.7），并且我们会观察到式（2.6）与式（2.9）必须是有约束力的，我们得到 $\bar{U}=0$ 以及 $\underline{U}=\Delta\theta\bar{q}$。代入式（2.10），进行最大化运算，我们得到：

$$S'(\underline{q})=(1+\lambda)\underline{\theta} \tag{2.11}$$

---

① 参见吉伯德（Gibbard，1973），格林和拉丰（Green and Laffont，1977）和迈尔森（Myerson，1979）。

$$S'(\hat{\bar{q}})=(1+\lambda)\bar{\theta}+\lambda\frac{\upsilon}{1-\upsilon}\Delta\theta \tag{2.12}$$

且

25 $$\underline{t}=\underline{U}+\underline{\theta}\hat{\underline{q}}=\Delta\theta\hat{\bar{q}}+\underline{\theta}\hat{\underline{q}} \tag{2.13}$$

$$\bar{t}=\bar{U}+\bar{\theta}\hat{\bar{q}}=\bar{\theta}\hat{\bar{q}} \tag{2.14}$$

请注意，当 $\hat{\underline{q}}>\hat{\bar{q}}$时，这个解会自动满足（2.7）式。

当关于成本 θ 的信息是完全的时，宪政的设计应当使公共品的边际效用等于其边际社会成本，也就是说

$$S'(\underline{q}^*)=(1+\lambda)\underline{\theta} \tag{2.15}$$

$$S'(\bar{q}^*)=(1+\lambda)\bar{\theta} \tag{2.16}$$

同时，也应使得留给公共品供给企业的租金为 0，因此得出

$$\underline{t}=\underline{\theta}\underline{q}^* \quad \bar{t}=\bar{\theta}\bar{q}^* \tag{2.17}$$

而当关于成本 θ 的信息不对称时，在效率和抽取租金之间就出现了一个权衡问题。无效率成本类型的企业生产水平 $\bar{q}$ 越高，留给有效率成本类型下的公共品供给企业的租金 $\underline{U}=\Delta\theta\bar{q}$ 也就越高，这些租金实质上是社会成本。等式（2.12）解释了为了得到这一权衡问题的最优解，无效率企业的生产水平应该降低到何种程度。预期的边际效率成本 $(1-\upsilon)(S'(\hat{\bar{q}})-(1+\lambda)\bar{\theta})$ 必须等于预期的边际租金成本$\lambda\upsilon\Delta\theta$。我们还要注意到，成本类型为无效率的公共品供给企业得不到任何租金；而对于有效率的企业来说，不存在生产扭曲的问题。

我们接下来通过图 2—1 来进一步讨论租金—效率权衡关系这一关
26 键问题。

一个成本为 $\underline{\theta}$（或成本为 $\bar{\theta}$）的企业面临着一条呈直线的无差异曲线，即 $t-\underline{\theta}q$ 等于一个常数（$t-\bar{\theta}q$ 等于一个常数）。我们在图中用实线画出这两条经过原点的无差异曲线。A 和 B 分别对应的是最优的完全信息契约（$\underline{t}^*$，$\underline{q}^*$）和（$\bar{t}^*$，$\bar{q}^*$）。

越靠近左上方的无差异曲线对应的效用水平越高，因为企业总是想通过更少的生产得到更多的钱。因此，在不完全信息条件下，我们给出 A 和 B，那么两种成本类型的企业都会选择 B。（A，B）就是激励不相容的组合。要想得到激励相容的契约，一个可能的办法是，向

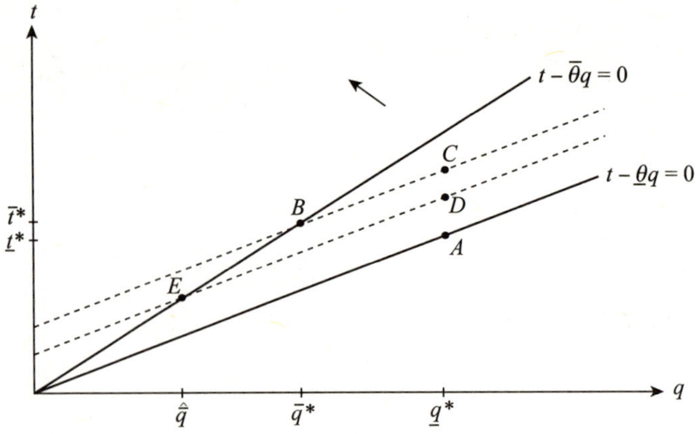

图 2—1

生产 $\underline{q}^*$ 的企业进行转移支付，支付额度应足以使这一合约的效用水平与 B 对应的效用水平相同。C 就代表这样一个契约。此时，(C，B)就是一组激励相容的契约，在信息完全的最优情况下，会带来相同的资源配置。然而，这对于社会福利来说，成本却很高昂，因为这样可能会留给成本类型为 $\underline{\theta}$ 的供给企业一个为 $\Delta\theta\bar{q}^*$ 的租金，而这一租金的社会成本为 $\lambda\Delta\theta\bar{q}^*$，发生的概率为 ν。

由等式（2.11）至（2.14）所描述的最佳激励相容的组合可以通过减少成本类型为 $\bar{\theta}$ 的企业的产量而得到。这也会将信息租金减少至 $\Delta\theta\hat{\bar{q}}$的水平，但是由于生产的边际效用与边际社会成本不等，同时也会产生一个效率成本。当通过减少每一单位租金所得到的预期边际社会收益，即 $\lambda\nu\Delta\theta$（因为租金会支付给成本为 θ 的企业的概率仅为 ν），等于预期边际社会效率成本时，租金成本和效率成本在一点上实现了最佳平衡，也就是说，

$$(1-\upsilon)\frac{\mathrm{d}}{\mathrm{d}\bar{q}}[S(\bar{q})-(1+\lambda)\bar{\theta}\bar{q}]=(1-\upsilon)[S'(\bar{q})-(1+\lambda)\bar{\theta}]$$

其中，效率成本发生的概率为（$1-\upsilon$）。然后，我们可以得到等式（2.12），如下

$$(1-\upsilon)[S'(\hat{\bar{q}})-(1+\lambda)\bar{\theta}]=\lambda\upsilon\Delta\theta$$

图 2—1 中，最佳的激励相容组合由（D，E）代表。信息租金为

DA，而不是 CA，而且在成本为 $\bar{\theta}$ 的情况下，产量扭曲为 $\bar{q}^{*}-\hat{\bar{q}}$。

从图 2—1 中我们可以清楚地看出成本为 $\underline{\theta}$ 的情况下，激励约束是有约束力的（D 和 E 位于同一条 $\underline{\theta}$ 无差异曲线上），而且成本为 $\bar{\theta}$ 的情况下，参与约束也是有约束力的（E 位于 $t-\bar{\theta}q=0$ 的无差异曲线上）。27 成本为 $\bar{\theta}$ 的代理人会严格偏好 E 甚于 D，也就是说成本为 $\bar{\theta}$ 的激励约束得到了严格意义上的满足，D 位于经过 A 的无差异曲线的上方，因此这种情况下成本为 $\underline{\theta}$ 的个人理性约束也得到了严格意义上的满足。这些定性的特征是非常具有一般性的。

当概率 υ 增加时，产量扭曲（$\bar{q}^{*}-\hat{\underline{q}}$）也会相应增加，因此我们会得到一个为 ν^{*} 的概率水平，如果超过这一概率，当 $\theta=\bar{\theta}$ 时，最好的选择是放弃公共品的生产。这样一来，只会有一个契约，就是 A。尽管这个契约无法带来任何租金，成本为 $\bar{\theta}$ 的企业会拒绝这个契约，但是成本为 $\underline{\theta}$ 的企业则会接受这个契约。这个关键的 υ^{*} 值满足下式

$$\upsilon^{*}[S(\underline{q}^{*})-(1+\lambda)\underline{\theta}\underline{q}^{*}]=\upsilon^{*}[S(\underline{q}^{*})-(1+\lambda)\underline{\theta}\underline{q}^{*}-\lambda\Delta\theta\hat{\bar{q}}]+(1+\upsilon^{*})[S(\hat{\bar{q}})-(1+\lambda)\bar{\theta}\hat{\bar{q}}] \tag{2.18}$$

或者是

$$\lambda\upsilon^{*}\Delta\theta\hat{\bar{q}}=(1-\upsilon^{*})[S(\hat{\bar{q}})-(1+\lambda)\bar{\theta}\hat{\bar{q}}]$$

也就是说，在存在两种成本类型企业的体制之中的租金的预期成本，与只有成本类型 $\bar{\theta}$ 的企业的体制中的预期社会效用水平相等之时，υ 的取值就是 υ^{*}。当 υ 高于 υ^{*} 时，由于存在着 $\bar{\theta}$ 成本类型的企业，因此留给 $\underline{\theta}$ 成本类型企业的租金成本，会超过向 $\bar{\theta}$ 成本类型的企业发出要约所带来的收益。当只有 A 契约存在时，这就成了一个关门机制的问题。因此在本书中，我们会假设 υ 小于 υ^{*}。

2.2.2　监督技术

下面我们引入一个政治家的概念，有 ξ 的概率，这个政治家可以以 $1-\xi$ 的概率观察到一个可证实①的信号 $\sigma=\theta$，其他的他什么也观察

① 举例来说，这个政治家有办法在确定 21 世纪核工程计划的规模之前，就能够得到未来法德修建核能工程的真实成本的信息。

不到（$\sigma=\phi$）。对政治家的激励主要来自于收入和奖金，[①] 用 s 表示，并且假定政治家没有个人财富，因此他的效用函数可以写作

$$V=s\geqslant 0$$

请注意，s 不一定是货币性的收入，它也可以是伴随权力产生的私下里的好处。 28

首先来考虑我们的基准情况，在这种情况下，政治家并不需要特别的激励，就会将其得到的信息真实地传达出来。他传达的数据 r 与他所得到的信号 σ 相同。

如果 $\sigma=r=\theta$，宪政得到相关信息，可以实现完全信息条件下的资源配置，预期可得到的福利水平为

$$W^{FI}=\upsilon[S(\underline{q}^*)-(1+\lambda)\underline{\theta}\underline{q}^*]+(1+\upsilon)[S(\bar{q}^*)-(1+\lambda)\bar{\theta}\bar{q}^*]$$

这种情况发生的概率为 ξ。

当 $\sigma=\phi$ 时，宪政层面处于毫不知情的状态下，其事后的想法（Pr（$\theta=\theta/\sigma=\phi$））与事前的想法一致，如下式所示：

$$\begin{aligned}\Pr(\theta=\underline{\theta}/\sigma=\phi)&=\frac{\Pr(\sigma=\phi/\theta=\underline{\theta})\times\Pr(\theta=\underline{\theta})}{\Pr(\sigma=\phi)}\\&=\frac{\upsilon(1-\xi)}{(1-\upsilon)(1-\xi)+\upsilon(1-\xi)}=\upsilon\end{aligned}$$

相应地，宪政所提出的契约能满足式（2.11）—（2.14）的条件，预期得到的福利水平为

$$W^{AI}=\upsilon[S(\underline{q}^*)-(1+\lambda)\underline{\theta}\underline{q}^*-\lambda\Delta\theta\hat{\bar{q}}]+(1-\upsilon)[S(\hat{\bar{q}})-(1+\lambda)\bar{\theta}\hat{\bar{q}}]$$

这种情况发生的概率为 $1-\xi$。

在有一个仁慈的政治家的条件下，预期社会福利水平为：

$$\xi W^{FI}+(1-\xi)W^{AI}$$

当这个仁慈的政治家作为监督人时，整个社会的收益为

$$\Delta W=\xi[W^{FI}-W^{AI}]$$

---

① “现存的这些关于政府行为的经济理论中，没有一个理论考虑到了政府中一个个活生生的人的动机和激励问题。”唐斯（Downs，1957），第 283 页。

$$=\xi[\lambda\upsilon\Delta\theta\hat{\bar{q}}+(1-\upsilon)\{[S(\bar{q}^{*})-(1+\lambda)\bar{\theta}\bar{q}^{*}]-[S(\hat{\bar{q}})-(1+\lambda)\bar{\theta}\hat{\bar{q}}]\}]$$

在这种情况下，当社会的总收益超过向政治家提供监督技术的成本（也包括政治家的机会成本）时，发挥政治家的作用就是有价值的。然而，由于我们假定这位政治家是仁慈的为民众着想的，因此也不会给他任何奖金（也就是图 2—2 中 $s=0$ 的情况）。

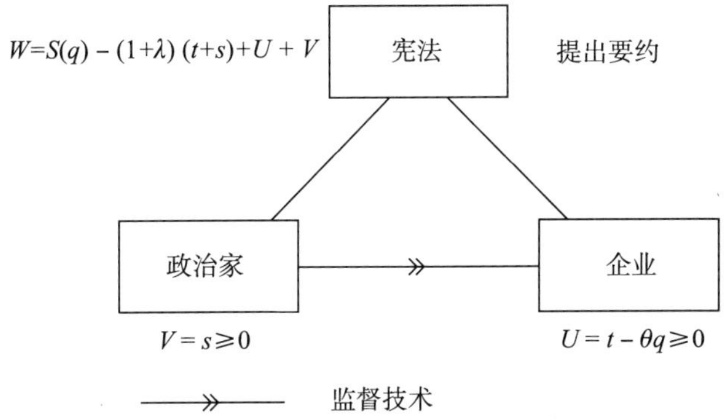

图 2—2

对于仁慈监督人这一案例的重新解读，可以对应到在宪政提出要约时，政治家和公共品供给企业双方行为之间的一个纳什均衡。

政治家面临着一个单调的激励计划，$s=0$，这与他传达的 r 是多
29 少没有关系。他对于任何水平的 r 都是无差异的，我们假定他在传达信息时说的是真话。$r=\varphi$ 时，企业得到的不完全信息条件下的最优契约组合为（D，E），当 $r=\theta$ 时，得到的完全信息条件下的最优契约组合为（A 或 B）。更准确地说，企业宣称其成本为 $\tilde{\theta}$。

当 $r=\phi$ 时，若 $\tilde{\theta}=\underline{\theta}$，得到要约 D；若 $\tilde{\theta}=\bar{\theta}$，得到要约 E。

当 $r=\underline{\theta}$，$\tilde{\theta}=\underline{\theta}$ 或 $\tilde{\theta}=\bar{\theta}$，均得到要约 A。

当 $r=\bar{\theta}$，$\tilde{\theta}=\underline{\theta}$ 或 $\tilde{\theta}=\bar{\theta}$，均得到要约 B。

在得知政治家的策略之后，对于公共品供给企业来说，最有利的行为就是讲真话。我们在仁慈政治家假设下得到的配置结果，也可以在政治家以自我利益为中心的时候通过纳什均衡实现。

这一结果的关键就在于政治家和企业这两方中间人之间的不合作行为。但是预期会出现不合作行为，这是否就是合理的呢？

政治家在其作为监督人的行动中会拥有一定的自由裁量权，因为

当其收到的信号为 $\sigma=\underline{\theta}$ 时，他可以选择不传达这一信息。[①] 即使他在是否真实传达信息方面是无差异的，他也会知道，当 $\sigma=\underline{\theta}$ 时传达出 30
$r=\phi$ 的信息，并且提前将这一策略告知企业（这样做几乎没有什么成本），他就会给企业留出 $\Delta\theta\bar{q}$ 的信息租金。

另一种纳什均衡是这样的，政治家一直传达出 $r=\phi$ 的信息，那么我们就回到了没有政治家时，不完全信息条件下的最优契约问题。然而，这种均衡看起来并不是特别站得住脚。宪政可以规定，当政治家传达可证实信息 θ 时，支付给政治家一个极小量 $\varepsilon>0$ 的报酬。只要这样，政治家就会偏好于严格地传达真实的信息。

当政治家与企业不能互相沟通时，在一个静态模型中，不难得出以下结论：说真话行为是最为自然而然的结果。但是，假定宪政能够控制两方中间人之间的信息交流，这一前提却是相当不现实的。因此，让我们考虑一个完全相反的案例，即两方中间人之间的交流是无成本的。双方很快就会明白，他们之间存在着合谋的共同利益，如果政治家能够从企业的信息租金中分一杯羹，那么以自我利益为中心的政治家就会隐瞒他得到的信号 $\sigma=\underline{\theta}$，反而传达出 $r=\phi$，从而保证信息租金的实现。

然而，在组织这样一场合谋的过程中还有一个大难题，双方合作者无法得到一个能将契约“当你付给我 b 时我不会说出 $\sigma=\underline{\theta}$ 的真相”付诸实践的强制保证。

不过，他们仍然有达成一致协议的强烈动机。看起来很可能的一种情况是，政治家得到的硬信号不能够被复制。之后，政治家将这个关于其成本 $\underline{\theta}$ 的独一无二的证据交给企业，而作为报偿，他会得到一笔金钱，这样的交易中并不存在着政治家在拿到钱之后仍然披露出 $\sigma=\underline{\theta}$ 的真相的风险。另一种可能的情况是，双方可以找到一个私下里的第三方，这个第三方有保证契约执行的声誉（类似于黑手党）。其实这也类似于重复博弈关系中的行为模式，但是这个第三方的出现，也会为委托人提供一个新的工具，委托人可以使用历史统计信息（请记住他知道概率 ξ）。接下来就可以直接过渡到短期博弈者的委托人，面临着长期博弈者的情况了。

---

① 我们要注意的是，当时，由于无论政治家传达什么样的信息，企业的效用水平都是 0，因此合谋也不会有任何好处。

在下一小节中，我们会假定政治家提出了合谋要约，并把代理人
31 向监督人提供转移支付时存在着交易成本，作为解决这些难题的捷径。

2.3　对政治家的最优激励

2.3.1　最优防范合谋宪政

从现在开始，在本书的讨论中，我们都会采取一种更简单的监督技术，从而简化符号的使用。我们假设只有在成本为 $\underline{\theta}$ 的时候，政治家才会发出信号。也就是说，在 $\theta=\underline{\theta}$ 的时候，有 ξ 的概率 $\sigma=\underline{\theta}$，有 $1-\xi$的概率 $\sigma=\phi$。而当 $\theta=\bar{\theta}$ 的时候，发出的信号则一直是 $\sigma=\phi$。①

现在，如果政治家是仁慈的，而且在 $\sigma=\underline{\theta}$ 时，他在传递信号的过程中一直说真话，那么宪政层面就是完全知情的，并会选择完全信息契约 $\underline{q}=\underline{q}^*$，则 $\underline{U}=0$。当 $\sigma=\phi$ 的时候，宪政层面的理念就会按照贝叶斯法则进行调整。在 $\sigma=\phi$ 的条件下，得到一个好的成本类型的概率为：

$$\hat{\upsilon}=\frac{(1-\xi)\upsilon}{1-\xi\upsilon}<\upsilon$$

在激励和个人理性约束条件下，最大化预期社会福利，得到：

$$S'(\underline{q}^{\phi})=(1+\lambda)\underline{\theta}$$

$$S'(\bar{q}^{\phi})=(1+\lambda)\bar{\theta}+\frac{\lambda(1-\xi)\upsilon}{1-\upsilon}\Delta\theta$$

政治家的存在是有价值的。他的出现减少了公共品的信息成本。留给供给企业的预期租金现在变成了 $(1-\xi)\upsilon\Delta\theta\bar{q}^{\phi}$。这与之前的监督技术的不同之处在于，在接收到 $\sigma=\phi$ 的信号之后，宪政层面会得知它

---

① 这种简单技术的另一个优点是：很难设想，如果不假设代理人总是能够提供关于自身成本类型的证据，监督人该如何获取关于代理人的成本类型的可证实信息。但是，委托人却能够通过不签订契约的威慑力，很容易强制要求代理人提供信息。在这项新的技术条件下，代理人就跟监督人一样，只有当 $\theta=\underline{\theta}$ 的时候，才能够提供可证实信息。而且，在 $\theta=\bar{\theta}$ 时，委托人无从得到关于代理人成本类型的可证实证据，因为这样的证据根本就不可能出现。此时，成本类型为 $\underline{\theta}$ 的代理人可以宣称自己的成本类型为 $\bar{\theta}$。

面对成本类型为 $\underline{\theta}$ 的事后概率较低（$\hat{\upsilon}<\upsilon$），因为，有 ξ 的概率，成本
类型 $\underline{\theta}$ 会被识别出来。害怕失去信息租金的恐惧感因此减少了，而且 32
在租金—效率的权衡中，在成本类型为 $\bar{\theta}$ 的时候，可以承受更高的效率产量（$\bar{q}^{\phi}>\hat{\bar{q}}$）。

然而，政治家是自私的。除非有别的动机，当 $\sigma=\underline{\theta}$ 的时候，他通常会向企业提出隐瞒信号的要约，这样一来企业可以得到 $\Delta\theta\bar{q}^{\phi}$ 的好处。因此，企业愿意支付给政治家的贿赂的最高金额为 $\Delta\theta\bar{q}^{\phi}$，这部分贿赂对于政治家的价值为

$$\frac{\Delta\theta\bar{q}^{\phi}}{1+\lambda_c}$$

参数 λ_c 为正数，通过这个参数，我们就可以在模型中引入在政治家和企业之间进行私下转移支付的交易成本，用 $k=\frac{1}{1+\lambda_c}$ 表示。私下转移支付的交易成本反映了被抓住的风险，讨价还价产生的无效率，以及为了避免被别人发现而发生的成本（例如，不是用金钱进行贿赂，而采取其他贿赂形式）。在本章中，这些因素是作为外生变量来考虑的。不过，在第 8 章中，我们会提出一个将这些交易成本内生化的理论。

在图 2—3 中，我们展示了合谋博弈的时机。

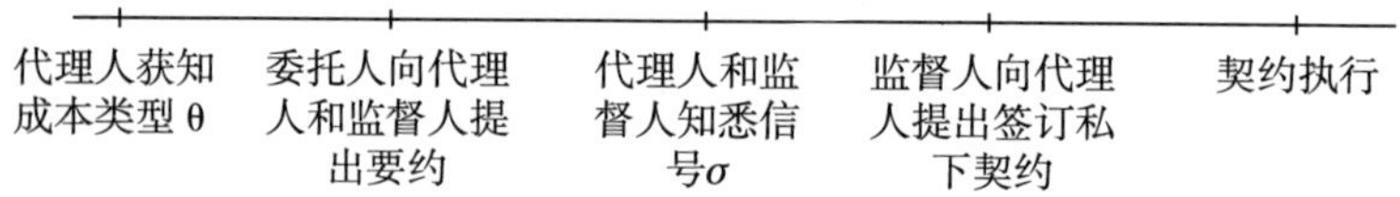

图 2—3

向政治家提供适当的激励，就可以避免政治家被企业俘获。[①] 假设当政治家传达出的信号为 $\underline{\theta}$ 的时候，对政治家的激励性支付为 $\underline{s}=k\Delta\theta\bar{q}^{\phi}$。这一转移支付的预期社会成本为

$$\lambda\upsilon\xi\underline{s}$$

因为其发生的可能性为 $\upsilon\xi$，而且仅有一个分配成本 λ，因为政治
家的福利已经包含在社会福利函数中。 33

① 在这一阶段的分析中，关于这项政策是否值得的问题尚未得到解答。参见 62 页脚注①。

预期的社会福利因此可以写成：

$$\upsilon\xi[S(\underline{q}^{*})-(1+\lambda)\underline{\theta}\,\underline{q}^{*}]+(1-\upsilon\xi)\left\{\frac{\upsilon(1-\xi)}{1-\upsilon\xi}[S(\hat{\underline{q}}^{\phi})-(1+\lambda)\underline{\theta}\hat{\underline{q}}^{\phi}-\lambda\Delta\theta\hat{\bar{q}}^{\phi}]+\frac{(1-\upsilon)}{1-\upsilon\xi}[S(\hat{\bar{q}}^{\phi})-(1+\lambda)\bar{\theta}\hat{\bar{q}}^{\phi}]\right\}-\lambda\upsilon\xi k\Delta\theta\hat{\bar{q}}^{\phi} \tag{2.19}$$

事实上，有 $\upsilon\xi$ 的概率，宪政层面会得知企业是有效率的。有 $1-\upsilon\xi$ 的概率，它是不知情的。有 $\upsilon(1-\xi)/1-\upsilon\xi$ 的后验概率，它将面临一个有效率的企业，但是这个企业却能得到 $\Delta\theta\hat{\bar{q}}^{\phi}$ 的信息租金。有 $(1-\upsilon)/(1-\upsilon\xi)$ 的后验概率，它将面临一个没有效率的企业。此外，有 $\upsilon\xi$ 的概率，它将支付给政治家 $k\Delta\theta\hat{\bar{q}}^{\phi}$ 的激励支付。

对预期社会福利进行再次最优化之后，得到：

$$S'(\hat{\underline{q}}^{\phi})=(1+\lambda)\underline{\theta} \tag{2.20}$$

$$S'(\hat{\bar{q}}^{\phi})=(1+\lambda)\bar{\theta}+\frac{\lambda\upsilon}{1-\upsilon}\Delta\theta(1-(1-k)\xi) \tag{2.21}$$

在这种情况下，政治家就不那么有价值了，除非私下转移支付的交易成本无限小（$k\to 0$）。如果 $k=1$，政治家就是完全没有价值的了，因为他所带来的成本和他能减少的信息租金一样多。

为了避免腐败，宪政会设计出一系列针对政治家的激励性支付。由于激励性支付是有社会成本的，生产水平 $\hat{\bar{q}}^{\phi}$ 就会下降。[①] 这也会减少合谋的得利 $\Delta\theta\hat{\bar{q}}^{\phi}$，从而减少所需的支付性激励。企业的预期租金也变低了，并面临着腐败问题败露的恐惧。

总的来说，我们认为：

命题 2.1　最优宪政会为政治家提供激励，使其免于被利益集团
34 俘获，同时为了降低合谋的得利水平，会对生产造成下降的扭曲效应。

我们已经假设监督技术是有成本的。否则，宪政可以无限次的复制监督技术，并在几个监督者之间制造标尺竞争（yardstick competition）。因此，我们必须注意，在我们的研究中，只有当政治家作为监督者的价值超过其所带来的成本时，这种做法才是值得的。

命题 2.1 很简洁地阐释了两项宪政政策，而这两项政策在实践过

① 此处我们假设，避免腐败是最优策略。附录 2 中会有这项防范合谋原则的证明。

程中是如何实施的，值得我们进一步探讨。

第一项政策是，我们需要向能够胜任信息监督人这一角色的政治家进行嘉奖。这可以通过司法权或者选举程序来实施。不过看起来，司法权在惩罚政治家方面，执行更有序，尤其是关于他们不当行为的可证实证据成立时。在这种不利情况下，政治家的报酬及其他私人利益都会因惩罚机制而受损。司法权之所以没有嘉奖政治家的权限，其中一个原因很可能是出于对司法权与政治家合谋的顾忌。但是这已超出本章的讨论范围，本章仍然保持仁慈政治家的这一假设。选举程序也许能够对那些很好地完成了自身职责的政治家进行嘉奖。对于选民来说，如何在纷繁复杂的信息环境中，对政治家完成职责的情况做出判断，是一个很大的难题。因此关于政治家工作表现的信息要有可靠的来源，成为在选举体系中实施合适的激励计划的必要条件。

第二项政策是，针对要求政治家提供信息所签订的契约，其本质上并不能保证政治家百分之百地负责任，因此对于宪政层面来说，对俘获问题的反应应当偏向于那些更为官僚化的规则。事实上，管理机构及政策决策机制对于信息不负责任，是个广为人知的特征。命题 2.1 为深入理解这一官僚化倾向的作用提供了一个基本的视角。

图 2—4 中总结出了不同的监督类型所造成的不同的扭曲影响。

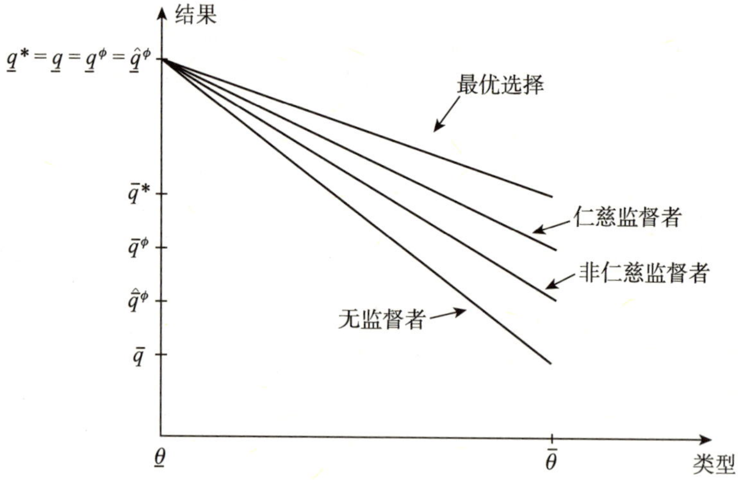

图 2—4

作为一种替代性的选择，宪政可以尝试去提高私下契约的交易成本。我们会注意到：

命题 2.2　合谋的交易成本越低（即 k 值越高），预期的社会福利
35 水平就越低，对无效率成本类型企业的生产水平造成的向下的扭曲影响就越大，企业的预期租金也就越低。

除了政治家，每个人在合谋的情况下都会有所损失。尤其是企业，有可能会偏好于选择不签订合谋协议。在下面的案例中，考虑到这一点，会对我们很有启发。如果没有合谋，上述的模型等同于一个委托人与代理人在代理人发现成本类型之前签订契约的模型，只是在我们这个模型里，代理人在零财富水平时是绝对的风险厌恶型（因此约束条件 $t-\theta q\geqslant 0$ 在 θ 取任何值的时候都成立）。之后，代理人会受到激励，用其已获得的信息去换取合理水平的报酬，同时也换取委托人不使用监督人的承诺（这个报酬会低于没有监督人情况下的预期租金，但是会高于有一个腐败监督人情况下的预期租金）。

2.3.2　均衡合谋

我们假设有两种政治家。我们有 ζ 的概率拥有一个类型 1 的政治家，如果他能在披露 $\theta=\underline{\theta}$ 的时候得到 $\underline{s}$ 的报酬，那么他就不会参与合
36 谋，$\underline{s}$ 的取值要满足：

$$\underline{s}\geqslant k\Delta\theta\bar{q}^{\phi}$$

有 $1-\zeta$ 的概率，我们会拥有一个类型 2 的政治家，这位政治家相比前一位更加诚实，或者是囿于私下支付的高昂交易成本，他所需要的报酬 $\underline{s}$ 相对较低，为：

$$\underline{s}\geqslant k\Delta\theta\bar{q}^{\phi}-\alpha$$

这个 $\underline{s}$ 就足以防范合谋的出现了。

我们根据参数取值的不同，会有两种可能的制度安排。

制度安排 1：无合谋。

报酬 $\underline{s}$ 选定在某一水平，使得无论是哪一类型的政治家，都不会想要参与合谋行为。这一报酬水平为：

$$\underline{s}=k\Delta\theta\bar{q}^{\phi}$$

最优的社会福利水平与以前一样，最优解的特征也如（2.20）及（2.21）式所示。

然而，在这一解中，却存在着一定量的激励支付的浪费。因为有 $1-\zeta$ 的概率，政治家只需要有一个更小的支付量 $\underline{s}-\alpha$，而无须支付 $\underline{s}$，就可以远离腐败，但是这种类型的政治家却无法直接辨别。一个很有吸引力的替代方法是，当 ζ 很小时，允许政治家有 ζ 的概率腐败，以此来节约激励支付的成本。预期的社会福利因此为：

$$\begin{aligned}&\upsilon\xi(1-\zeta)[S(\underline{q}^*)-(1+\lambda)\underline{\theta}\underline{q}^*]+\upsilon[1-\xi+\xi\zeta][S(\underline{q}^\phi)-(1+\lambda)\underline{\theta}\underline{q}^\phi\\&-\lambda\Delta\theta\bar{q}^\phi]+(1-\upsilon)[S(\bar{q}^\phi)-(1+\lambda)\bar{\theta}\bar{q}^\phi]-\lambda\upsilon\xi(1-\zeta)(k\Delta\theta\bar{q}^\phi-\alpha)\\&-\delta(1-k)\xi\zeta\upsilon\Delta\theta\bar{q}^\phi\end{aligned}\tag{2.22}$$

事实上，有 $\upsilon\xi$（$1-\zeta$）的概率，类型 2 的政治家会发现 $\theta=\underline{\theta}$ 并且披露这一实情，他将得到 $k\Delta\theta\bar{q}^\phi-\alpha$ 的报酬，这份报酬有其预期社会成本（2.22 式中的第四项）。有 $\upsilon(1-\xi+\xi\zeta)$ 的概率，企业的成本类型为 $\underline{\theta}$，但是宪政层面得到的信号则是 ϕ，这有可能是因为政治家什么也没有发现（概率为 $1-\xi$），也有可能是因为他是类型 1 的政治家，刻意隐瞒了他所得到的信息（概率为 $\xi\zeta$）。这在 2.22 式中表示为第二项。我们将合谋 37
的交易成本表示为一项损失，因为它既没有使企业获利，也没能使政治家从中受益（式 2.22 中的最后一项）。但是考虑到交易成本中的一部分会使一些中介机构获利，我们引入了参数 δ，取值范围为［0，1］。

对式 2.22 进行最优化，我们得到：

$$S'(\underline{q}^\phi)=(1+\lambda)\underline{\theta}\tag{2.23}$$

$$S'(\bar{q}^\phi)=(1+\lambda)\bar{\theta}+\lambda\frac{\upsilon}{1-\upsilon}\Delta\theta\left\{1-\xi(1-k)\left[1-\zeta\left(1+\frac{\delta}{\lambda}\right)\right]\right\}\tag{2.24}$$

制度安排 2：部分合谋。

这种情况出现在 ζ 很小的时候。因此，为了简化这一阐释，我们假设 $\zeta(1+\frac{\delta}{\lambda})<1$。接下来，当 ξ 增加时，在两种制度安排中生产水平 q^ϕ 都会增加。监督技术的质量（由 ξ 表示），以及对无效率成本类型企业的低激励，这两者都是有效降低企业租金的工具，且可以互相替代。我们进一步注意到，在腐败的情形中（制度安排 2），无效率类型企业的生产水平会低于其在无腐败的情形中的生产水平（制度安排 1）。事

实上，在制度安排 2 中，委托人面临一个 $\underline{\theta}$ 成本类型的企业，收到的信号却是 $r=\phi$ 的后验概率，比在制度安排 1 的情形下要高。

$$\left(\frac{\upsilon[1-\xi(1-\zeta)]}{1-\upsilon\xi(1-\zeta)}>\frac{\upsilon(1-\xi)}{1-\upsilon\xi}\right)$$

制度安排 1 中的福利水平独立于 α，而制度安排 2 中的福利水平会随着 α 的增加而增加（根据包络定理）。会有一个 α^* 值存在，如果 α 大于 α^*，那么选择让腐败发生会比较好。想要在比例为 $1-\zeta$ 的政治家中得到诚实行为的成本是如此低廉，以至于在 ζ 的概率下任凭腐败发生，会比用高昂的代价换取完全没有腐败的情况更具优势。让我们用 C 来表示制度安排 1 下的变量，用 NC 来表示制度安排 2 下的变量，会得到图 2—5。

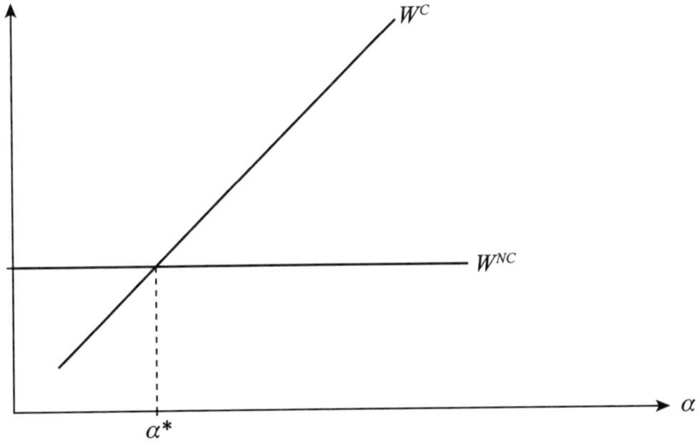

图 2—5

38 接下来让我们考虑监督技术提升之后的影响。

命题 2.3　一个更好的监督技术能够提高福利水平，并减少腐败。

证明：见附录 A. 2. 2。

在无腐败的制度安排中，信息量的增加更为有利，因为更好的信息状况可以替代较低的激励水平。因为 $\bar{q}^C<\bar{q}^{NC}$，在有腐败的制度安排中，更为常用的工具是较低的激励水平。因此，在无腐败的制度安排中，更好的信息状况有较高的边际价值，决定腐败制度安排是否具有优势的一系列参数值会随着 α^* 的增加而逐渐降低。

在两种制度安排中，委托人不知情的概率随着 ξ 的增加而减少，而社会福利水平则会随着 ξ 的增加而升高。

命题 2.3 的第一部分取决于这样一个事实，即较低的激励水平和较高的监督技术是可以互相替代的工具。这听上去也许挺自然的，但是如果他们为互补工具，相反的结果也是成立的。这会在本章开头所考虑的技术水平条件下发生[①]，$\underline{\theta}$ 和 $\bar{\theta}$ 两种成本类型被发现的概率均为 ξ。

一个有趣的讨论是关于合谋防范原则在本节中为何不再成立。当宪政在了解政治家需要什么类型的转移支付才会参加合谋时，如果面临着信息不对称，那么显示原理（revelation principle）有可能会失效， 39
因为宪政不可能模拟出合谋者之间的转移支付情况。当 $\lambda>\lambda_f$ 时，且 $k=\frac{1}{1+\lambda_f}$，我们无法再运用显示原理。而合谋者之间进行转移支付的成本也会低于委托人进行转移支付的成本。

另一个解释则是，关于转移支付的交易成本，宪政层面面临的信息状况与代理人所面对的是一致的。但是，由于制度上的约束，即不完全契约的约束，阻止了宪政根据政治家的不同类型进行区别性的转移支付。比如说，大家都知道欠发达国家中的腐败行为比在发达国家中更普遍易行，但是两类国家对于政治家的奖励机制却没有什么区别。这就使得通过合谋来完善不完全契约的做法成为了一个一般性的次优性原则。[②]

2.4 结论

在本章中我们阐释讨论了第一部分分析的主要基石。梯若尔（Tirole，1986）提出的简单俘获或称合谋模型，假设合谋的代理人会签订

① 参见拉丰和尼基桑（Laffont and N'Guessan，1999）的其他案例。

② 一个更为深入的解释需要运用效用函数来对或多或少可以用贿赂收买的监督者进行阐释。效用函数直接取决于信号。一个诚实的监督者受不了发出有悖事实的信号所带来的折磨。于是，一个监督者可以用两个逆向选择参数来标明其特征（他发出的信号和他的腐败程度）。对活动的集合进行适当拓展，使其包含传达的信息在内，在这个扩展后的分析框架中防范合谋原理依然成立，只是在这个受限制的分析框架内，它的成立还需要均衡合谋作为前提条件。关于这一点的扩展讨论已经超出了本书的范围。

成本高昂的契约。这个黑箱并不能令人完全满意，但是这个模型有着非常伟大之处，就是在一个利益内生性的合谋模型中，对针对合谋行动的最优反应进行了特征归纳，并提供了一个相关的分析框架。这是分析的第一步，就思考面对利益集团时政府的最优组织架构而言，这是非常有用的一个框架。在第 9 章中，我们会采取一系列的步骤，对
40 于合谋交易成本的外部效应进行内生化。

第 2 章附录

附录 A. 2. 1　硬监督信息条件下证明防范合谋原则

我们假设，合谋是由其中具有议价权力的监督人发起组织的。需要注意的是，为了运用监督人的信号的可证实性，我们有必要考虑属于集合 $\{\underline{\theta}, \phi\}$ 的信号。

如果我们考虑抽象策略集合的机制，这样的可证实性约束就没什么意义了。防范合谋原则要求有两个步骤。第一个步骤是确定一般机制下可以实施的政策的特征，第二步就是当监督人的信号集合为 $\{\underline{\theta}, \phi\}$ 且有如下约束时，确定可以实施的政策具有怎样的特征：

如果 $\sigma=\phi$，那么 $r=\phi$

如果 $\sigma=\underline{\theta}$，那么 $r\in\{\underline{\theta}, \phi\}$

第一步骤仰赖于我们在第 9 章中建立的不可验证信息条件下的防范合谋原则。委托人通过一般机制可以做到的事情，都可以通过显示机制实现，在显示机制中，发起组织合谋的知情监督人有一最佳策略，就是要求真实显示那些原本被认为是软信息的私下信息。在这个模型中，不可证实信息的存在不会带来任何监督收益，这在第 9 章中会证明。

接下来，我们来考虑这样的一个案例，监督人的信号集合为 $M_2=\{\underline{\theta}, \phi\}$，用 M_1 表示代理人的信号集合。委托人就是宪政层面 C。委托人 C 提供的主要机制为 G，属于信号集合（M_1，M_2）的信号组（m_1，m_2），对应的，给企业的转移支付为 $t(m_1, m_2)$，公共产品的产量为 $q(m_1, m_2)$，给政治家的转移支付为 $s(m_1, m_2)$。

这是一个两阶段的博弈，第一步，C 提出主要的契约 G，之后 P

提出私下契约，通过画出这个博弈过程的博弈树，我们会注意到这样一个事实，即 P 只能在 $\theta=\underline{\theta}$ 时才能观察到信号，而且这种情况下，所有人都知道他获取了可证实的信息 $\theta=\underline{\theta}$。 41

我们想要表达的是，在考虑作为显示机制的主要契约 G 时，政治家是不会有什么保留的，他最好的策略就是真实地披露他所知道的。

我们必须考虑两种情况：

第一种情况：自然状态为 $\underline{\theta}$ 或 $\bar{\theta}$，且 $\sigma=\phi$。那么监督人的信号就只能是 ϕ。博弈树变成：

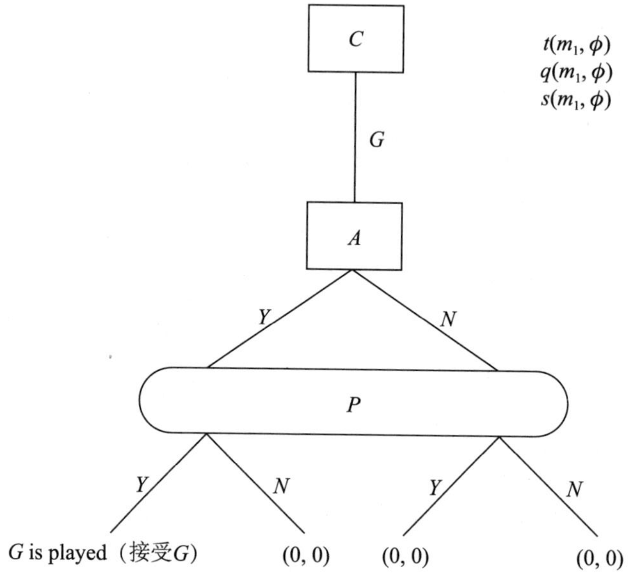

如果博弈双方都接受 G，那么博弈继续下去。事实上，在这种情况下，政治家手上没有任何信息，而代理人心里也清楚地知道这一点。企业自身做不到的信息操纵，政治家也不可能做到。

用 $m_1^*(\theta, \phi)$ 和 ϕ 表示 G 中博弈双方的最佳策略。于是，G 就等同于下面这个显示机制

$$(\text{I})\begin{cases} T(\theta,\phi)=t(m_1^*(\theta,\phi),\phi) \\ Q(\theta,\phi)=q(m_1^*(\theta,\phi),\phi) \\ S(\theta,\phi)=s(m_1^*(\theta,\phi),\phi) \end{cases}$$

在最佳策略定义为 m_1^* 时为真。 42

第二种情况：自然状态为 $\underline{\theta}$，且 $\sigma=\underline{\theta}$

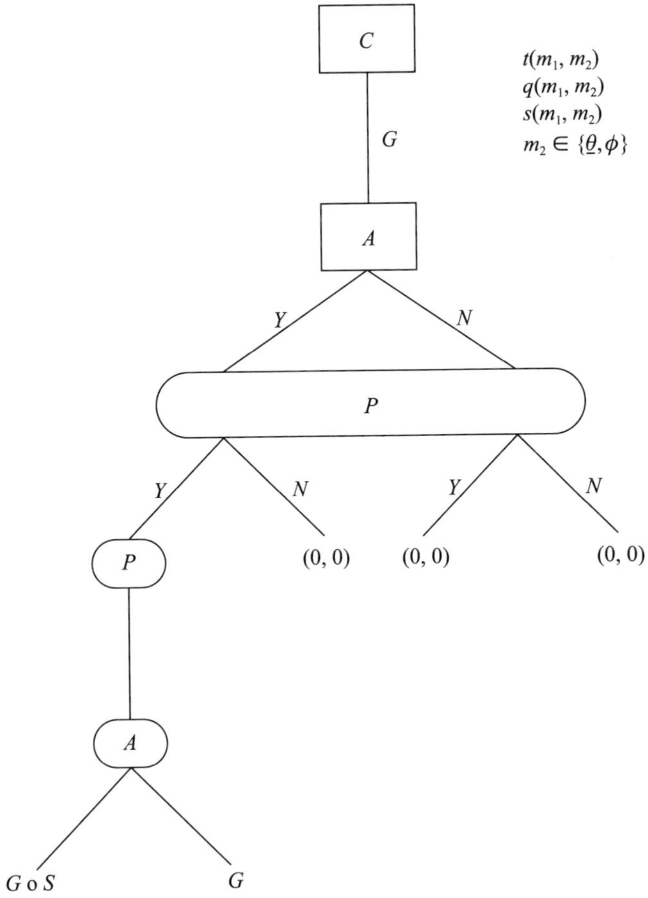

用 $m_1^*(\underline{\theta},\ \underline{\theta})\in M_2$，$m_2^*(\underline{\theta}\in\{\underline{\theta},\ \phi\})$ 来表示 G 博弈过程中双方采取不合作态度时的最佳策略。

如果 $m_2^*(\underline{\theta})=\phi$，政治家不会提出私下契约。如果 $m_2^*(\underline{\theta})=\underline{\theta}$，政治家可以提供一个有效的私下契约。他知道成本类型为 θ，并且对在各种约束条件下都试图最大化自身福利水平的企业提出一个“要么接受要么离开”的私下契约。这份私下契约提供的，正是一份操纵报告 $\phi_1(\underline{\theta},\ \underline{\theta})\in M_1$，$\phi_2(\underline{\theta},\ \underline{\theta})=\phi$，以及私下支付 $y_1(\underline{\theta},\ \underline{\theta})$，$y_2(\underline{\theta},\ \underline{\theta})$。考虑到交易成本的存在，有

$$y_2(\underline{\theta},\underline{\theta})+ky_1(\underline{\theta},\underline{\theta})=0$$

$$y_1(\underline{\theta},\underline{\theta})\leqslant 0$$ 43

考虑到有限责任约束，有

$$s(\phi_1(\underline{\theta},\underline{\theta}),\phi)+y_2(\underline{\theta},\underline{\theta})\geqslant 0$$

考虑到企业的个人理性约束，有

$$\begin{aligned}&t(\phi_1(\underline{\theta},\underline{\theta}),\phi)-\underline{\theta}q(\phi_1(\underline{\theta},\underline{\theta}),\phi)+y_1(\underline{\theta},\underline{\theta})\geqslant\\&t(m_1^*(\underline{\theta},\underline{\theta}),m_2^*(\underline{\theta}))-\underline{\theta}q(m_1^*(\underline{\theta},\underline{\theta}),m_2^*(\underline{\theta}))\end{aligned}$$

如下定义

$$(\text{II})\begin{cases}T(\underline{\theta},\underline{\theta})=t(\phi_1(\underline{\theta},\underline{\theta}),\phi)+y_1(\underline{\theta},\underline{\theta})\\Q(\underline{\theta},\underline{\theta})=q(\phi_1(\underline{\theta},\underline{\theta}),\phi)\\S(\underline{\theta},\underline{\theta})=s(\phi_1(\underline{\theta},\underline{\theta}),\phi)+y_2(\underline{\theta},\underline{\theta})\\T(\bar{\theta},\underline{\theta})=-\infty\end{cases}$$

并且考虑由（Ⅰ）和（Ⅱ）共同构成的显示机制。这是一个说真话的机制，并且在无合谋的状态下，实现了之前私下契约才能实现的资源配置，而成本更低，因为 $y_1(\underline{\theta},\underline{\theta})+y_2(\underline{\theta},\underline{\theta})<0$。政治家无法提出一个新的私下契约，这使这个机制变得更好了。

附录 A.2.2　命题 2.3 的证明

令

$$\begin{aligned}&W^*=S(\underline{q}^*)-(1+\lambda)\underline{\theta}\,\underline{q}^*,\\&\underline{W}(q)=S(\underline{q}^*)-(1+\lambda)\underline{\theta}\,\underline{q}^*-\lambda\Delta\theta q\\&\overline{W}(q)=S(q)-(1+\lambda)\bar{\theta}q.\end{aligned}$$

按照定义，α^* 满足：

$$\begin{aligned}&\upsilon\xi\underline{W}^*+\upsilon(1-\xi)\underline{W}(\bar{q}^{NC})+(1-\upsilon)\overline{W}(\bar{q}^{NC})-\lambda\upsilon\xi k\Delta\theta\bar{q}^{NC}\\&=\upsilon\xi(1-\zeta)\underline{W}^*+\upsilon(1-\xi+\xi\xi)\underline{W}(\bar{q}^{C})+(1-\upsilon)\overline{W}(\bar{q}^{C})\\&\quad-\lambda\upsilon\xi(1-\zeta)(k\Delta\theta\bar{q}^{C}-\alpha^*)-\delta(1-k)\xi\zeta\upsilon\Delta\theta\bar{q}^{C}\end{aligned}\tag{2.25}$$

对 α^* 和 ξ 求导，我们得到

$$\begin{aligned}\lambda\upsilon\xi(1-\zeta)\mathrm{d}\alpha^*=[&\upsilon\zeta\underline{W}^*-\upsilon\underline{W}(\bar{q}^{NC})+\upsilon(1-\zeta)\underline{W}(\bar{q}^{C})-\lambda\upsilon k\Delta\theta\bar{q}^{NC}\\&+\lambda\upsilon(1-\zeta)(k\Delta\theta\bar{q}^{C}-\alpha^*)+\delta(1-k)\zeta\upsilon\Delta\theta\bar{q}^{C})]\mathrm{d}\xi\end{aligned}$$ 44

但是，从（2.25）式我们有

$$\upsilon\zeta \underline{W}^* - \lambda\upsilon k\Delta\theta\bar{q}^{NC} + \lambda\upsilon(1-\zeta)(k\Delta\theta\bar{q}^{C} - \alpha^*) + \delta(1-k)\zeta\upsilon\Delta\theta\bar{q}^{C} - \upsilon\underline{W}(\bar{q}^{NC})$$
$$+\upsilon(1-\zeta)\underline{W}(\bar{q}^{C}) = \frac{1}{\xi}\{\upsilon[\underline{W}(\bar{q}^{C}) - \underline{W}(\bar{q}^{NC})] + (1+\upsilon)[\overline{W}(\bar{q}^{C}) - \overline{W}(\bar{q}^{NC})]\}\frac{\mathrm{d}\alpha^*}{\mathrm{d}\xi}$$
$$\infty[\upsilon\underline{W}(\bar{q}^{C}) + (1-\upsilon)\overline{W}(\bar{q}^{C})] - [\upsilon\underline{W}(\bar{q}^{NC}) + (1-\upsilon)\overline{W}(\bar{q}^{NC})]$$

函数 $\upsilon\underline{W}(\cdot)+(1-\upsilon)\overline{W}(\cdot)$ 为凹函数，并且在 $\hat{\bar{q}}$ 处达到最大值，如下所示

$$S'(\hat{\bar{q}}) = (1+\lambda)\bar{\theta} + \lambda\frac{\upsilon}{1-\upsilon}\Delta\theta$$

我们有

$$\hat{\bar{q}} < \bar{q}^{C} < \bar{q}^{NC}$$

于是得到

$$\frac{\mathrm{d}\alpha^*}{\mathrm{d}\xi} > 0$$

用 $W^{NC}(\bar{q})$（相对应的，$W^{C}(\bar{q})$）表示机制 1（相对应的，机制 2）下，以无效率类型企业的产量水平为自变量的预期社会福利水平函数，有效率类型的企业的产量水平为 $\underline{q}^*$。请注意，$W^{NC}(\bar{q}^{NC})$ 随 ξ 的增加而增加。根据包络定理，我们有

$$\begin{aligned}\frac{\mathrm{d}W^{NC}}{\mathrm{d}\xi}(\bar{q}^{NC}) &= \frac{\partial W^{NC}}{\partial\xi}(\bar{q}^{NC})\\ &= \upsilon[\underline{W}^* - \underline{W}(\bar{q}^{NC})] - \lambda\upsilon k\Delta\theta\bar{q}^{NC}\\ &= \lambda\upsilon(1-k)\Delta\theta\bar{q}^{NC} > 0.\end{aligned}$$

现在我们来证明，当机制 2 为最优机制时，$W^{C}(\bar{q}^{C})$ 随着 ξ 的增加而增加。

$\Delta(\bar{q}) = W^{NC}(\bar{q}) - W^{C}(\bar{q})$ 与 ξ 成正比。

如果参数条件使机制 2 为最优机制，我们有

45

$$W^{C}(\bar{q}^{C}) > W^{NC}(\bar{q}^{NC}) > W^{NC}(\bar{q}^{C})$$

因此

$$\Delta(\bar{q}^{C}) < 0 \text{ 且 } \frac{\partial}{\partial\xi}\Delta(\bar{q}^{C}) < 0$$

现在我们得到

$$\frac{\mathrm{d}W^C}{\mathrm{d}\xi}(\bar{q}^C)=\frac{\partial W^{NC}}{\partial \xi}(\bar{q}^C)-\frac{\partial \Delta}{\partial \xi}(\bar{q}^C)+\frac{\mathrm{d}W^C}{\mathrm{d}\bar{q}}(\bar{q}^C)\frac{\mathrm{d}\bar{q}^C}{\mathrm{d}\xi},$$

$$\frac{\partial W^{NC}}{\partial \xi}(\bar{q}^C)=\upsilon(1-k)\Delta\theta\bar{q}^C>0;-\frac{\partial \Delta}{\partial \xi}(\bar{q}^C)>0;\frac{\mathrm{d}W^C}{\mathrm{d}\bar{q}}(\bar{q}^C)=0$$

因此

$$\frac{\partial W^{NC}}{\partial \xi}(\bar{q}^C)>0$$

46

第3章　权力分离的激励理论

“一个无法保障权利，也不存在权力分离的社会中，是没有宪政可言的。”

——法国人权宣言，第16章，1789年

3.1　引言

正如法国人权宣言所说的那样，权力的分离一直被认为是民主的一个关键议题。在孟德斯鸠[①]及美国联邦党人的思想中，已经有了这个议题，但是对于经济学家来说，这仍然是一个神

① “如果由同一个人（或者同一个机构）来同时行使下面这三种权力：制定法律，执行公众的决定，以及审判定罪或是裁定纠纷，那么无论他是贵族还是普通民众，都会毁掉这个世界上的一切事物。”孟德斯鸠（Montesquieu，1748），第586页。

秘的问题。在本章中，我想在一个完全宪政的模式下来探讨这个问题。

按照经济学家的理解，复制监管机构的第一个理由就是标尺竞争。通过运用多个代理人的信号之间的相关性，委托人可以通过一种无成本的方式来抽取信息租金。这个想法首先由施莱弗（Shleifer，1985）在完全相关条件下进行建模分析，之后由克里默和马克林（Cremer and Mclean，1988）在一个任意非零相关系数条件下建模分析。①

在第 8 章中，我们将会对上述这个想法与合谋行为的关系进行详细讨论。在本章中，我们针对权力分离的问题提出一个不同的解释。②我们会讨论到，权力分离可以在面对监管的俘获问题时成为一个有力 47
的工具，并且为权力分离问题构建一个激励理论。这方面的思想在很多政治学家的著作中都有体现（莫（Moe，1986），威尔逊（Wilson，1980），穆勒（Mueller，1997，第 17 章）），但是一直都没有形成正式的理论体系。公共选择学派一直强调的一个事实是，设计制度规则的重点在于抑制寻租行为（参见康格尔顿（Congleton，1984），罗斯-艾克曼（Rose-Ackerman，1978），他们主张增加在获得报酬前必须贿赂到的人数也许是个最优选择）。然而，这一方法的不足是，寻租行为是由供给方单方面决定的。

我们将政治家的权力定义为，政治家运用关于受监管企业的信号来提高社会福利水平的能力。当仁慈的政治家负责实施社会福利最优化的契约时，是没有理由采取权力分离的，也就是说，没有理由在政治家之间进行权限的分拆。他们会运用他们的自由裁量权，即他们的权力，来实现社会福利最大化的目标。可是，正如第 2 章中所描述的，非仁慈的政治家则会运用他们的权力来追求个人目的，比如说与受监管的企业进行合谋来获得私人利益。这就产生了对权力分离的需求。对代理人或是政治家进行分离，就在处理信息的时候对信息进行了划分，这也就限制了他们进行社会福利相关活动时的自由裁量权。权力分离在部分知情的政治家之间引入了贝叶斯-纳什行为，而不是仅仅由一个单独的政治家向受监管的企业提供一个仅对其个人最有效的合谋

① 参见奥瑞尔和拉丰（Auriol and Laffont，1992）。

② 正如莫（Moe，1986）的报告中所说的那样，甚至是在跨期承诺有限时，宪政中的权力分离都是有好处的。参见梯若尔（Tirole，1994），奥尔森和托斯维克（Olsen and Torsvick，1993）和马赫蒂摩（Martimort，1995）的论文，讨论了在这个理念基础上建立的代理人模型。

要约。当这种贝叶斯-纳什行为足以使政治家向利益集团审慎索取贿赂时，这种合谋博弈的结果就会减少他们所提出的合谋要约的数量。因此，由于合谋行为的交易成本上升，阻止合谋行为变得更容易了。权力的分离提升了社会福利水平。

在 3.2 节中，我们会对第 2 章中的模型进行扩展来说明这一点。然而，这种扩展虽然简单，却必须要以两个受到监督的代理人的信号具有相关性为前提条件，其中包含了标尺竞争和提高俘获的交易成本两种思想。为了理顺这两种思想，我们在 3.3 节中构建了一个包含三种受监管企业的模型，目的是能够将它们分配到两种随机独立的代理
48 人或者政治家监督技术中去。3.4 节中，我们归纳出，在只有一个政治家，而且这个政治家能够控制两种监督技术的情况下，最优防范合谋宪政应当具有的特征。政治家分离的问题在 3.5 节中探讨。我们会特别对权力分离所带来的预期收益进行详细的比较静态分析。3.6 节中则是一些对于这个模型的批评及扩展。3.7 节作出结论。

3.2　权力分离与标尺竞争

在前一章中，我们以固定成本过高为由，略过了知情监督人的复制问题。然而，复制后的固定成本，并不总是高于两种监督技术所提供的抽样价值。我们要问的第一个问题是，将合谋的可能性纳入考虑范围后，是否会影响到选择一种监督技术还是两种监督技术的决策。这其实是一个在单个政治家的控制范围内，复制监督技术具有何种价值的问题。另一个要问的问题是，两种监督技术是否要分配给两个不同的政治家：也就是权力分离的问题。我们对第 2 章中的模型进行一些细微的扩展，来探讨这个问题。

假设在第 2 章的模型中，我们有两个相互独立的信号 σ_i，其概率条件为

$$\Pr(\sigma_i=\underline{\theta}/\theta=\underline{\theta})=\xi \quad i=1,2$$

时机问题跟图 2—3 中所描述的一样，需要在初始状态选择要一个还是两个政治家。首先考虑由一个仁慈政治家掌握两种监督技术的情况。一种可能是，政治家至少会收到一个信息报告（概率为 $\xi^2+2\xi$（1—

$\xi)$)，他完全知情，并能够采取 $\theta=\underline{\theta}$ 情况下最有效的配置方式。另一种可能是，他没有得到任何信息报告：$r_1=\phi$；$r_2=\phi$。则$\theta=\underline{\theta}$的后验概率为：

$$\Pr(\theta=\underline{\theta}\,|\,r_1=\phi,r_2=\phi)=\frac{\upsilon(1-\xi)^2}{(1-\upsilon)+\upsilon(1-\xi)^2}=\hat{\upsilon}<\upsilon$$

当他收到一个有信息的信号时，他会更加确信他面对的是一个无效的成本类型。这会使得权衡问题的考虑结果更有利于效率，如下式所述： 49

$$S'(\underline{q}_2^{\phi})=(1+\lambda)\underline{\theta}$$

$$S'(\bar{q}_2^{\phi})=(1+\lambda)\bar{\theta}+\frac{\lambda(1-\xi)^2\upsilon}{1-\upsilon}\Delta\theta$$

预期的福利水平为

$$\upsilon\xi(2-\xi)\underline{W}^*+\upsilon[1-\xi(2-\xi)][S(\underline{q}^*)-(1+\lambda)\underline{\theta}\,\underline{q}^*-\lambda\Delta\theta\bar{q}_2^{\phi}]+(1-\upsilon)[S(\bar{q}_2^{\phi})-(1+\lambda)\bar{\theta}\bar{q}_2^{\phi}]$$

而不是在一种监督技术时的

$$\upsilon\xi\underline{W}^*+\upsilon(1-\xi)[S(\underline{q}^*)-(1+\lambda)\underline{\theta}\,\underline{q}^*-\lambda\Delta\theta\bar{q}^{\phi}]+(1-\upsilon)[S(\bar{q}^{\phi})-(1+\lambda)\bar{\theta}\bar{q}^{\phi}]$$

福利水平的提高幅度为：

$$\Delta W=\{\upsilon(1-\xi)\lambda\Delta\theta\bar{q}^{\phi}-\upsilon(1-\xi(2-\xi))\lambda\Delta\theta\bar{q}_2^{\phi}\}+(1-\upsilon)[\{S(\bar{q}_2^{\phi})-(1+\lambda)\bar{\theta}\bar{q}_2^{\phi}\}-\{S(\bar{q}^{\phi})-(1+\lambda)\bar{\theta}\bar{q}^{\phi}\}]$$

该式中的第一项代表的是信息租金的预期减少。这一项的符号并不清楚，一方面，因为 $\bar{q}_2^{\phi}>\bar{q}^{\phi}$，租金本身在存在两种监督技术的情况下是增加的，但是另一方面，放弃租金的频率也降低了。第二项则是由于对无效成本类型企业的生产水平的扭曲作用减小，所带来的效率收益。

考虑 $\bar{q}$ 的函数，存在两种监督技术时的预期社会福利水平 $W_2(\bar{q})$ 会一直高于只存在一种监督技术时的社会福利水平 $W_1(\bar{q})$。

$$W_2(\bar{q})-W_1(\bar{q})=\upsilon\lambda\Delta\theta\bar{q}[\xi-\xi^2]$$

如果政治家是非仁慈的，防范合谋会要求给政治家的预期激励支付要满足如下条件：

$\upsilon k\xi\Delta\theta\bar{q}$　只存在一种监督技术时；

$\upsilon k\xi(2-\xi)\Delta\theta\bar{q}$　存在两种监督技术时[①]

两种情况下的福利水平差异为

$$\widetilde{W}_2(\bar{q})-\widetilde{W}_1(\bar{q})=\upsilon\lambda\Delta\theta\bar{q}(1-k)(\xi-\xi^2)$$

50 由于防范合谋的成本的存在，双重监督所带来的好处变小了，甚至都有可能无法弥补多建一个新的监督技术所支付的固定成本，这对于只有单个仁慈政治家的情况来说也同样成立。接下来我们就要问到，权力的分离是否能够减少防范合谋的成本。

现在我们考虑的情况是每个政治家都有自己的一项监督技术。[②] 权力的分离与政治家是否仁慈没有关系。让我们考虑政治家是以自我利益为中心的情况，这种情况下他们有可能与企业达成合谋协议。很清楚的一点是，防范合谋约束取决于两个政治家与企业在信息不对称的合谋博弈中是如何讨价还价的。为了使分析尽可能简化，我们假设，当政治家观察到一个有利的信号时，他向企业提出的协议只会是要么接受要么离开形式的。这个假设排除了一个政治家向另一个政治家发出私下契约要约的可能。[③] 这么做有两个原因。第一个原因是，贿赂通常以向宽宏大量的公务员提供私人部门中未来的工作机会的形式出现，即所谓的“旋转门”现象，但是在两个政治家之间却不太可能出现类似这种的机制。更一般地，可以通过精心设计在机构中工作时间的长短，使得这种合谋的行为更容易被察觉或者更难以去执行。第二个原因是，相比阻止政治家与企业之间进行货币性的转移支付，宪政在阻止政治家之间进行货币性的转移支付时，具有更好的控制力。后一个假设就等同于说，政治家之间进行私下转移支付的交易成本无限大。

---

① 为了简单起见，我们假设监督人之间合谋的交易成本是完全一样的，而且与只有一个监督人时的合谋交易成本是相同的。奈温，纳托尔和西布莱特（Neven，Nuttall and Seabright，1993）在论文中讨论了在每个行业中设立行业专属的代理人，会提高代理人被生产厂商俘获的风险。

② 我们假设监督技术在政治家之间是不可转移的。特别是，政治家不可能在事前（也就是得到任何信号之前）将他拥有的技术价值出售给别人。这样的一个假设必然会要求有一个仁慈的司法法庭，来判定对每项信息技术的控制都符合宪政的要求（参见 3.6.3 小节）。

③ 这个假设同时也排除了政治家视其他政治家的私下契约而选择使用私下契约的可能性。因此我们假设，对于一个没有参与私下契约的政治家而言，他也不可能发现这些私下契约。

我们会在3.6.3节中提出一个替代性的解释，解释了为什么在政治家之间无法进行货币性转移支付的情况下，政治家互相分享信息的考虑不足以使其进行合谋。我们根据政治家行为的不同对两种情况作出区分。

在审慎行为的前提下，政治家只会提出百分之百会被接受的合谋要约。① 之后，这些要约会达到信息对称条件下的纳什均衡，也就不存 51
在贿赂，也不会产生防范合谋的成本。事实上，一个不知道其他政治家会做出何种报告的政治家是不敢提出合谋要约的。这就充分体现出竞争的力量了。如果提出一个会遭到拒绝的合谋要约会带来高昂的成本（比如会被企业公然谴责），双监督技术的存在就引入了一种对于宪政层面来说非常棒的不确定性。

我们在传统的预期效用行为假设中会得到一个类似的但是弱得多的结果，传统的预期效用行为忽略了均衡状态下那些罚金的影响。

在一个非合谋的纳什均衡中，当政治家 i 收到信号 $\sigma_i=\theta$ 时，如果他能收到一个比他预期能得到的贿赂折现额更高的激励支付的话②，他的行为就不会偏离，也就是：

$$\underline{s}_i \geqslant k(1-\xi)\Delta\theta\bar{q}$$

事实上，有 ξ 的可能性，其他的政治家也会得到消息，并且将其所得到的信息真实地告诉了委托人，那么这位政治家索取 $\Delta\theta\bar{q}$ 的贿赂的要求就会遭到没有租金收益的企业的拒绝。

防范合谋的预期总成本为：

$$2\upsilon\xi(1-\xi)k\Delta\theta\bar{q}$$

而不是只有一个政治家时的：

$$\upsilon\xi(2-\xi)k\Delta\theta\bar{q}$$

① 这项审慎行为的假设有几种动机。第一种动机是政治家有很强的风险厌恶，他在提出合谋要约之前，只会考虑到最坏的自然状态。政治家也会害怕自己索贿的要求不被接受，反而招致企业的谴责。最后，可以用信息上处于弱势的一方（政治家）提出一系列重复性的要约的方式，来将政治家和企业之间这种一锤定音的讨价还价博弈模型化。在这种情况下，当提出要约的次数足够频繁之后，在贿赂要约中无法作出承诺的政治家会根据他所得到的信息，收取一个最小额度的贿赂（参见古勒，索南施恩和威尔逊（Gul，Sonnenschein and Wilson，1985））。

② 在这里我们假设政治家在尚未得知自己的合谋要约是否已经被企业接受之前，就必须向宪政层面汇报他得到的信息。

另一个政治家的出现，对于知情政治家预期会得到的贿赂，创造
52 出了一个负的外部效应，同时也对防范合谋所要求的激励支付，创造
出了一个正外部性。将我们以上的讨论总结一下就是：

命题 3.1　a）监督技术的质量（ξ）越高，合谋的交易成本越高（k 越低），监督技术的复制就越有价值。

b）权力的分离可以降低防范合谋的实施成本。

信号 σ_1 和 σ_2 的相关性则意味着存在某种标尺竞争的效应。事实上我们有：

$$p_{11}=\Pr(\sigma_1=\underline{\theta}\text{ 且 }\sigma_2=\underline{\theta})=\upsilon\xi^2$$

$$p_{12}=\Pr(\sigma_1=\phi\text{ 且 }\sigma_2=\phi)=p_{21}=\Pr(\sigma_1=\phi\text{ 且 }\sigma_2=\underline{\theta})=\upsilon\xi(1-\xi)$$

$$p_{22}=\Pr(\sigma_1=\phi\text{ 且 }\sigma_2=\phi)=1-\upsilon+\upsilon(1-\xi)^2$$

且

$$\rho=p_{11}p_{22}-p_{12}p_{21}=\xi^2\upsilon(1-\upsilon)$$

命题 3.1.b 也可以用下面这种思路来解释。宪政层面必须要控制合谋所引发的道德风险行为。因为有限责任的约束，宪政层面必须对政治家的诚实行为作出奖励。ξ 愈高，成本类型的相关系数越高，从成本角度（$\xi^2 k\Delta\theta\bar{q}$）来衡量，双重控制的收益就越高。

然而，这里发挥作用的有两股力量。一股力量是信号之间的相关性，这个相关性为创造政治家之间的标尺竞争提供了可能的机会，但是，有限责任约束又在很大程度上限制了这个机会。另一股力量是政治家之间的竞争向合谋博弈中引入了无效性，这种无效性对于宪政层面则是有利的。在下一节中，我们会通过构建一个两位政治家的信号相互独立的模型，将这两种力量的效应分别进行分析。

3.3　三种类型的模型

我们继续按照之前的思路，来考虑宪政—政治家—企业的三层层级结构，但是，现在成本函数中的效率参数 θ 有如下的结构，并且这
53 个结构在模型中是人所共知的事实：

$$\theta=\bar{\theta}-\theta_1-\theta_2$$

其中 θ_1 和 θ_2 是两个二进制的随机变量，取值域为 $\{0, \Delta\theta\}$①。θ_1 和 θ_2 可以被看作是企业生产技术的提高，可以是实现了的，也可以是尚未实现的。我们进行如下替代：$\hat{\theta}=\bar{\theta}-\Delta\theta$ 且 $\underline{\theta}=\bar{\theta}-2\Delta\theta$。

随机变量 $\theta_i(i\in\{1, 2\})$ 的取值域为 $\{0, \Delta\theta\}$，取值概率分别为 $(1-v, v)$，不同变量的取值相互独立。(θ_1, θ_2) 的概率分布导致 $\{\underline{\theta}, \hat{\theta}, \bar{\theta}\}$ 的概率分布是离散分布 $P(\cdot)$，概率分别为：

$$P(\underline{\theta})=\upsilon^2 \quad P(\hat{\theta})=2\upsilon(1-\upsilon) \quad P(\bar{\theta})=(1-\upsilon)^2$$

宪政的目的是在个体的理性约束下，最大化下面的社会福利函数：

$$SW=S(q)-(1+\lambda)(t+s)+U+V=S(q)-(1+\lambda)\theta q-\lambda U-\lambda V$$

当政治家仁慈时（也就是他们会诚实披露他们得到的信号），宪政层面自然就能得到完全信息，那么所得到的结果就会与监督结构相互独立。

现在我们有两种信息技术。每一种信息技术 i，$i=1, 2$，在随机变量 θ_i 为 $\Delta\theta$ 时，我们都有 ξ 的概率得到相关的可验证信息，而有 $1-\xi$ 的概率，我们什么也得不到。用 σ_i 表示监督技术 i 所能提供的信号，那么

$$\sigma_i=\Delta\theta \quad 概率为\ v\xi$$
$$\sigma_i=\phi \quad 概率为\ 1-v\xi$$

请注意，每种信息技术都与一种不同的私人信息相关，这与 3.2 节中相反。

如果没有观察到任何信号，也就是说 $\sigma_1=\phi$，$\sigma_2=\phi$，这种情况发生的概率是 $(1-\nu\xi)^2$，那么 $\{\underline{\theta}, \hat{\theta}, \bar{\theta}\}$ 三种情形发生的条件概率分别为：

$$P_0(\underline{\theta})=\frac{\upsilon^2(1-\xi)^2}{(1-\upsilon\xi)^2}, \quad P_0(\hat{\theta})=\frac{2\upsilon(1-\upsilon)(1-\xi)}{(1-\upsilon\xi)^2},$$
$$P_0(\bar{\theta})=\frac{(1-\upsilon)^2}{(1-\upsilon\xi)^2}$$

我们用 $W_0(\hat{q}_0, \bar{q}_0)$ 来表示完全不对称信息条件下的预期社会福

① 这个模型由拉丰和马赫蒂摩（Laffont and Martimort，1999）首次提出。

54 利水平，在下一节中，在有一个仁慈政治家的条件下，我们还会弄清楚它与 $\hat{\theta}$ 和 $\bar{\theta}$ 所需生产水平之间的关联关系。用 $\underline{U}_0$，$\hat{U}_0$ 和 $\bar{U}_0$ 分别代表成本特征为 $\underline{\theta}$，$\hat{\theta}$ 和 $\bar{\theta}$ 的企业的效用水平。我们有：

$$W_0(\hat{q}_0,\bar{q}_0)=P_0(\underline{\theta})[S(\underline{q}_0)-(1+\lambda)\underline{\theta}\,\underline{q}_0-\lambda\underline{U}_0]+P_0(\hat{\theta})[S(\hat{q}_0)-(1+\lambda)\hat{\theta}\hat{q}_0-\lambda\hat{U}_0]+P_0(\bar{\theta})[S(\bar{q}_0)-(1+\lambda)\bar{\theta}\bar{q}_0-\lambda\bar{U}_0]$$

有 $2\upsilon\xi(1-\upsilon\xi)$ 的概率，只能观察到一个信号，也就是说，（$\sigma_1=\Delta\theta$，$\sigma_2=\phi$）或是（$\sigma_1=\phi$，$\sigma_2=\Delta\theta$）。宪政层面则面临着一个相对较为温和的不对称信息条件，因为它可以知道。它会相应地更新自己的观念。$\underline{\theta}$ 和 $\hat{\theta}$ 的概率分别为：

$$P_1(\underline{\theta})=\frac{\upsilon(1-\xi)}{1-\upsilon\xi},\quad P_1(\hat{\theta})=\frac{1-\upsilon}{1-\upsilon\xi}$$

我们用 $W_1(\hat{q}_1)$ 来代表这种较为温和的信息不对称条件下，有一个仁慈政治家时的预期社会福利水平。在这里，我们再次清楚地表明，$W_1(\hat{q}_1)$ 在一定程度上取决于成本类型为 $\hat{\theta}$ 的企业的生产水平。用 $\underline{U}_1$ 和 $\hat{U}_1$ 分别代表成本类型为 $\underline{\theta}$ 和 $\hat{\theta}$ 的企业的效用水平，我们有：

$$W_1(\hat{q}_1)=P_1(\underline{\theta})[S(\underline{q}_1)-(1+\lambda)\underline{\theta}\,\underline{q}_1-\lambda\underline{U}_1]+P_1(\hat{\theta})[S(\hat{q}_1)-(1+\lambda)\hat{\theta}\hat{q}_1-\lambda\hat{U}_1]$$

当能得到两个信号的时候，也就是说，有 $\upsilon^2\xi^2$ 的概率，我们得到真实的自然状态 $\underline{\theta}$，在这种情况下就实现了完全信息监管。用 W_2 来表示这种情况下的社会福利水平，我们有：

$$W_2=S(\underline{q}_2)-(1+\lambda)\underline{\theta}\,\underline{q}_2-\lambda\underline{U}_2$$

其中 $\underline{q}_2$ 就是完全信息条件下的生产水平，$\underline{U}_2$ 则是此时企业的效用水平。

总体来看，在只有一个仁慈政治家时，预期社会福利水平就变成了：

$$SW=(1-\upsilon\xi)^2W_0(\hat{q}_0,\bar{q}_0)+2\upsilon\xi(1-\upsilon\xi)W_1(\hat{q}_1)+\upsilon^2\xi^2W_2 \quad (3.1)$$

与单个政治家的契约就变成了 $\{t(r_1,\ r_2,\ \tilde{\theta}),\ q(r_1,\ r_2,\ \tilde{\theta}),\ s(r_1,\ r_2)\}$，其中 $t(\cdot)$，$q(\cdot)$ 和 $s(\cdot)$ 分别表示企业收到的转移支付，企业的生产水平，对政治家的奖励这三个变量，以政治家可能观

察到的可验证信息信号（r_1，r_2）和企业类型 $\tilde{\theta}$ 为自变量的函数。我们 55
假设首先政治家会向宪政层面汇报他得到的信号，之后，如果这些信号不能完全反映信息实情，那么委托人会直接询问企业是属于哪种成本类型。请注意这一博弈过程中的时间顺序，同时也要注意，政治家的报告是可验证（硬）信息，而政治家所能得到的奖励并不取决于企业的报告。类似的，转移支付和企业的产出水平对其报告的依赖程度，也仅仅局限于政治家没有完全披露他所得到的企业类型可验证信息的情形。

首先，当两方信息都如实披露时，最优宪政会抽取掉企业的全部租金，企业的效用水平 $\underline{U}_2=0$，而“最优”的产出水平满足 $S'(q_2)=(1+\lambda)\underline{\theta}$。

在信息不对称的条件下，我们可以将（3.1）式中取决于激励约束和参与约束的预期社会福利函数最优化。因为单交叉条件得到了满足①，那么无论是在完全还是在局部信息不对称的条件下，只考虑向上的激励约束和无效率类型中的个体理性约束就足够了。激励约束分别为：

$$\underline{U}_0 \geqslant \hat{U}_0+\Delta\theta\hat{q}_0 \tag{3.2}$$

$$\hat{U}_0 \geqslant \overline{U}_0+\Delta\theta\overline{q}_0 \tag{3.3}$$

且

$$\underline{U}_1 \geqslant \hat{U}_1+\Delta\theta\hat{q}_1 \tag{3.4}$$

相关的个体理性约束为：

$$\overline{U}_0 \geqslant 0 \tag{3.5}$$

$$\hat{U}_1 \geqslant 0 \tag{3.6}$$

在（3.2）至（3.6）这些约束条件下对（3.1）式进行最优化求解，得到 $\underline{q}_0^{AI}=\underline{q}_1^{AI}=\underline{q}_2$，且：

$$S'(\hat{q}_0^{AI})=(1+\lambda)\hat{\theta}+\lambda\frac{P_0(\underline{\theta})}{P_0(\hat{\theta})}\Delta\theta$$

---

① 如果我们用 $V(t,q,\theta)=t-\theta q$ 作为代理人的效用函数，单交叉条件（米尔利斯，Mirrlees，1971）表明 $\frac{\partial}{\partial\theta}[\partial V/\partial q/\partial V/\partial t]$ 的正负号恒定。这是自然的。这个条件确保了局部激励约束必然得出总体激励约束。

56
$$S'(\bar{q}_0^{AI})=(1+\lambda)\hat{\theta}+\lambda\frac{P_0(\underline{\theta})+P_0(\hat{\theta})}{P_0(\bar{\theta})}\Delta\theta$$

$$S'(\hat{q}_0^{AI})=(1+\lambda)\hat{\theta}+\lambda\frac{P_1(\underline{\theta})}{P_1(\hat{\theta})}\Delta\theta$$

一如既往，最优政府对于最有效率企业的生产来说没有造成任何扭曲效应，对于其他类型企业的生产水平则造成了向下的扭曲效应。①

由于激励和参与约束（3.2）式至（3.6）式是有约束力的，我们会观察到 $\hat{U}_0=\Delta\theta\bar{q}_0^{AI}$，$\underline{U}_0=\Delta\theta(\hat{q}_0^{AI}+\bar{q}_0^{AI})$ 和 $\underline{U}_1=\Delta\theta\hat{q}_1^{AI}$。

按照上述的产出结果，因为 $\hat{q}_0^{AI}>\hat{q}_1^{AI}$，我们有

$$\hat{U}_0<\underline{U}_0-\underline{U}_1 \tag{3.7}$$

而且，因为 $\hat{q}_1^{AI}>\bar{q}_0^{AI}$②，有

$$\hat{U}_0<\underline{U}_1 \tag{3.8}$$

当（3.7）式和（3.8）式成立时，在信息的显示过程中，一个有效率的企业会比一个中等企业失去得更多。这些条件用一种很简单的方式说明了这样一种论断，即一个更有利的信息为企业提供了一个更
57 高的信息租金。

3.4　单个非仁慈的政治家

在这一节中，我们假设政治家是非仁慈的。除非他受到宪政的激励，否则他会选择企业进行下面的这种合谋。当政治家得到关于企业

---

① 注意上述的产出安排只有在单调性条件满足时才是最优解，即在信息完全不对称条件下满足 $\underline{q}_0^{AI}\geq\hat{q}_0^{AI}\geq\bar{q}_0^{AI}$，在局部信息不对称条件下满足 $\underline{q}_1^{AI}\geq\hat{q}_1^{AI}$。后面这个条件总是能满足的。而且，因为我们有

$$\frac{P_0(\underline{\theta})}{P_0(\hat{\theta})}=\frac{\upsilon(1-\xi)}{2(1-\upsilon)}\text{且}\frac{P_0(\underline{\theta})+P_0(\hat{\theta})}{P_0(\bar{\theta})}=\frac{(1-\xi)\upsilon[2-\upsilon(1+\xi)]}{(1-\upsilon)^2},$$

当满足下式时，完全信息不对称条件下的产出安排是单调递减的

$$\frac{\upsilon}{2(1-\upsilon)}\leq\frac{\upsilon[2-\upsilon(1+\xi)]}{(1-\upsilon)^2},$$

因为 $3-(1+2\xi)\upsilon>0$，因此该式总能成立。

② 因为 $\upsilon\xi<1$，所以满足 $\frac{P_0(\underline{\theta})+P_0(\hat{\theta})}{P_0(\bar{\theta})}>\frac{P_1(\underline{\theta})}{P_1(\hat{\theta})}$，此时后一个不等式成立。

类型的可验证信息（即 $\theta i=\Delta\theta$，$i\in\{1, 2\}$，或是 $\theta 1=\theta 2=\Delta\theta$）时，他会向企业提供一个要么接受要么离开的要约。在这个要约中，他会向企业索取与他所得到的信息一致的最小好处，而且如果政治家不把自己得到的信号告知宪政层面时，这个好处会归企业所有。无论企业的个体特征是怎样的，政治家的这个需求总可以得到满足。

如果委托人能够根据政治家传达的关于 θ_1 和 θ_2 的信息，通过一个转移支付的计划对政治家进行奖励，奖励额 $s(r1, r2)$ 对应着信号 $(r1, r2)$，使得政治家选择诚实行为而非索取贿赂，那么就实现了防范合谋。[①] 因此，我们用 s_2，s_1 和 s_0 分别代表政治家报告两个、一个或是不报告有利信息时所能得到的奖励。从上面的讨论我们得知，这些奖励必须满足如下的防范合谋约束：

$$s_2-s_1\geqslant k\,\underline{U}_1 \tag{3.9}$$

$$s_2-s_0\geqslant k\,\underline{U}_0 \tag{3.10}$$

$$s_1-s_0\geqslant k\min(\underline{U}_0-\underline{U}_1,\hat{U}_0) \tag{3.11}$$

约束条件（3.9）意在说明，一个完全知情的政治家更偏好于完全披露两个信息，而不是隐藏其中一个信息，并只抽走有效率企业的租金的一部分。约束条件（3.10）则表明，政治家更偏好于完全披露两个信息，而不是隐瞒全部信息，抽走有效率企业的全部租金。当政治家只观察到一个信息时，如果给他的报酬等同于他能从合谋契约中得到的全部好处，那么就可以阻止合谋的发生。于是，他并不知道，那个没有被发现的信息是 θ 还是 $\hat{\theta}$，前者代表的有效率类型企业能够得到租金的一部分，而后者代表的中等类型的企业则得不到任何租金。在 58
第一种情况下，他会要求得到 $\underline{U}_0-\underline{U}_1$，在第二种情况下，则会要求得到 U_0。因此，约束条件（3.11）一定要满足。

此外，宪政层面无须为了一对不包含任何有用信息的信号组合（$\sigma_1=\phi$，$\sigma_2=\phi$）对政治家进行什么补偿，因此 $s_0=0$。对政治家进行奖励的预期社会成本为：

$$\lambda[\upsilon^2\xi^2 s_2-2\upsilon\xi(1-\upsilon\xi)s_1]$$

---

① 当我们将分析限制在防范合谋机制下时，并不会影响这个分析的一般性。在本章中防范合谋原则总是成立的。参见第 2 章。

因此，在有一个非仁慈的政治家时，宪政的目标函数就变成了：

$$(1-\upsilon\xi)^2 W_0(\hat{q}_0,\bar{q}_0)+2\upsilon\xi(1-\upsilon\xi)W_1(\hat{q}_1)+\upsilon^2\xi^2 W_2-\lambda[\upsilon^2\xi^2 s_2 +2\upsilon\xi(1-\upsilon\xi)s_1]$$

在激励约束条件（3.2）、（3.3）、（3.4）（考虑到 $\bar{U}_0=\hat{U}_1=0$）和防范合谋约束条件（3.9）至（3.11）下，宪政对其目标函数进行最大化。如果我们暂时假设约束条件（3.7）和（3.8）成立，（3.11）可以暂时写作 $S_1\geqslant k\hat{U}_0$。

约束条件（3.10）和（3.11）在宪政计划处于最优状态时是有约束力的，因为其最优化设计在实施防范合谋配置时必然能够使成本最小化。于是，约束条件（3.7）使得（3.9）的约束条件可以适当放松。事实上，当约束条件（3.10）有约束力时，就使政治家在得到（$\sigma_1=\Delta\theta$，$\sigma_2=\Delta\theta$）的情况下不可能报告出（$\sigma_1=\phi$，$\sigma_2=\phi$）的可能性。不存在促使他隐瞒部分信息的激励，也就是说，他不会仅仅汇报出他所得到的信号中的一个。请注意，只有条件（3.10）和（3.11）有约束力时，U_1 与合谋目的没有关联，宪政层面的反应也不导致偏离次优选择生产水平的扭曲效应 $\hat{q}_1$。

运用有约束力的防范合谋约束条件，我们可以将宪政的目标函数写作：

$$(1-\upsilon\xi)^2 W_0(\hat{q}_0,\bar{q}_0)+2\upsilon\xi(1-\upsilon\xi)W_1(\hat{q}_1)+\upsilon^2\xi^2 W_2-\lambda k[\upsilon^2\xi^2\underline{U}_0 +2\upsilon\xi(1-\upsilon\xi)\hat{U}_0]$$

最优化之后，我们得到：

命题 3.2　在只有一个非仁慈的政治家时，最优宪政意味着：

（1）在信息完全不对称的情况下，产出安排为 $\underline{q}_0^I=\underline{q}_2$，$\hat{q}_0^I$ 和 $\bar{q}_0^I$，因为此时的产出水平总是低于有一个仁慈政治家时的产出水平，同时，
59 $\hat{q}_0^{AI}>\hat{q}_0^I$ 且 $\bar{q}_0^{AI}>\bar{q}_0^I$。更准确地说，我们有：

$$S'(\hat{q}_0^I)=(1+\lambda)\hat{\theta}+\lambda\left(\frac{P_0(\underline{\theta})}{P_0(\hat{\theta})}+\frac{k\upsilon^2\xi^2}{(1-\upsilon\xi)^2 P_0(\hat{\theta})}\right)\Delta\theta \qquad (3.12)$$

$$S'(\hat{q}_0^I)=(1+\lambda)\bar{\theta}+\lambda\left(\frac{P_0(\underline{\theta})+P_0(\hat{\theta})}{P_0(\bar{\theta})}+\frac{k\upsilon\xi(2-\upsilon\xi)}{(1-\upsilon\xi)^2 P_0(\bar{\theta})}\right)\Delta\theta \qquad (3.13)$$

这一产出安排在 $4-\xi[5+\upsilon(1-2\xi)]\geqslant 0$ 时严格递减。①

---

① 如果不满足这个条件，那么必须要考虑混同配置。

(2) 在较为适度的信息不对称情况下，产出水平与只有一位仁慈政治家时的产出水平保持一致，$\underline{q}_1^I=\underline{q}_1^{AI}$，$\hat{q}_1^I=\hat{q}_1^{AI}$。

当宪政层面面临合谋威胁时，一方面会对政治家提供激励，促使他真实地披露信息，另一方面会减少在（$\sigma_1=\Delta\theta$，$\sigma_2=\phi$），（$\sigma_1=\phi$，$\sigma_2=\Delta\theta$），和（$\sigma_1=\Delta\theta$，$\sigma_2=\Delta\theta$）时政治家进行合谋所能得到的好处。为了达到这个目的，租金和 U_0 必须降低。因为式（3.2）和（3.3）在最优状态下等式必然成立，$\hat{q}_0$ 的减少会有助于减少（$\sigma_1=\Delta\theta$，$\sigma_2=\Delta\theta$）时发生合谋的可能性。$\bar{q}_0$ 的减少在上述的所有情况下都会减少发生合谋的可能性。相反，因为 $\underline{U}_1$ 并没有在任何有约束力的防范合谋约束条件下产生，也就没有什么理由会对 $\hat{q}_1$ 产生扭曲作用，这一产出水平与在只有一个仁慈政治家时是一样的。

直到目前为止，我们一直假设，只有一个仁慈政治家时最优契约满足条件（3.7）和（3.8），在政治家非仁慈时，这些也能得到满足。但是在验证有约束力的防范合谋约束条件时，上述的最优解是否仍能满足这两个条件，就有待进一步研究了。在附录 3.1 中，我们提供了相关的分析，证明在 $(1-\xi)^2>k\xi^2$ 时（也就是 ξ 足够小时），这两个约束条件仍然成立。[①]

3.5 政治家的分离 60

3.5.1 防范合谋约束

政治家的分离改变了信息的结构，从而也使得合谋的机会发生了变化。现在，每一个政治家都只有一项监督技术，因此每个政治家只负责一个信号。

特别是在 $\underline{\theta}$ 的情况下，两个政治家都有可能观察到有利的信号。然而，他们谁也不知道对方的观察结果。举例来说，政治家 P_1 是无法知道自己面临的是（$\sigma_1=\Delta\theta$，$\sigma_2=\phi$）还是（$\sigma_1=\Delta\theta$，$\sigma_2=\Delta\theta$）。

---

① 我们对不同自然状态出现的概率进行了特别的假设，尤其是对于 ξ 的假设，目的仅仅是对最优机制特征进行精确描述，并且尽量清晰地评估组织机构的选择对资源配置和分布的影响。3.6.3 小节会表明，只要保证审慎行为这一前提，即使没有这些假设，权力的分离仍然具有优势。

接下来我们会寻找一个贝叶斯-纳什均衡，在这个均衡中，两个政治家都不会进行合谋。当政治家 P_1 观察到一个信号时，会有三种可能的情况。有 $\upsilon\xi$ 的概率，P_2 会观察到一个有利的信号，企业的成本类型为 $\underline{\theta}$；如果政治家 P_1 不披露他所得到的信息，他就可以向企业索要这种情况下企业所能得到的收益 $\underline{U}_1$。有 $\upsilon(1-\xi)$ 的概率，政治家 P_2 什么也没观察到，而企业的成本类型为 $\underline{\theta}$；政治家 P_1 就可以向企业索要他不披露信息时企业所能得到的收益 U_0-U_1。有 $1-\upsilon$ 的概率，政治家 P_2 什么也没观察到，企业的成本类型为 $\hat{\theta}$；这种情况下政治家 P_1 所能索要的收益金额为 $\hat{U}_0$。我们再次假设，政治家会选择一个审慎的要约，也就是说，他会选择那个总是能够得到满足的要约。

因为每个政治家都不知道对方观察到了什么样的结果，也不知道对方向宪政层面汇报了什么样的信号，那么在这个贿赂的博弈过程中，只要他选择审慎行为，那么他的行为就与其他政治家的报告结果相互独立。政治家 P_1 索取的贿赂跟政治家 P_2 得到的信息没有什么关系，而为了促使政治家如实披露信息 σ_1 所需的奖励 $s_1(\Delta\theta,\Delta\theta)$ 和 $s_1(\Delta\theta,\phi)$ 也是一样的。这样一来，我们就可以用 s_1 来表示只报告一个信号时政治家所能得到的奖励。

现在就只有一个防范合谋约束，来促使政治家 P_1 如实披露他所得到的信息，这个约束条件为：

$$s_1\geqslant k\min(\hat{U}_0,\underline{U}_0-\underline{U}_1,\underline{U}_1) \tag{3.14}$$

假设约束条件（3.7）和（3.8）依然成立（我们会在事后检验这些条件）。那么，当每个政治家收到信号 $\sigma_i=\Delta\theta$ 时，在之前只有一个
61 政治家的情况下，一共需支出 $k\underline{U}_0$ 的奖励来阻止合谋的发生，而在现在这种情况下，则只需要给两个政治家每人一份等同于 $k\hat{\underline{U}}_0$ 的奖励。为防范合谋而对政治家进行转移支付的预期成本，随着政治家的分离而减少了，变成了：

$$2\upsilon\xi\lambda k\hat{U}_0$$

3.5.2　权力分离下的最优宪政

考虑到这个表述，我们可以将宪政的目标函数改写成下面这种形式：

$$(1-\upsilon\xi)^2 W_0(\hat{q}_0, \bar{q}_0) + 2\upsilon\xi(1-\upsilon\xi) W_1(\hat{q}_1) + \upsilon^2\xi^2 W_2 - 2\lambda k\upsilon\xi\hat{U}_0$$

最优化之后得到下述命题：

命题 3.3

(1) 在完全不对称信息的情况下，权力分离下的最优宪政减少了不对称信息对 $\hat{\theta}$ 的扭曲效应，却增加了对 $\bar{\theta}$ 的扭曲效应；$\hat{q}_0^S = \hat{q}_0^{AI} > \hat{q}_0^I$ 且 $\bar{q}_0^S < \bar{q}_0^I < \bar{q}_0^{AI}$。

更准确地说，这意味着，$\underline{q}_0^S = \underline{q}_2$，$\hat{q}_0^S$ 和 $\bar{q}_0^S$，由此可得：

$$S'(\hat{q}_0^S) = (1+\lambda)\hat{\theta} + \lambda \frac{P_0(\underline{\theta})}{P_0(\hat{\theta})} \Delta\theta \tag{3.15}$$

$$S'(\hat{q}_0^S) = (1+\lambda)\bar{\theta} + \lambda \left(\frac{P_0(\underline{\theta}) + P_0(\hat{\theta})}{P_0(\bar{\theta})} + \frac{2k\upsilon\xi}{(1-\upsilon\xi)^2 P_0(\bar{\theta})} \right) \Delta\theta \tag{3.16}$$

这一产出安排恒为严格递减。

(2) 在较为温和的不对称信息条件下，$\underline{q}_1^S$ 和 $\hat{q}_1^S$ 与在只有一个政治家的情况下取值相同，$\hat{q}_1^S = \hat{q}_1^I = \hat{q}_1^{AI}$ 且 $\underline{q}_1^S = \underline{q}_1^I = \underline{q}_1^{AI}$。[①]

私下契约中索取的租金只取决于 $\bar{q}_0$。因此，对于中等效率的代理人而言，不会再有更进一步的扭曲效应，使其产出水平愈加偏离于次优结果，因此 $\hat{q}_0^S = \hat{q}_0^{AI}$，而且当只观察到一个信号时，没有扭曲效应发生，$\hat{q}_1^S = \hat{q}_1^{AI}$。更进一步，因为政治家更频繁地索取租金 $\hat{U}_0$，$\bar{\theta}$ 状态下的扭曲效应会相应增加，正如我们通过对比公式 (3.13) 和 (3.16) 所看到的那样。图 3—1 说明了在只有一个政治家和有两个政治家时产出水平受到的扭曲效应。 62

官僚规则在权力的分离下恶化了。每个政治家都只有一个单独的职责，在监督代理人的表现时只负责其中的一个维度，并且会遵守相当严格的规则。留给每个政治家的自由裁量权，都有一部分被 $\hat{U}_0$ 的好处给收买了。权力分离时，自由裁量的幅度减小了，因此，随着政治家数量上的增加，每个政治家所要遵循的官僚规则也变得更多了。

---

① 可以验证，条件 (3.7) 和 (3.8) 在权力分离的情况下仍然适用。事实上，$\frac{P_0(\underline{\theta})}{P_0(\hat{\theta})} > \frac{P_1(\underline{\theta})}{P_1(\hat{\theta})}$ 暗含着 $\hat{q}_0^S > \hat{q}_1^S$，因此 (3.7) 成立。类似的，我们有 $\hat{q}_1^S = \hat{q}_1^I > \bar{q}_0^I > \bar{q}_0^S$，其中的第一个不等关系正是来自于在只有单个政治家时条件 (3.8) 得到满足的情形。因此，在权力分离时，条件 (3.8) 依然成立。

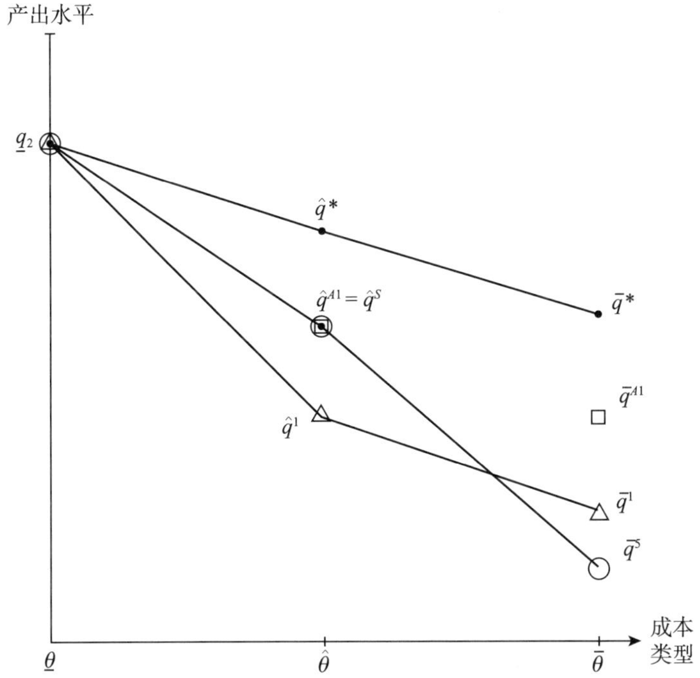

图 3—1　在只有一个和有两个政治家时的产出扭曲效应

63　3.5.3　比较静态分析：租金与福利

根据命题 3.2 和 3.3，权力的分离减少了 $\hat{\theta}$ 状态下不对称信息的租金（因为 $\hat{U}_0$ 是 $\bar{q}_0$ 的增函数）。而在 $\underline{\theta}$ 的状态时，这种效应却有些模糊。事实上，权力分离的分布结果更为复杂。第 2 章中的讨论已经表明，宪政层面对俘获威胁所作出的反应，通常会使利益集团受损，因为“关系”带来的好处被削减了。在本章中，我们允许异质的利益集团拥有不同的私人信息。于是，宪政层面面临俘获威胁时所作出的反应，会因利益集团所拥有的私人信息不同，而对利益集团产生不同的影响。一些利益集团受益，而另外一些则会受损，但最重要的是，在整个过程中，委托人始终会获益。更精确地说，只有有效率的企业能从权力分离中获益。因此，事情发展的逻辑思路就是，有效率的企业在有两个政治家的体制中，比在只有一个政治家的合谋博弈中拥有更强的谈判能力。有效率的企业有时候会被两个政治家都认为是个中等水平的企业。有效率企业所得到的好处，是以中等水平企业的损失为代价的。事实上，当概率 υ 足够小的时候，一个有效率的企业在权力分离下能够得到一个更高的租金。其实在这种情况下，必然会引入一个对于相当大的扭曲效应（(3.12)式右边的一项，分母为 $(1-\upsilon\xi)^2P_0(\hat{\theta})=2\upsilon(1-\upsilon)(1-\xi)$，当 υ 很小的时候，这个分母也会变小），和一个对于 $\bar{q}_0$ 影响很小的扭曲效应（(3.13) 式中右边的一项，分母为 $(1-\upsilon\xi)^2P_0(\bar{\theta}=(1-\upsilon)^2$，当 υ 很小的时候，这个分母会变大），从而使与一个政治家进行合谋的收益减少。权力的分离对于 $\hat{q}_0$ 的增加效应大于其对 $\bar{q}_0$ 的减少效应，从而使有效率企业的整体租金增加。

由于权力的分离弱化了（$\sigma_1=\Delta\theta$，$\sigma_2=\Delta\theta$）情况下防范合谋的约束条件，而且对于其他情况下防范合谋的成本没有什么影响，因此预期社会福利水平随着权力分离的施行会明显增加。我们从而得到额外的一个命题，如下所述。

命题 3.4 对于一个足够小的 $\Delta\theta$ 而言，无论 $S(\cdot)$ 或二次 $S(\cdot)$（也就是 $S(q)=-\frac{|S''|q^2}{2}+\mu q$，$\mu$ 为常数）是怎样的，也无论 $\Delta\theta$ 取什么值，下述的比较静态分析结果都成立： 64

（1）在完全不对称信息的条件下，当且仅当 $1\geqslant\upsilon(3-2\xi)$ 时，$\underline{\theta}$ 状态下的租金在权力分离时比在只有单个政治家时更大。而 $\hat{\theta}$ 状态下的租金在权力分离时总是比在只有单个政治家时更低。

（2）政治家的分离带来的福利水平的增加 ΔSW 为正数，而且为 $\Delta\theta$ 的二阶函数：

$$\Delta SW=\frac{\lambda(1+\lambda)k\upsilon^2\xi^2\Delta\theta^2}{|S''|}\left\{1+\frac{\lambda}{1+\lambda}\left[\frac{\upsilon(1-\xi)[3-(1+2\xi)\upsilon]}{2(1-\upsilon)^2}\right.\right.$$
$$\left.\left.+\frac{k\upsilon\xi}{(1-\upsilon)^2}\left(2-\frac{\xi[1+\upsilon(1-2\xi)]}{4(1-\xi)}\right)\right]\right\} \tag{3.17}$$

证明：参见附录 3.2。

因为 $3-(1+2\xi)\upsilon\geqslant0$ 且 $2-\frac{\xi\ [1+\upsilon\ (1-2\xi)]}{4\ (1-\xi)}\geqslant1$，（3.17）式中的所有项均为非负。[①] 正如预料之中，福利水平毫无疑问是增加了，因

① 这一不等式对于满足命题 3.2 中的非混同条件的 ξ 值均成立。

为政治家的分离提高了合谋的交易成本。下面的推理会有助于我们理解在预期福利中这种变化究竟有多大影响。对于一个给定的数量集合，其实也就是一个给定的租金集合，我们可以将宪政的目标看作一个实际操作问题：在一系列的防范合谋约束条件下，使政治家的奖励所带来的社会损失最小化。通过放松其中的某个约束条件，如果预期福利的这种变化影响很小，那么，权力的分离就会通过与这个约束条件成比例的项来提升社会福利，即 $\underline{U}_0-2\hat{U}_0$，这也就是 $\Delta\theta$ 足够小时的情况。下一步就是将受限于激励和参与约束条件的租金和数量的组合最优化。当 $\Delta\theta$ 足够小的时候，对产量的扭曲效应是 $\Delta\theta$ 的一阶函数。这就使得 $\underline{U}_0-2\hat{U}_0=\Delta\theta$（$\hat{q}_0-\bar{q}_0$）最终为 $\Delta\theta$ 的二阶函数。而且，通过直接的观察，我们会发现：

命题 3.5　ΔSW 随着 k，λ，$\Delta\theta$ 和 $\frac{1}{|S''|}$ 的增加而增加。

ΔSW 随着合谋交易的效率、公共融资的成本、宪政目标函数的斜
65 率的增加而增加。所有这些参数都会在政治家的奖励方面增加权力分离的社会收益，也就是说 $\lambda k(\underline{U}_0-2\hat{U}_0)$ 会增加。很明显，k 和 λ 通过减少纳税人为合谋承担的税负，从而直接增加了权力分离的好处。但是，消费者的效用函数有一个更高的斜率，也会增加租金的凸性，因为它扩大了 $\hat{q}_0$ 和 $\bar{q}_0$ 之间的差距。

特别值得一提的是，这福利还取决于私下契约交易的效率和公共融资的成本。第一，税收系统效率比较低下的国家面临的 λ 值很高，这些国家通过权力的分离会获益良多。第二，更容易发生俘获问题和腐败问题的国家，通过对其政治机构进行有效设计，也能够从中获益。引人注意的是，以上这两种国家特点通常都会出现在大部分的发展中国家里。特别是当私下契约的交易成本在政治过程中保持不变时，我们的分析结果意味着，在不同主体之间对监督进行分权化过程，对这些国家来说应该很有吸引力。一个好的政府内部结构设计，能够更好地帮助那些征税效率较低的政府，以及那些更容易滋生腐败的政府。蒙迪诺拉、钱颖一和温加斯特（Montinola，Qian and Weingast，1993）针对这个问题提出了某些关于联邦主义在中国的实施情况的证据。

权力的分离似乎在发展中国家中更为紧迫。然而，也正是在这些国家中，权力分离似乎更难付诸实践。因为在这些国家里，合谋的交

易成本很低，使得两个监管者之间的合谋变得十分容易。

3.6 分析结果的一般化推广

3.6.1 审慎行为和多种偏好

正如我们在 3.3 节和 3.4 节中讨论的那样，政治家与企业之间合谋博弈的结果，取决于 $\underline{U}_0-\underline{U}_1$，$\hat{U}_0$ 和 $\underline{U}_1$ 三者之间的相对关系。聚焦于线性边际成本情况下的分析可以帮助我们确定这三个量之间的相对关系。我们也阐释了，为什么获取两个有利信息会使一个单独的政治 66
家在同企业面对面谈判时，比在权力分离情况下的两个政治家更有议价能力。

然而，这些结果其实具有更广泛的一般性，而且在可能出现的信息租金的各种相对关系中，即使生产技术没有恒定的规模报酬，甚至信息结构不像我们一直以来假设的那样是可加的时候，这些结果仍然适用。

我们对之前分析进行如下的一般化。第一步是计算出为了从单个政治家那里得到两个信号所需的最小奖励额 s_2。因为即使政治家得到了两个信息，他也有可能只披露其中之一，隐藏一个信息维度时就存在着一个偏差，这个偏差给他带来的收益为：

$$s_1+k\,\underline{U}_1=k(\min(\underline{U}_0-\underline{U}_1,\hat{U}_0)+\underline{U}_1)=k(\min(\underline{U}_0,\underline{U}_1+\hat{U}_0))$$

由于政治家还可以将两个信号都隐瞒起来（等式（3.10)），这样的偏差给他带来的收益为 $k\,\underline{U}_0$。有约束力的防范合谋条件（3.9）和（3.10）提供的奖励额为：

$$s_2=k(\max(\min(\underline{U}_0,\underline{U}_1+\hat{U}_0);\underline{U}_0))=k\,\underline{U}_0$$

无论不同的信息租金之间的相对关系如何，这个金额都不变。

于是，在只有一个政治家时，实施防范合谋的配置所需的社会成本为：

$$C^{\mathrm{I}}=\lambda k\upsilon\xi(\upsilon\xi\,\underline{U}_0+2(1-\upsilon\xi)\min(\hat{U}_0,\underline{U}_0-\underline{U}_1))$$

在权力分离的情况下，这个成本变成了（参见（3.14))：

$$C^{\text{II}}=\lambda k\upsilon\xi(2\upsilon\xi\min(\hat{U}_0,\underline{U}_0-\underline{U}_1,\underline{U}_1)+2(1-\upsilon\xi)\min(\hat{U}_0,\underline{U}_0-\underline{U}_1,\underline{U}_1))$$

对于这两个成本的比较一目了然。当只有一个信号被观察到时，权力分离下的社会成本明显较低。而且，在观察到两个信号的情况下，权力分离下的社会成本仍然较低，因为我们总有：

$$2\min(\hat{U}_0,\underline{U}_0-\underline{U}_1,\underline{U}_1)\leq 2\min(\underline{U}_0-\underline{U}_1,\underline{U}_1)\leq\underline{U}_0-\underline{U}_1+\underline{U}_1=\underline{U}_0$$①

因此，当政治家审慎地对企业提出合谋要约时，权力的分离始终是更
67 好的选择。这说明了当我们展示权力分离所带来的好处时，唯一关键的要素就是我们一直以来所要求的审慎行为。

然而，与 3.3 节和 3.4 节中不同的是，我们现在对于防范合谋约束条件的精确描述中，引入了 $\underline{U}_1$。相应的产出水平 $\hat{q}_1$ 在两种情况下都有可能受到扭曲。配置的效率和租金的分配关系将再次受到权力分离的影响，而且权力分离下资源配置和租金分配的结果都可以按照我们在 3.4 节中使用的方法推导出来。值得一提的是，权力分离带来了社会福利的增加，而租金的重新分配也会使某些利益集团获益，而使另一些利益集团受损。

3.6.2　歧视性私下契约要约

就像我们上述讨论中所说的那样，在涉及私下契约的时候，审慎行为的假设是非常重要的。我们接下来要考虑的情况是，当政治家对企业提出私下契约的要约时，企业有一个正的概率会拒绝政治家的要约。为了与 3.3 节和 3.4 节中审慎要约的分析进行对比，我们假设 $\underline{U}_0-\underline{U}_1>\underline{U}_1>\hat{U}_0$。

已经获知企业类型中一个信息维度的单个政治家，如果他认为向企业索取金额为 $\underline{U}_0-\underline{U}_1$ 的贿赂，比起审慎地仅仅索取 $\hat{U}_0$ 所能得到的收益预期更高，那么他就会这么做，也就是说当满足如下条件时，他会索贿 $\underline{U}_0-\underline{U}_1$：

$$\upsilon(1-\xi)(\underline{U}_0-\underline{U}_1)>(1-\upsilon\xi)\hat{U}_0$$

在权力分离的情况下，当满足如下条件时，每个政治家索取的贿赂都是 $\underline{U}_0-\underline{U}_1$，而不是审慎行为下的 $\hat{U}_0$ 或是中等水平的 $\underline{U}_1$：

① 当 $\underline{U}_0-\underline{U}_1\neq\underline{U}_1$ 时，后一个不等式是严格的且普遍成立。

$$\upsilon(1-\xi)(\underline{U}_0-\underline{U}_1)>\max\{\upsilon\xi\underline{U}_1,\hat{U}_0\}$$

以上这两个不等式在 ξ 接近于 0 而 υ 取值接近 1 的时候成立。

在只有单个政治家的情况下，防范合谋的实施成本就成了：

$$C^{\mathrm{I}}=\lambda k[\upsilon^2\xi^2\underline{U}_0+2\upsilon^2\xi(1-\xi)(\underline{U}_0-\underline{U}_1)]$$

类似的，在有两个政治家时，防范合谋的实施成本为：

$$C^{\mathrm{II}}=\lambda k[2\upsilon^2\xi^2(\underline{U}_0-\underline{U}_1)+2\upsilon^2\xi(1-\xi)(\underline{U}_0-\underline{U}_1)]$$

因为 $\underline{U}_0>2\underline{U}_1$，有 $C^{\mathrm{II}}>C^{\mathrm{I}}$。($\sigma_1=\Delta\theta$，$\sigma_2=\Delta\theta$) 状态下，权力分离时防范合谋所需支付给政治家的奖励比在只有单个政治家时的支付 68 金额要高。通过歧视性的要约，每个政治家都准备好了冒险提出一个有可能会被拒绝的要约，这个私下契约的要约一旦被接受，他就能得到一个很高的支付额。权力分离下的最佳契约必须要防止出现双方不一致的行为偏差，因为单个政治家索取的贿赂金额，从来不会超过 ($\sigma_1=\Delta\theta$，$\sigma_2=\Delta\theta$) 状态下企业所能得到的租金 $\underline{U}_0$。

3.6.3 政治家之间的合谋

我们现在来讨论政治家之间进行合谋的可能性。我们再次假设政治家之间不可能互相进行转移支付，但是我们现在允许他们互相通报彼此所得到的关于企业类型的可验证信息信号。之后，加上企业在内，出现了一个三方讨价还价的局面。由于享有同样信息的政治家具有相同的议价能力，那么他们每个人都会得到与他们所得信息对应的企业信息租金的一半。

政治家之间博弈的合谋策略是这样的：在得到信号之前，每个政治家都如实地承诺自己是否会与对方分享信息。我们要看一下这个博弈的纳什均衡结果。如果双方都选择分享自己得到的信息，那么每个政治家得到的是：

$$V_{SS}=\upsilon^2\xi^2\frac{\underline{U}_0}{2}+\upsilon\xi(1-\upsilon\xi)\hat{U}_0$$

当政治家 1 选择披露信息，而政治家 2 选择隐藏信息的时候，政治家 1 会要求得到$\frac{1}{2}\hat{U}_0$，而他得到的转移支付金额为：

$$V_{SN}=\upsilon^2\xi^2\frac{\hat{U}_0}{2}+\upsilon\xi(1-\upsilon\xi)\frac{\hat{U}_0}{2}$$

当政治家 1 选择不分享自己所得到的信息，而政治家 2 选择分享时，如果政治家 1 可以确定企业的类型就是 $\underline{\theta}$，那么他就会索取 $\underline{U}_0-\underline{U}_1$。而当只有政治家 2 观察到了信息信号的时候，政治家 1 选择索取 $\frac{\hat{U}_0}{2}$，如果是只有政治家 1 自己观察到了信息信号，那么他就会索取 $\hat{U}_0$。他得到的支付金额为：

69

$$V_{NS}=\upsilon^2\xi^2(\underline{U}_0-\underline{U}_1)+\upsilon\xi(1-\upsilon\xi)\frac{3\hat{U}_0}{2}$$

最后，如果两个政治家都拒绝分享信息，那么他们每个人将得到：

$$V_{NN}=\upsilon^2\xi^2\hat{U}_0+\upsilon\xi(1-\upsilon\xi)\hat{U}_0$$

当约束条件（3.7）和（3.8）得到满足时，很直接地就能看出来，选择不分享信息是个占优策略。而实际上，$V_{NN}>V_{SN}$，且 $V_{NS}>V_{SS}$。因此，政治家们陷入了囚徒困境，拒绝彼此分享信息，而分享信息恰恰是能提高私下契约的支付额度的有利策略。①

3.7　结论

在政治家中间进行权力的分离，也许是应对监督机构被企业俘获的风险的最佳政府反应了。权力的分离，减少了非仁慈的政治家手中握有的自由裁量权，而且他们从合谋中得到的好处的总和也会低于政治家合作时得到的好处。在不对称信息条件下，无论企业的类型是什么样的，贿赂的供给总会严格超出那些合谋要约得到满足的政治家们所需要的程度。这个结果在受监管企业的偏好发生变化，以及合谋博弈的时机发生变化的时候，仍然是站得住脚的。这个结果向我们表明了，对于合谋行为而言，结构基础是多么重要，因为政府的组织结构会影响到这些合谋行为。施莱弗和维希尼（Shleifer and Vishny，1993）提

① 然而，正如我们在 3.5 节中建议的那样，我们需要更多地针对实施权力分离所面临的困境的研究。

出了关于政府组织结构的规范理论，并且论证了有互补关系的许可证应当由同一代理人签发。原因是当一个代理人提出贿赂要求的时候，他并不会考虑到其他监督机构对于贿赂有怎样的要求。为了表明权力分离时的均衡状态中，贿赂是过度的，他们使用了寡头竞争的标准模型。这与我们的标准分析思路有两点不同。第一，在施莱弗和维希尼（Shleifer and Vishny，1993）的分析中，信息这个角色并没有在其中 70
占据一席之地，因此很难看出为什么贿赂会首先发生：贿赂市场上的供给方是外生的。而在我们的分析里，腐败的基础是很清楚的。第二，在我们的模型中，互相竞争的代理人之间的竞争是由宪政层面以最优化的方式组织起来的，不是一个外生的起点。在我们的分析中，组织机构层面的应对策略会如何影响腐败威胁产生的成本，也可以纳入我们的考虑范围。

我们还假设私下契约的交易成本对于有一个和有两个监管者时都是一样的。事实上，在现有的文献中，这样的交易成本缺乏理论基础。[①] 它们可能会取决于这样几个因素：政治家与企业间来往的频率，未来进行合作而产生的收益的重要性，他们对彼此的了解，他们彼此信任的程度。当考虑权力分离时，所有这些变量都有可能发生变化，从而使得交易成本也变化了。奈温，纳托尔和西布莱特（Neven，Nuttall and Seabright，1993）曾经提议，当政治家的职责更为具体化的时候，合谋的交易成本也会降低。同一层面上，直到目前，我们都假设合谋的技术有恒定的边际收益。出于一些显而易见的心理原因，一个政治家如果得不到一个足够高的回报承诺，他是不愿意参与合谋行动的。显然，收益递增的技术也会使权力分离更受青睐。

本章想要传达的基本信息就是，对于那些面临着合谋问题的政府来说，对获取信息途径的垄断就像是一个诅咒。信息，从本质上使私下契约的好处成为了边际收益递增式的。这一论证适用于一系列广泛的假设条件，包括各种租金的相对关系以及私下契约博弈的时机。因此，在政府结构的设计中，这可以被看作是个一般规律。宪政的制定者可能会决定在不同的政治家和管理者之间分配权力，从而限制私下契约的社会成本。然而，权力的分离如果真正实施起来，可能会是很

① 在本书的第三部分中有如何将这些交易成本内生化的方法。

困难的一件事。

71 第 3 章附录

附录 A.3.1　租金组合

我们来验证只有一个非仁慈的政治家时，最优契约满足条件（3.7）和（3.8）。证明 $\underline{U}_0<\underline{U}_0-\hat{U}_0$ 就等同于验证 $\hat{q}_1^{AI}<\hat{q}_0^1$。这一不等式在下式成立时成立。

$$\frac{\upsilon}{2(1-\upsilon)}(1-\xi)>\frac{\upsilon\xi^2}{2(1-\upsilon)(1-\xi)}k$$

当 $k\xi^2<(1-\xi)^2$ 时，此式成立。

我们还观察到，每当 $\hat{q}_1^{AI}>\bar{q}_0^I$ 时，就有 $\underline{U}_1>\hat{U}_0$。前一个不等式在下式成立时成立。

$$0<1+\frac{\lambda}{1+\lambda}\left(\frac{(1-\xi)\upsilon(1-\xi\upsilon)}{(1-\upsilon)^2}+\frac{k\upsilon\xi(2-\upsilon\xi)}{(1-\upsilon)^2}\right)$$

因为 $1\geqslant\xi\upsilon$，所以上述条件总能满足。

附录 A.3.2　命题 3.4 的证明

当 $\Delta\theta$ 足够小的时候，我们比较有一个政治家和两个政治家时的租金，得到：

$$\Delta\hat{U}_0=\Delta\theta(\bar{q}_0^S-\bar{q}_0^I)=\frac{\Delta\theta^2\lambda k\upsilon^2\xi^2}{(1-\upsilon)^2S''}$$

第二步

$$\Delta\underline{U}_0=\Delta\theta(\hat{q}_0^S-\hat{q}_0^I)+\Delta\hat{U}_0$$

且

$$\Delta\underline{U}_0=\frac{\Delta\theta^2k\lambda\upsilon\xi^2[1-(3-2\xi)\upsilon]}{2|S''|(1-\upsilon)^2(1-\xi)}$$

我们表示

$$\begin{aligned}SW^I(\hat{q}_0^I,\bar{q}_0^I,\hat{q}_1^I)=&(1-\upsilon\xi)^2W_0(\hat{q}_0^I,\bar{q}_0^I)+\upsilon^2\xi^2W_2\\&+2\upsilon\xi(1-\upsilon\xi)W_1(\hat{q}_1^I)-\upsilon^2\xi^2k\lambda\underline{U}_0-2\upsilon\xi(1-\upsilon\xi)k\lambda\hat{U}_0\end{aligned}$$

且

$$SW^S(\hat{q}_0^S,\overline{q}_0^S,\hat{q}_1^S)=(1-\upsilon\xi)^2W_0(\hat{q}_0^S,\overline{q}_0^S)$$
$$+\upsilon^2\xi^2W_2+2\upsilon\xi(1-\upsilon\xi)W_1(\hat{q}_1^S)-2\upsilon\xi k\lambda\hat{U}_0$$

我们观察到，在两种组织状态下，预期福利的差异可以写成

$$\Delta SW=SW^S(\hat{q}_0^S,\overline{q}_0^S,\hat{q}_1^S)-SW^I(\hat{q}_0^I,\overline{q}_0^I,\hat{q}_1^I)$$
$$=(SW^I(\hat{q}_0^S,q_0^S,\hat{q}_1^I)-SW^I(\hat{q}_0^S,q_0^S,\hat{q}_1^S))+\upsilon^2\xi^2\lambda k(\underline{U}_0^S-2\hat{U}_0^S)$$

我们用 A 表示第一项，用 B 表示第二项。A 表示用两个或一个政治家情形下的数量，计算出的在只有一个政治家时，预期福利的差异。因此，当 $\Delta\theta$ 很小时，A 是 $\Delta\theta$ 的二次函数。

B 则是从政治家的薪酬角度来说权力分离带来的好处。它是一个正数，并且也是 $\Delta\theta$ 的二次函数。计算后，我们发现

$$A=\frac{\upsilon^3\xi^4k^2\lambda^2\Delta\theta^2[1+(1-2\xi)\upsilon]}{4S''(1-\upsilon)^2(1-\xi)}\leq 0.$$

$$B=\frac{\upsilon^2\xi^2k\lambda(1+\lambda)\Delta\theta^2}{|S''|}\left[1+\frac{\lambda}{1+\lambda}(1-\xi)\left(\frac{\upsilon[2-\upsilon(1+\xi)]}{(1-\upsilon)^2}-\frac{\upsilon}{2(1-\upsilon)}\right)\right.$$
$$\left.+\frac{\lambda}{1+\lambda}\frac{2\upsilon\xi k}{(1-\upsilon)^2}\right]$$

将 A 和 B 相加得到公式（3.18）。

而且，上述的泰勒展开式在二次效用函数 $S(q)=-\frac{|S''|q^2}{2}+\mu q$ 的情形下是精确的。变量 μ 足够大，以确保结果为正。

第 4 章　制衡

73　稍微多想想就会使我们信服，这三种权力[1]应该掌控在不同的机构手中，相互独立，彼此制衡，每一个都对其他机构或其联合体起到制约作用，唯有这样，方能保持各机构的独立性。

1778 年《埃塞克斯决议》，奥斯卡·汉德林和玛丽·汉德林（Handlin and Handlin，1996）[2]

4.1　引言

在第 2 章和第 3 章中，我们研究了政府主

① 指立法权、司法权和行政权。——译者注

② 正如卡斯珀（Casper，1997）强调的那样，《埃塞克斯决议》在权力分离的论战中引入了制衡的概念，这使得讨论大大复杂化了。《埃塞克斯决议》是一本专门论述对 1778 年马萨诸塞宪政的反对意见的专著。

体或是政治家在经济领域的受监管行业中的监督角色。第 3 章中提出了将监督职责分配给不同主体的基本原理。事实上，我们将政府看作是由数个不同的部门构成的主体，而宪政则建立起了执法、立法和司法部门。在本章中，我们会研究同级政府主体之间的互惠监督是如何设计的，这非常类似于我们在第 3 章中对两个政治家的研究。这也是对詹姆士·麦迪逊（James Madison）在 1787 年《联邦党人文集》中提出的制衡模型的一种研究思路。

首先，我们会研究由两个政治家分管两个部门的政体中，宪政如何设计出政治家之间的互惠监督机制。我们假设每个政治家都是另一个政治家的监督人，然后来看宪政要如何设计才能阻止政治家之间进行合谋。我们会论证这样的设计会给政治家之间的互惠偏好创造机会，而这种互惠偏好对于宪政层面来说成本高昂，而且使得这种同级之间 74
互相监督的局限性合理化了，同级之间互相监督的形式可以是相对无效的监督技术，也可以是不对称的监督。我们还会研究在什么样的情况下，让政治家合谋会是个更好的选择。

尽管对互惠偏好（Reciprocal favors）的研究主要存在于组织行为学的文献中，但这种研究对于分析政府行为也很有裨益。当一家企业的经理无法直接管理其雇员时，他必然会设定一个监督人或者说是店长。在监督人的众多职责之中，很重要的一项就是在经理和雇员的信息鸿沟之间架起一座沟通的桥梁。在一份店长的行为准则中，德布（Deb，1963）写道：

“店长必须负责控制店面的成本……店长不应通过避免与员工的冲突和不一致或者是推卸责任来实现一种倚靠员工的消极监督，也不应放弃自己的责任来取悦员工。”

对于这种行为准则的一个解释是，如果生产技术事实上就是一种低成本的技术，那么作为店长，他就必须实现低成本，哪怕经理并不知道这个事实。这样做也许会使他得罪他的雇员，因为雇员们会发现他们需要付出更多的努力，或者是得到的信息租金变少了。因此，第二条准则旨在说明店长不应该与员工合谋。

道尔顿（Dalton，1959）也在讨论工头与雇员（流水线）之间的关系时提到了“通过容忍流水线上的小违规操作来换取危急时刻流水线员工的支持”（第 104 页）。

实际上，本章正是受到了大学里某些现象的启发，比如说系主任会容忍教授没有达到标准（如教学时间），以此来换取教授们对系主任的不当行为睁一只眼闭一只眼。但是，这种现象并不仅仅存在于大学中，在管理机构中和企业中，类似的现象比比皆是。我们也知道，将学生对教授的评价与教授的薪资挂钩，可能会导致煽动性质的行为。

75 其他研究同级监督方面的文献强调互惠型监督的益处，这种监督形式缓和了有限责任约束（参见班纳吉，贝斯利和吉南（Banerjee, Besley and Guinnane, 1992），贝斯利和科特（Besley and Coate, 1995），斯蒂格利茨（Stiglitz, 1990），拉丰和尼基桑（Laffont and N'Guessan, 1999））。关于团队的文献（霍姆斯特龙和米尔格罗姆（Holmstrom and Milgrom, 1989）），伊东（Itoh, 1993））也宣称，当合谋建立在较高级的信息基础上时，代理人合谋是有一定好处的。在这里，我们重点讨论同级监督所带来的一些危险。

洛克（Locke）和孟德斯鸠[①]提倡的权力分离仅仅是政府、企业和监管机构组织结构的一个方面。它既可以作为通过标尺竞争而进行信息提取的一种工具（参见奈温，纳托尔和西布莱特（Neven, Nuttall and Seabright, 1993），第 3 章），或者是作为一种打击寻租和腐败行为的工具（参见康格尔顿（Congleton, 1984），第 3 章），或者是作为提高当选公务员的可信度的工具（佩尔森，罗兰德和塔贝里尼（Persson, Roland and Tabellini, 1997））。即使在洛克和孟德斯鸠的构思中，权力分离也有一个更为复杂的设计，给予执行官员一定的立法权力，并且承认上议院（the House of Lords）的司法权。类似的，在起草美国宪政时，正如克拉姆尼克（Kramnick, 1987）在介绍《联邦党人文集》时强调的那样：

“反对联邦主义的人们固执己见地认为，宪政所创立的并不是权力分离型的政府，而更像是一种权力分享式的混合政府，一种有着各种

① “但是，在一个自由的国度中，如果说立法权不应该同时拥有执行的权力，那么至少也应该有办法去监督法律具体的执行状况……”

“一般说来，尽管司法权不应当与立法权有丁点联系，但是可能会有三种例外情况……”

“在立法过程中，执法力量应当通过反对的权力，从而占有一席之地。”孟德斯鸠（Montesquieu, 1748），第 589 页。

制衡关系的政府。”(第 53 页)

“通过赋予总统否决权，宪政也给了总统一定的立法权力。”（第 50 页）

“联邦党人不仅认为州司法权需要分离和独立性，也将其当作一种可以与决定州立法的社会力量相抗衡的制约力量。”(第 49 页) 76

而且，在第二部分的第四篇文章中，弹劾程序使得参议院（the Senate）对总统也有一定的控制力。更进一步地，美国宪政要求在任命最高法院的大法官和其他一些重要的联邦高官时，以及在承认对外条约时，需要经过参议院的批准；在宣战、对联邦立法和管理法案进行司法审查时，需要经过国会的批准。

以权力或职责的分离为前提，我们在本章中分析制约或控制关系的设计，宪政的制定者也许也想用这样的设计来作为对每一种权力的激励安排的补充。

小节 4.2 建立起了一两个政治家互相监督的模型。小节 4.3 对最优对称宪政的特征进行了描述。小节 4.4 研究的则是不对称宪政，研究表明它在某些特定情况下比最优对称宪政更占优势。在小节 4.5 中，我们考虑了另外一种信息操纵方法，这种方法利用的正是我们在 4.3 节中的设计。之后的讨论会表明，有时候任凭合谋发生是一种最优的策略。小节 4.6 将我们的分析扩展到了有三个政治家的情况，小节 4.7 对于不同的制衡系统进行了比较。小节 4.8 是本章结论。

4.2 模型

我们对于第 2 章中的模型进行轻微的拓展，使其包含两种行动，每个政治家控制一种行动。政治家 1 负责提供公共品 1，成本函数为

$$C_1=\theta_1 q_1$$

q_1 为产出水平，$\{\underline{\theta},\ \bar{\theta}\}$ 中的 θ_1 为生产率参数，是政治家 1 的私人信息。令 $\upsilon=\Pr(\theta_1=\underline{\theta})$。政治家 1 的效用水平为：

$$U_1=t_1-\theta_1 q_1$$

社会其他成员的效用水平为

$$S(q_1)-(1+\lambda)t_1$$

类似的，政治家 2 的成本函数为：

77 $$C_2=\theta_2 q_2$$

$\{\underline{\theta},\ \bar{\theta}\}$中的 θ_2，$\upsilon=\Pr(\theta_2=\underline{\theta})$，

$$U_2=t_2-\theta_2 q_2$$
$$S(q_2)-(1+\lambda)t_2$$

随机变量 θ_1 和 θ_2 是相互独立的。社会福利为：

$$\begin{aligned}W&=S(q_1)+S(q_2)-(1+\lambda)(t_1+t_2)+U_1+U_2\\&=S(q_1)+S(q_2)-(1+\lambda)(\theta_1 q_1+\theta_2 q_2)-\lambda(U_1+U_2)\end{aligned}$$

为了简化互惠监督的分析，我们将每个政治家与其监管的行业垂直联系起来。在政治家和他所控制的企业之间，不存在信息不对称。本章的结果很容易扩展到更一般的情况，将第 3 章和第 4 章的内容联系起来。

完全信息的基准被定义为

$$S'(q_1^*)=(1+\lambda)\theta_1,\quad t_1^*=\theta_1 q_1^*$$
$$S'(q_2^*)=(1+\lambda)\theta_2,\quad t_2^*=\theta_2 q_2^*$$

每个政治家 i 会根据自己所拥有的私人信息 θ_i 采取策略行为，就像第 2 章中的企业那样。此外，政治家 1 可对政治家 2 实施无成本监督，模型如下：政治家 1 观察政治家 2 的效率 θ_2，得到一个信号 σ_1。跟第 2 章中一样，监督技术的结果如下：

$\sigma_1=\underline{\theta}$ 如果 $\theta_2=\underline{\theta}$，概率为 ξ

$\sigma_1=\phi$ 其余情形

当 $\sigma_1=\underline{\theta}$ 时，政治家 2 会得知这个信息。相对称地，政治家 2 会针对信息 θ_1 观察到 $\sigma_2\in\{\underline{\theta},\ \phi\}$。契约的时间线列示如下：

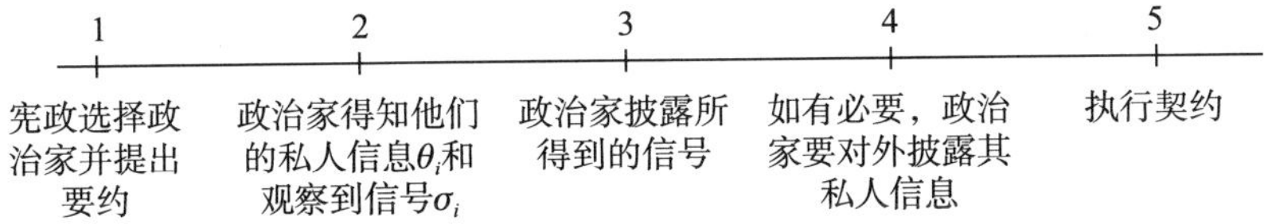

78 当政治家之间出现合谋时，通常会在时点 2 和 3 之间发生。所有

的政治家都是事前无差别的，并且由宪政随机选择。[①] 我们还假设政治家在零收益水平上是无限风险规避的，因此，事后的个体理性约束必须得到满足。

考虑第二个基准情况，政治家会根据所得到的关于其部门的私人信息，采取策略行为，但是在对其他政治家的监督函数中，他们的行为还是仁慈的。

以政治家 1 为例，有两种可能情况。第一种情况是，宪政层面从政治家 2 处获知关于 θ_1 的信息。这种情况发生的概率为 $\upsilon\xi$，得到的是完全信息配置，也就是说：

$$S'(\underline{q}^*)=(1+\lambda)\underline{\theta},\quad t_1=\underline{\theta}\,\underline{q}^*$$

另一种情况则是，宪政层面一直无法得到什么信息，但是在信号 $\sigma_2=\phi$ 的情形下，宪政调整了它的信念，如下：

$$\hat{\upsilon}=\frac{(1-\xi)\upsilon}{1-\upsilon\xi}<\upsilon$$

针对两个政治家的制约问题是可分离的。对于政治家 1 来说，在信号 $\sigma_2=\phi$ 时，最优契约的特征与第 2 章中的一样，只是有一个新的信念 $\hat{\upsilon}$，我们会得到：

$$S'(\hat{\underline{q}})=(1+\lambda)\underline{\theta}$$

$$S'(\hat{\bar{q}})=(1+\lambda)\bar{\theta}+\frac{\lambda(1-\xi)\upsilon}{1-\upsilon}\Delta\theta$$

$$\underline{U}_1=(1-\xi)\upsilon\Delta\theta\hat{\bar{q}}$$

$$\bar{U}_1=0$$

政治家 2 面临的情形与此类似。

我们用 $\underline{W}^*=S(\underline{q}^*)-(1+\lambda)\underline{\theta}\,\underline{q}^*$ 表示有效率类型在完全信息条件下的福利水平；用

$$W^{AI}=\hat{\upsilon}[S(\hat{\underline{q}})-(1+\lambda)\underline{\theta}\hat{\underline{q}}-\lambda\Delta\theta\hat{\bar{q}}]+(1-\hat{\upsilon})[S(\hat{\bar{q}})-(1+\lambda)\bar{\theta}\hat{\bar{q}}]$$

来表示在新信念下的预期社会福利。总的社会福利水平为 79

$$2\upsilon\xi\,\underline{W}^*+2(1-\upsilon\xi)W^{AI}$$

① “选举看运气，这正是民主的本质。”孟德斯鸠（Montesquieu，1748），第 533 页。

4.3　最优对称宪政

假设政治家 i 在其行使监督职责时会被政治家 j 俘获，正如在第 2 章中政治家被企业俘获那样。举个例子，政治家 1 观察到 $\sigma_1=\underline{\theta}$。如果他将这个（可验证的）报告给宪政层面，即 $r_1=\underline{\theta}$，就实现了政治家 2 没有任何租金收入的完全信息配置。他也可以选择隐藏他所得到的信息，以使政治家 2 获利。政治家 2 行使监督职责时所面临的选择也是类似的。对政治家关于如何处理其个人信息及另一个政治家的信息的激励约束是可分离的。（参见附录 A. 4. 1）

通过引入防范合谋约束原则，我们可以在不同的自然状态下明确说明防范合谋的约束条件。首先考虑两种对称的情况 $\{\sigma_1=\theta,\ \sigma_2=\phi\}$ 和 $\{\sigma_1=\phi,\ \sigma_2=\underline{\theta}\}$。用 $\underline{s}_2$ 和 $\underline{s}_1$ 分别代表宪政层面给政治家 2 和政治家 1 的报酬，此时政治家 2（政治家 1）会报告 $r_2=\underline{\theta}(r_1=\underline{\theta})$ 而政治家 1（政治家 2）会报告 $r_1=\phi(r_2=\phi)$。

防范合谋要求：

$$\underline{s}_1 \geqslant k\Delta\theta\bar{q}_2$$

$$\underline{s}_2 \geqslant k\Delta\theta\bar{q}_1$$

对称解的预期成本为

$$2\upsilon\xi(1-\upsilon\xi)k\Delta\theta\bar{q}$$

最有趣的情形来自于 $\{\sigma_1=\underline{\theta},\ \sigma_2=\underline{\theta}\}$ 的自然状态。这种情形下，两个政治家可以给彼此提供好处，不披露真实的信息。我们会证明，相比上面那些需要给处于危险境地的政治家一定转移支付作为补偿的不对称情形，这种情形下合谋变得更容易。两个政治家只需要通个电
80 话就能实现合谋了。

更准确地来说，我们给私下契约的交易成本设定了一个非线性的假设条件，在互惠偏好情形下假定有一个大于 k 的折现系数 k'。用 $\underline{\underline{s}}_1$ 和 $\underline{\underline{s}}_2$ 分别表示对政治家 1 和 2 报告 $\{r_1=\underline{\theta},\ r_2=\underline{\theta}\}$ 的报酬。防范合谋要求：

$$\underline{\underline{s}}_1+\underline{\underline{s}}_2 \geqslant k'\Delta\theta(\bar{q}_1+\bar{q}_2)$$

也就是说，对称解使得宪政层面产生一个额外的预期成本为：

$$2(\upsilon\xi)^2 k' \Delta\theta\bar{q}$$

考虑到这些监督成本和激励约束及个体理性约束的存在，宪政必须要选择最优的契约。对这些约束条件求解，并且代入社会福利函数，我们可以将宪政的目标函数分解成六个不同的部分。

有 $(1-\upsilon)^2$ 的概率，两个政治家都是无效的。不需要放弃租金，也没有监督的转移支付要放弃，因此构成目标函数的一部分为：

$$2(1-\upsilon)^2[S(\bar{q})-(1+\lambda)\bar{\theta}\bar{q}]$$

有 $(1-\upsilon)\upsilon(1-\xi)$ 的概率，一个政治家是有效的，另一个政治家是无效的，但是从表面上却无从识别。因此对有效率的政治家宪政需要放弃 $\Delta\theta\bar{q}$ 的租金，因此对目标函数的贡献为（考虑到有两个此类情况）：

$$2(1-\upsilon)\upsilon(1-\xi)[S(\bar{q})-(1+\lambda)\bar{\theta}\bar{q}+S(\underline{q})-(1+\lambda)\underline{\theta}\,\underline{q}-\lambda\Delta\theta\bar{q}]$$

有 $(1-\upsilon)$ $\upsilon\xi$ 的概率，一个政治家是无效率的，另一个政治家是有效率的并且是不可识别的。因此必须要支付转移支付额 $k\Delta\theta\hat{q}$，这种情况对目标函数的贡献为（考虑到有两个此类情况）：

$$2(1-\upsilon)\upsilon\xi[S(\bar{q})-(1+\lambda)\bar{\theta}\bar{q}+S(\underline{q}^*)-(1+\lambda)\underline{\theta}\,\underline{q}^*-\lambda k\Delta\theta\bar{q}]$$

有 $\upsilon^2\xi^2$ 的概率，两个政治家都是有效率的，并且都是可识别的。因此需要对其支付很高的监督报酬，以此来避免两个政治家的互惠偏好，因此贡献为 81

$$2\upsilon^2\xi^2[S(\underline{q}^*)-(1+\lambda)\underline{\theta}\,\underline{q}^*-\lambda k'\Delta\theta\bar{q}]$$

有 $\upsilon^2(1-\xi^2)$ 的概率，两个政治家都是有效率的，但是无法识别。信息租金必须舍弃掉了，因此贡献为

$$2\upsilon^2(1-\xi)^2[S(\underline{q})-\underline{\theta}\,\underline{q}-\lambda\Delta\theta\bar{q}]$$

最后，有 $\upsilon^2\xi$ $(1-\xi)$ 的概率，两名政治家都是有效率的，但只有其中一个是可识别的。获得信息的政治家现在既可以获得企业的租金，也可以获得监督的报酬（有两个此类情况），因此：

$$2\upsilon^2\xi(1-\xi)[S(\underline{q})-(1+\lambda)\underline{\theta}\,\underline{q}-\lambda k\Delta\theta\bar{q}-\lambda\Delta\theta\bar{q}+S(\underline{q}^*)-(1+\lambda)\underline{\theta}\,\underline{q}^*]$$

汇总以上所有项，组成预期社会福利 W^I，以 $\bar{q}$ 和 $\underline{q}$ 为变量，最大化后得到：

$$S'(\underline{q})=(1+\lambda)\underline{\theta} \tag{4.1}$$

$$S'(\bar{q})=(1+\lambda)\bar{\theta}+\frac{\lambda\Delta\theta\upsilon}{1-\upsilon}[1-\xi+k\xi(1-\upsilon\xi)+k'\upsilon\xi^2] \tag{4.2}$$

相比仁慈监督下的情形，这种情形下对生产的向下的扭曲效应更强，因为为了获取信息需要支付更多钱。式（4.2）中两个额外的项 $k\xi(1-\upsilon\xi)+k'\upsilon\xi^2$ 就代表了这种激励成本。当 $k'=k$ 时，我们就回到了第 2 章中的经典公式（2.12）。私下契约的不同交易成本为这个公式提供了一个新视点。

当 $\xi=0$ 时，监督技术是没有什么用处的，我们会发现跟没有合谋时的结果是一致的。在 ξ 从 0 增加到 1 的过程中，如果 $\upsilon\leqslant 1/2$，扭曲效应是逐渐减小的；然而，如果 $\upsilon>1/2$，那么监督质量的最佳状态，即最优的 ξ 值可能会低于 1。事实上，ξ 的取值为

$$\xi=\min\left(1,\frac{1}{2\upsilon}\frac{1-k}{k'-k}\right)$$

或者是

$$\text{当 } k'=1 \text{ 时}，\xi=\frac{1}{2\upsilon}$$

从直觉上来说，这种结果源自于私下契约的交易成本的非线性特征。如果 ξ 值很高，在增加抽取租金的可能性的同时，也增加了出现
82 另一种自然状态的可能性，即抽取租金的成本十分高昂的可能性，也就是我们所说的互惠偏好。政治家之间更好的信息分享，对于整个社会来说，也许是种伤害，因为会对政治家产生一种不提供最佳信息结构的激励，哪怕他们提供这些信息根本不需要什么成本。

当 $k=k'=1$ 时，监督技术也是无用的，因为对政治家的监督活动进行激励支付跟放弃信息租金一样，成本高昂。当 k 或者 k' 减少时（同时满足 $k\leqslant k'$），由于私下契约的交易成本逐渐增加，扭曲效应会逐渐降低。总结一下，我们得到：

命题 4.1

a）最优防范合谋的对称宪政会对两个监督职能部门提供激励支

付，同时，相比最优情形和仁慈监督条件下的基准情形，降低对无效率类型生产的激励。

b）宪政会更倾向于资助那些监督技术不完善的政治家，即使他们本身没有成本。

命题 4.1.a 与我们之前的结果是一致的。对于合谋的最优宪政回应是对政治家进行激励，并同时减少合谋的获利。命题 4.1.b 则有些新奇。它表明对沟通的控制——在此处以监督的形式表现出来——是在进行政府和组织设计时一个绝对必要的部分。控制沟通的安排应当使防范合谋约束的满足条件最小化，并且可以采取限制政治家之间沟通的形式。

为了获得最优宪政，我们对两个政治家信息的监督函数都进行了激励支付。假设对政治家的报酬仅为他所提供信息的函数。防范合谋要求：

$$\underline{s}_1+\underline{s}_2\geqslant k'\Delta\theta(\bar{q}_1+\bar{q}_2)$$

$$\underline{s}_1\geqslant k\Delta\theta\bar{q}_2$$

$$\underline{s}_2\geqslant k\Delta\theta\bar{q}_1$$

也就是说，对于对称解，施加了一定量的成本，这个成本为

$$[2\upsilon(1-\upsilon)\xi+2\upsilon^2\xi(1-\xi)+2\upsilon^2\xi^2]k'\Delta\theta\bar{q}$$

以及预期的租金成本为 83

$$[2\upsilon(1-\upsilon)(1-\xi)+2\upsilon^2(1-\xi)^2+2\upsilon^2\xi(1-\xi)]\Delta\theta\bar{q}$$

假设另一种选择，宪政放弃了在 $\{\sigma_1=\underline{\theta},\ \sigma_2=\underline{\theta}\}$ 情形下防范合谋的努力。在其他情形下，防范合谋的激励支付仅为：

$$[2\upsilon(1-\upsilon)\xi+2\upsilon^2(1-\xi)\xi]k\Delta\theta\bar{q}$$

但是，预期的租金成本为：

$$[2\upsilon(1-\upsilon)(1-\xi)+2\upsilon^2\xi^2+2\upsilon^2(1-\xi)^2+2\upsilon^2\xi(1-\xi)]\Delta\theta\bar{q}$$

比较两种预期成本，我们会发现当且仅当满足以下条件的时候，放弃防范合谋的努力，任其发生，是一种更好的选择。条件就是：

$$\upsilon\xi < \frac{k'-k}{1-k}$$

这样的一种条件仅当交易成本为非线性时方能成立，也就是说，要满足 $k' > k$。当审计的质量 ξ 和企业类型为有效率的概率 υ 足够高时，完全的防范合谋就是更好的选择了。在互惠偏好的情形下，防范合谋的成本确实非常高。我们得到：

命题 4.2　如果对政治家监督行为的报酬仅仅取决于他所报告的内容，当 $\upsilon\xi < (k'-k)/(1-k)$ 时，在 $\{\sigma_1 = \underline{\theta}, \sigma_2 = \underline{\theta}\}$ 自然状态下，放弃防范合谋的努力，允许合谋发生，是更好的选择。

契约的不完全性使合谋成为了一个次优反应。如果对政治家的报酬通过连任所产生的私人收益支付，或者政治家参与不同的选举，那么我们所面临的就是上面说的那种情况了。

4.4　监督与任务分配

目前，我们将分析限制在对称监督结构的情形下，在这种情形下就有互通好处的可能性。一个很自然的想法就是，通过一些方法来打
84 破这种可能性，比如迫使政治家 2 延迟向宪政汇报关于政治家 1 的效率的信息。这可以通过给政治家 2 一个不那么有效的监督技术，或者不听取政治家 2 关于政治家 1 的汇报来实现。

宪政的目标函数现在可以写成：

$$\begin{aligned}
W^{\text{II}} = & (1-\upsilon)^2[S(\bar{q}_1) - (1+\lambda)\bar{\theta}\bar{q}_1 + S(\bar{q}_2) - (1+\lambda)\bar{\theta}\bar{q}_2] \\
& + (1-\upsilon)\upsilon(1-\xi)[S(\bar{q}_1) - (1+\lambda)\bar{\theta}\bar{q}_1 + S(\underline{q}_2) - (1+\lambda)\underline{\theta}\,\underline{q}_2 - \lambda\Delta\theta\bar{q}_2] \\
& + (1-\upsilon)\upsilon\xi[S(\bar{q}_1) - (1+\lambda)\bar{\theta}\bar{q}_1 + S(\underline{q}^*) - (1+\lambda)\underline{\theta}\,\underline{q}^* - \lambda k\Delta\theta\bar{q}_2] \\
& + \upsilon(1-\upsilon)[S(\underline{q}_1) - (1+\lambda)\underline{\theta}\,\underline{q}_1 - \lambda\Delta\theta\bar{q}_1 + S(\bar{q}_2) - (1+\lambda)\bar{\theta}\bar{q}_2] \\
& + \upsilon^2(1-\xi)[S(\underline{q}_1) - (1+\lambda)\underline{\theta}\,\underline{q}_1 - \lambda\Delta\theta\bar{q}_1 + S(\underline{q}_2) - (1+\lambda)\underline{\theta}\,\underline{q}_2 \\
& - \lambda\Delta\theta\bar{q}_2] + \upsilon^2\xi[S(\underline{q}_1) - (1+\lambda)\underline{\theta}\,\underline{q}_1 - \lambda\Delta\theta\bar{q}_1 - \lambda k\Delta\theta\bar{q}_2 + S(\underline{q}^*) \\
& - (1+\lambda)\underline{\theta}\,\underline{q}^*]
\end{aligned}$$

最优化之后，我们得到：

$$S'(\underline{q}_1) = S'(\underline{q}_2) = (1+\lambda)\underline{\theta}$$

$$S'(\bar{q}_1)=(1+\lambda)\bar{\theta}+\frac{\lambda\upsilon}{1-\upsilon}\Delta\theta$$

$$S'(\bar{q}_2)=(1+\lambda)\bar{\theta}+\lambda\frac{\upsilon}{1-\upsilon}[1-(1-k)\xi]\Delta\theta$$

政治家 2 所面临的产量要求更高，因为他能保护租金的机会比政治家 1 要少很多。为了简单地表示不对称监管相对于对称监管可能的优越性，我们通过使产量水平相等，限制不对称情形中的可能性。接下来，计算目标函数之间的差异就变得很容易了，我们得到：

$$\Delta=\frac{W^{\mathrm{II}}-W^{I}}{\lambda\Delta\theta\bar{q}}=-\upsilon\xi(1-k)+2\upsilon^2\xi^2(k'-k)$$

不对称监督的额外成本为，有 $\upsilon(1-\upsilon\xi)\xi$ 的概率，宪政选择不抽走政治家 1 的租金 $\Delta\theta\bar{q}$，而不是支付较低的监督报酬 $k\Delta\theta\bar{q}$，因为政治家 2 没有发回任何信号。不对称监督也（可能）会产生一定收益，概率为 $\upsilon^2\xi^2$，政治家 2 得到监督报酬 $k\Delta\theta\bar{q}$ 和租金收入 $\Delta\theta\bar{q}$，而不是更昂贵的监督报酬 $2k'\Delta\theta\bar{q}$。于是我们得到： 85

命题 4.3 如果

$$\upsilon\xi\geqslant\frac{1}{2}\frac{1-k}{k'-k}$$

通过将监督活动指定给一个单独的政治家，从而创造出任务的分配，是最优选择。

注意，这样的一种安排是以交易成本的非线性（$k<k'$）为前提的，并且不对称控制占有优势的前提条件也可以被理解成是监督技术所应该拥有的最低质量水准（尤其当 $k'=1$ 时，$\xi>\frac{1}{2\upsilon}$）。

一个更完整的比较需要同时对监督技术和结构控制进行最优化。对每一种类型的宪政，我们都对（无成本的）监督技术进行优化。当 $\upsilon<1/2$ 时，最优化的选择是在两种情形下都使用最好的监督技术（$\xi=1$），正如上面所说的，一个完整的比较需要计算在不对称情形下的最优（不同）生产水平。然而，当 $\upsilon>1/2$ 且 $k'=1$ 时，对称监督情形下的最优监督技术就为，在不对称控制的情形下为最优监督技术 $\xi=1$。之后，我们得到：

命题 4.4 如果 $\upsilon>\frac{1}{2}$ 且 $k'=1$，拥有最优监督技术（$\xi=1$）的不

对称控制总是优于对称监督 ($\xi=\frac{1}{2\upsilon}$)。

证明：使不对称情形下 $k'=1$ 时的产量水平相等，并且将相关监督技术水平下的福利水平具体化。于是得到，

$$W^{I}\left(\xi=\frac{1}{2\upsilon}\right)-W^{\text{II}}(\xi=1)=-\left(\upsilon-\frac{1}{2}\right)(1-k)\Delta\theta\bar{q}<0$$

86

4.5　多维合谋行动

到目前为止，我们的分析中一直暗含着一个假设：一个有效率的政治家，只能被动地等待其他政治家来发现他的效率，而不能主动向对方提供关于自身效率的可验证信息。于是在这种假设下，第 2 章中的防范合谋分析还算是令人满意的。但是现在，我们假设，当每个政治家有效率的时候，他都会拥有一个可验证的类型信息，并且他可以向宪政层面隐瞒这个信息。

这就开启了合谋的另一维度，这一维度上的合谋与宪政如何安排激励支付以获取监督信息没有什么关系。由于在 $\{\sigma_1=\underline{\theta}, \sigma_2=\underline{\theta}\}$ 的情形下，互惠偏好的交易成本很低，因此为了防范合谋，宪政所必须提供的激励支付必定会高于其他情形下的激励支付。这种旨在防范合谋的工具却触发了另一种合谋的开关，对于一个有效率的政治家而言，当他发现另一位政治家有效率，而对方却未能识别他的效率类型时，激励支付的存在就会促使他主动向对方发送一个可证实信息来表明自己的效率类型，① 接下来，这两个政治家就可以相约发出信号 $r_1=\underline{\theta}$，$r_2=\underline{\theta}$，从而获得高额的报酬$\underline{\underline{s}}$。

假设宪政层面有时候会发现这种不当的自我表明策略，并且会对其采取惩罚措施，那么合谋合作者的收益就为 $2\delta k'\lambda\Delta\theta\bar{q}$，$\delta<1$。当政治家采取这种策略时，对于宪政来说，预期成本就为

$$2\upsilon^2\xi(1-\xi)2\delta k'\lambda\Delta\theta\bar{q}$$

① 我们假设政治家可以向外界提供关于自身类型的信息，这样，其他政治家就能据此获得一个关于这位政治家属于何种类型的可验证证据，但是宪政层面却无法做到这一点。

宪政的计划就可以写作

$$\begin{aligned}\max_{\{\underline{q},\bar{q}\}} W^{\text{Ⅲ}} \equiv \{ & 2(1-\upsilon)^2[S(\bar{q})-(1+\lambda)\bar{\theta}\bar{q}] \\ & +2(1-\upsilon)\upsilon(1-\xi)[S(\bar{q})-(1+\lambda)\bar{\theta}\bar{q}+S(\underline{q})-(1+\lambda)\underline{\theta}\underline{q} \\ & -\lambda\Delta\theta\bar{q}]+2(1-\upsilon)\upsilon\xi[S(\bar{q})-(1+\lambda)\bar{\theta}\bar{q}+S(\underline{q}^*) \\ & -(1+\lambda)\underline{\theta}\underline{q}^*-\lambda k\Delta\theta\bar{q}]+2\upsilon^2\xi^2[S(\underline{q}^*)-(1+\lambda)\underline{\theta}\underline{q}^* \\ & -\lambda k'\Delta\theta\bar{q}]+2\upsilon^2(1-\xi)^2[S(\underline{q})-(1+\lambda)\underline{\theta}\underline{q}-\lambda\Delta\theta\bar{q}] \\ & +2\upsilon^2\xi(1-\xi)[S(\underline{q})-(1+\lambda)\underline{\theta}\underline{q}-2\delta\lambda k'\Delta\theta\bar{q}+S(\underline{q}^*) \\ & -(1+\lambda)\underline{\theta}\underline{q}^*]\}\end{aligned}$$

87

求解，得到

$$\begin{aligned} & S'(\underline{q})=(1+\lambda)\underline{\theta} \\ & S'(\bar{q})=(1+\lambda)\bar{\theta}+\frac{\lambda\Delta\theta\upsilon}{1-\upsilon}[1-\xi(1-\upsilon)(1-k) \\ & \qquad -2\xi(1-\xi)\upsilon(1-\delta k')-\xi^2\upsilon(1-k')] \end{aligned} \tag{4.3}$$

需要注意的是，政治家之间的这种交流模式只会在他们能从合谋的较低成本中获利时（$k'>k$）才有可能发生，哪怕在这种情况下存在着被罚款的风险，因为宪政有可能发现这种自我表明策略。这种交流模式当且仅当满足以下条件时才会发生：

$$1+k<2\delta k' \tag{4.4}$$

当满足这个条件时，（4.3）式中的扭曲效应也会比（4.2）中的扭曲效应要大。扭曲效应之所以会更大，是因为宪政必须要拿出额外的精力来对抗这个新维度上的合谋。

我们现在假设如果在 $\{\sigma_1=\underline{\theta}, \sigma_2=\underline{\theta}\}$ 的情形下，宪政允许合谋行为。那么它就改变了自我表明策略的交易成本。当发生不当的自我表明行为时，被发现的可能性更高了，这就引入了一个抑制这种行为的交易成本 s'，[①] 也就是说

$$2\delta' k'<1+k<2\delta k' \tag{4.5}$$

对于宪政层面而言，在 $\{\sigma_1=\underline{\theta}, \sigma_2=\underline{\theta}\}$ 的情形下，允许合谋发生

① 这是因为盯着合谋所需的精力不那么多了，从而可以将更多的精力放在不当的自我表明策略上。

的成本变高了，因为在每个政治家那里，宪政都放弃了一个租金 $\Delta\theta\bar{q}$，而不再是仅仅支付一个监督报酬 $k'\Delta\theta\bar{q}$，然而通过抑制其他维度的合
88 谋，可以提升防范合谋契约的约束力。

当允许合谋时，宪政的计划为

$$\begin{aligned}\max_{\{\underline{q},\bar{q}\}} W^{\mathrm{IV}} = \{ & 2(1-\upsilon)^2(S(\bar{q})-(1+\lambda)\bar{\theta}\bar{q}) \\ & +2(1-\upsilon)\upsilon(1-\xi)(S(\bar{q})-(1+\lambda)\bar{\theta}\bar{q}+S(\underline{q})-(1+\lambda)\underline{\theta}\,\underline{q} \\ & -\lambda\Delta\theta\bar{q})+2(1-\upsilon)\upsilon\xi[S(\bar{q})-(1+\lambda)\bar{\theta}\bar{q}+S(\underline{q}^*)-(1+\lambda)\underline{\theta}\,\underline{q}^* \\ & -\lambda k\Delta\theta\bar{q}]+2\upsilon^2[\xi^2+(1-\xi)^2][S(\underline{q})-(1+\lambda)\underline{\theta}\,\underline{q}-\lambda k\Delta\theta\bar{q}] \\ & +2\upsilon^2\xi(1-\xi)[S(\underline{q})-(1+\lambda)\underline{\theta}\,\underline{q}-\lambda k\Delta\theta\bar{q}-\lambda\Delta\theta\bar{q}+S(\underline{q}^*) \\ & -(1+\lambda)\underline{\theta}\,\underline{q}^*]\}\end{aligned}$$

求解，得到

$$S'(\underline{q})=(1+\lambda)\underline{\theta}$$

$$S'(\bar{q})=(1+\lambda)\bar{\theta}+\frac{\lambda\Delta\theta\upsilon}{1-\upsilon}[1-\xi(1-\upsilon\xi)(1-k)]\Delta\theta\bar{q}$$

通过对比 W^{III} 和 W^{IV}，我们得到。

命题 4.5　如果交易成本能使式（4.4）和（4.5）成立，那么在一个 $\upsilon=0$ 的环境中，当 ξ 足够小或者是 k' 的值趋近于 1 时，允许合谋发生就是优于对称控制的策略。

证明：根据包络定理，首先注意到

$$\frac{\mathrm{d}}{\mathrm{d}\upsilon}(W^{\mathrm{IV}}-W^{\mathrm{III}})|_{\upsilon=0}=0$$

这是因为福利水平仅仅因项 υ^2 而不同。对比 $\upsilon=0$ 时的二阶导数，看看二阶偏导数就足够了，因为

$$\left(\frac{\partial^2}{\partial\upsilon\partial\bar{q}}(W^{\mathrm{IV}}-W^{\mathrm{III}}|_{\upsilon=0}=0\right)$$

于是有

$$\frac{\partial^2}{\partial\upsilon^2}(W^{\mathrm{IV}}-W^{\mathrm{III}})=4\xi\lambda\Delta\theta\underline{q}^*[-\xi(1-k')+(1-\xi)(2\delta k'-1-k)]$$

89 在（4.4）式下，$2\delta k'-1-k>0$。对于 ξ 足够小或是 k' 接近 1 时，

$$\frac{\partial^2}{\partial \upsilon^2}(W^{\mathrm{IV}}-W^{\mathrm{III}})>0$$

因此，在 $\upsilon=0$ 的环境中，相比对称控制，合谋为占优策略。

当存在多重合谋行为，且防止多重合谋行为的交易成本存在外部效应时，正如上面所提到的那样，在某个状态中允许合谋的发生可以极大地降低其他状态下阻止合谋的成本，以至于这样做比完全防范合谋的机制更好。当控制多重合谋行为的成本存在负外部性时，就会出现这种情况。

在有其他合谋行为时，社会福利水平有 $2\upsilon^2\xi$（$1-\xi$）的概率偏离 W^I 的水平。对于无效率类型下的同等生产水平有，

$$W^{\mathrm{I}}-W^{\mathrm{III}}=2\upsilon^2\xi(1-\xi)[2\delta k'-(1+k)]\lambda\Delta\theta\bar{q}$$

当且仅当满足下列条件时，在存在两种合谋的情形下，对称控制都优于不对称控制：

$$-\upsilon\xi(1-k)+2\upsilon^2\xi^2(k'-k)+2\upsilon^2(1-\xi)\xi[2\delta k'-(1+k)]>0$$

或者是

$$\upsilon>\frac{1-k}{2[\xi(k'-k)+(1-\xi)(2\delta k'-1-k)]} \tag{4.6}$$

我们有

命题 4.6 如果 δ' 取值使得（4.5）式不成立，从而使对称控制优于合谋，且使得（4.6）式成立，那么通过将监督的权威授予单个政治家，从而实现任务分配，才是最优的选择。

最后，需要注意到存在着下述一系列的参数条件，使得在 $\{\sigma_1=\underline{\theta}, \sigma_2=\underline{\theta}\}$ 的情形下合谋成为最佳选择。υ 足够小时，根据命题 4.5 我们知道，合谋优于对称控制，更进一步有

$$\frac{\mathrm{d}}{\mathrm{d}\upsilon}[W^{\mathrm{II}}-W^{\mathrm{IV}}]_{\upsilon=0}=-\xi\frac{1-k}{k}\lambda\Delta\theta\bar{q}<0$$

这主要是因为合谋跟不对称控制一样，避免了政治家之间的信息 90
传递，但是由于 υ 很小，合谋策略所付出的代价仅仅是一个小到几乎可以忽略的二阶成本 υ^2，而非不对称控制时的成本 υ。

4.6　三个政治家的模型

我们首先考虑，直接将模型拓展到有三个政治家的情形，来进一步分析制衡关系。第三个政治家控制着公共品 3 的生产，成本函数为

$$C_3=\theta_3 q_3$$

其中，q_3 代表生产水平，θ_3 的取值范围为 $\{\underline{\theta}, \bar{\theta}\}$，代表生产率参数，是政治家 3 的私人信息。跟以前的分析一样，有 $\upsilon=\Pr(\theta_3=\underline{\theta})$。政治家 3 的效用水平为

$$U_3=t_3-\theta_3 q_3$$

现在，社会福利水平为

$$W=\sum_{i=1}^{3}[S(q_i)-(1+\lambda)\theta_i q_i-\lambda U_i]$$

政治家 i 关于政治家 j 的效率特征 θ_j 能够观察到一个信号 σ_i^j，既有可能是不含信息内容的，也有可能在与实际情况相符的时候提供一个可验证的信息 $\theta_j=\underline{\theta}$（概率为 ξ）。我们会研究宪政对监督活动的设计，以及对提供给政治家的激励契约的设计。契约的时间线正如 4.3 节中描述的一样。

为了限制一下所要分析的情形的数量，我们假设监督成本的水平维持在只能负担三个信号的情况下。更进一步，我们假设政治家 i 复制政治家 j 的监督技术是没有价值的。给定问题的对称性，就剩下了两种监督结构。

91　一种是互惠监督结构，包括：

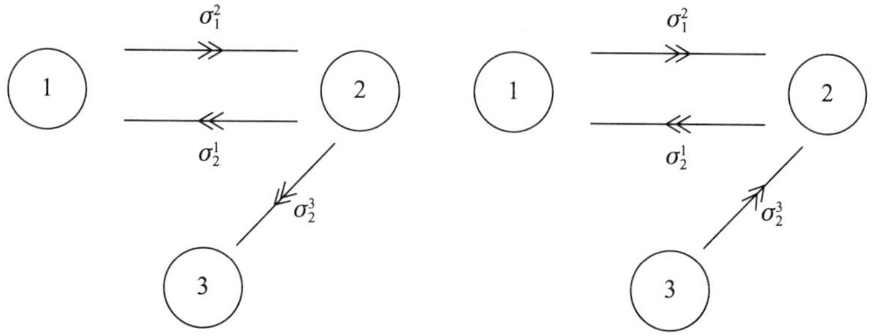

情形a　　或　　情形b

另一种是避免互惠监督的结构，包括：

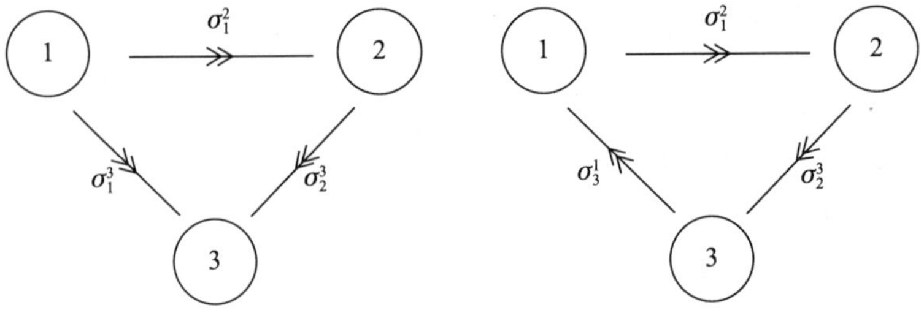

情形c　　　　或　　　　情形d

在前面的章节中，我们已经论证了，互惠监督会制造一些能让政治家互相提供便利的机会，这极大地损害了委托人的利益。下面，我们会抛弃这种互惠监督结构，转而关注情形 c 和情形 d 之间的比较分析。在情形 d 中，每个政治家都监督别人，同时也受着别人的监督，但是不存在互惠监督的情况。我们把这种情形称为制衡（CB）。情形 c 是不对称的，因为政治家 1 不受任何监督，反而监督着其他两位政治家，而政治家 3 则同时受着来自于政治家 1 和政治家 2 的监督。我们将这种情形称为专业化监督（SS）。

4.7　最优监督结构

在存在仁慈监督的情形 d（CB 结构）中，我们得到的预期总福利水平为

$$W_{CB}=3\upsilon\xi\,\underline{W}^*+3(1-\upsilon\xi)W^{AI}$$

在情形 c（SS 结构）中，我们必须对每个政治家区别对待。政治 92
家 1 没有收到任何监督。因此，最优契约对应着 $\xi=0$ 的情况，也就是说：

$$S'(\underline{q}_1^+)=(1+\lambda)\underline{\theta}$$

$$S'(\bar{q}_1^+)=(1+\lambda)\bar{\theta}+\frac{\lambda\upsilon}{1-\upsilon}\Delta\theta$$

预期的社会福利水平为

$$W_{1+}^{AI}=\upsilon[S(\underline{q}_1^*)-(1+\lambda)\underline{\theta}\,\underline{q}_1^*-\lambda\Delta\theta\bar{q}_1^+]+(1-\upsilon)[S(\bar{q}_1^+)-(1+\lambda)\bar{\theta}\bar{q}_1^+]$$

政治家 2 受到一次监督，这与在 CB 结构中一样，于是有：

$$S'(\underline{q}_2^+)=(1+\lambda)\underline{\theta}$$

$$S'(\bar{q}_2^+)=(1+\lambda)\bar{\theta}+\lambda\frac{(1-\xi)\upsilon}{1-\upsilon}\Delta\theta$$

预期的福利水平为 $W_{2+}^{AI}=\upsilon\xi\underline{W}^*+(1-\upsilon\xi)W^{AI}$。

对于政治家 3，有

$$\Pr(\theta_3=\underline{\theta}/\sigma_1^3=\phi\ 和\ \sigma_2^3=\phi)=\frac{\upsilon(1-\xi)^2}{1-\upsilon+\upsilon(1-\xi)^2}=\hat{\upsilon}$$

求解，得到

$$S'(\underline{q}_3^+)=(1+\lambda)\underline{\theta}$$

$$S'(\bar{q}_3^+)=(1+\lambda)\bar{\theta}+\lambda\frac{\upsilon(1-\xi)^2}{1-\upsilon}\Delta\theta$$

预期的社会福利为

$$W_{3+}^{AI}=\upsilon[1-(1-\xi)^2]\underline{W}^*+\upsilon(1-\xi)^2[S(\underline{q}_3^*)-(1+\lambda)\underline{\theta}\,\underline{q}_3^*-\lambda\Delta\theta\bar{q}_3^+]+(1-\upsilon)[S(\bar{q}_3^+)-(1+\lambda)\bar{\theta}\bar{q}_3^+]$$

总的预期效用为

$$W_{SS}=W_{1+}^{AI}+W_{2+}^{AI}+W_{3+}^{AI}$$

对两种监督结构的比较如下：当 $\xi=0$ 时，两种结构是相同的；当
93 $\xi=1$ 时，CB 优于 SS，因为 CB 对应着完全信息，而 SS 对于政治家 1 的信息却是不完全的。

考虑 $\xi=0$ 的邻近情况，比较在 $S(q)=q-\frac{q^2}{2}$ 的情形下两种信息结构。附录 4.2 表明

$$\left.\frac{\mathrm{d}W_{CB}}{\mathrm{d}\xi}\right|_{\xi=0}=\left.\frac{\mathrm{d}W_{SS}}{\mathrm{d}\xi}\right|_{\xi=0}$$

且当 λ 足够小的时候有

$$\left.\frac{\mathrm{d}^2W_{CB}}{\mathrm{d}\xi^2}\right|_{\xi=0}>\left.\frac{\mathrm{d}^2W_{SS}}{\mathrm{d}\xi^2}\right|_{\xi=0}$$

因此，在 $\xi=0$ 的邻近情况下，CB 优于 SS。这是可以预期到的，因为对政治家 3 受到双重监督所得的收益与 ξ^2 成正比，当 ξ 很小的时

候，这个值可以忽略不计。*CB* 结构对应着对稀缺监督资源的一种更优配置。

现在假设两个政治家之间的合谋关系是可能的。这会在不改变 $\xi=0$ 邻近情况的阶数的前提下，降低每种结构的价值，因为防范合谋的激励成本与 ξ 呈线性关系，并且在 $\xi=0$ 时，两种结构的激励成本相等。①

然而，当三方共同进入同一合谋关系时，我们所面临的图景就发生了变化。为了简化对于要点的说明，假设当一个政治家隐瞒他的信息时，他所需要的补偿，也就是合谋的交易成本，是非常高的，也就是说 $k=0$。

在 *SS* 结构中，三名政治家进行合谋时，只有政治家 1 会要求得到补偿，因此不会发生。相反的，在 *CB* 结构中，交易成本很低 $k'>0$，当所有政治家都有效率的时候，互惠偏好就会发生。如果所有的政治家都观察到一个有效的信号（发生概率为 ξ^3），他们会在没有任何补偿的情况下隐瞒信息，因此对于宪政层面来说，避免合谋的成本为

$$3\lambda k'\upsilon^3\xi^3\Delta\theta\hat{\hat{q}}$$ 94

取其在最优防范合谋机制中的定义，也就是

$$\hat{\hat{q}}=1-(1+\lambda)\bar{\theta}-\frac{\lambda\Delta\theta\upsilon(1-\xi)}{1-\upsilon}-\frac{\lambda k'\upsilon^3\xi^3\Delta\theta}{1-\upsilon}$$

在 $\xi=0$ 的邻近情况中，W_{CB} 的一阶和二阶导数没有什么变化，两种结构的相对关系也没有什么变化，因为在 *SS* 结构中，合谋是不可能发生的。

然而，当 ξ 足够高的时候，*SS* 有可能会优于 *CB*。事实上，当 ξ 接近 1 的时候，只有政治家 1 的监管会造成明显的扭曲效应。但是对于 $k'\upsilon^2$ 足够接近于 1 的情形，*SS* 中也会出现类似的扭曲效应，但是这种扭曲效应会同时发生在三个政治家身上。

若想 *SS* 占优，互惠偏好的交易成本必须足够小（k' 值足够高），而且发生次数也要足够频繁（ξ 接近于 1 且 υ 也接近于 1）。最后这个条件归因于这样一个事实，即互惠交易的影响与 υ^3 成正比，也就是三人都有效率的概率，而 *CB* 结构的信息优势则与 υ 成正比。

---

① 因此，在 $\xi=0$ 处，两种结构下的福利函数对 ξ 的一阶导数是相同的，二阶导数保持不变。

4.8　结论

当一个委托人为了自己的利益最大化设计一个组织结构时，他会尽力建立起一个由他的代理人组成的监督体系，以此来缩小他所面临的信息差。与此相似，一个设计得很好的宪政也必须要将不同的政府主体组织成监督体系。我们已经列举了一些会在这个设计过程中出现的陷阱。互惠监督有可能引发代价高昂的合谋，而且互惠监督会使不对称控制变得更有优势，这种不对称控制只赋予一个代理人监督同僚的权力。我们列举了一个允许合谋也许会是更好策略的例子，这是因为在某些状态下的交易成本会受到另外一些状态的影响。

我们希望本章以及本书的这一部分能够使读者明白，从研究组织行为的经济学家们那里发展出来的合谋理论，能够为政府的设计提供
95 非常有趣的视角。当然，在发展相关实证研究和拓展理论基础方面，我们还有很长的路要走。在本书的第三部分中，我们会对后续的理论发展进行一些介绍。关于制衡，我们以孟德斯鸠（1748）的一段话作为结束：

"我很有兴趣知道，在我们平时熟知的这些政府机构中，这三种权力是如何分配的，以及每种权力所能享有的自由度有多大。但是我们不应该在这个问题上追根究底，以至于读者们都无事可做了。毕竟，我的职责不仅仅是为了让读者阅读，更重要的是，让他们去思考。"

第 4 章附录

附录 A. 4. 1　激励约束的可分性

我们可以区分出 9 种情况：

1. $\theta_1=\bar{\theta}$，$\theta_2=\bar{\theta}$，概率为 $(1-\upsilon)^2$
2. $\theta_1=\bar{\theta}$，$\theta_2=\underline{\theta}$，$\sigma_1=\phi$，概率为 $(1-\upsilon)\upsilon(1-\xi)$
3. $\theta_1=\underline{\theta}$，$\theta_2=\bar{\theta}$，$\sigma_2=\phi$，概率为 $(1-\upsilon)\upsilon(1-\xi)$
4. $\theta_1=\underline{\theta}$，$\theta_2=\underline{\theta}$，$\sigma_1=\phi$，$\sigma_2=\phi$，概率为 $\upsilon^2(1-\xi)^2$
5. $\theta_1=\bar{\theta}$，$\theta_2=\underline{\theta}$，$\sigma_1=\underline{\theta}$，概率为 $(1-\upsilon)\upsilon\xi$

6. $\theta_1=\underline{\theta}$，$\theta_2=\bar{\theta}$，$\sigma_2=\underline{\theta}$，概率为 $(1-\upsilon)\upsilon\xi$

7. $\theta_1=\underline{\theta}$，$\theta_2=\underline{\theta}$，$\sigma_1=\underline{\theta}$，$\sigma_2=\phi$，概率为 $\upsilon^2\xi(1-\xi)$

8. $\theta_1=\underline{\theta}$，$\theta_2=\underline{\theta}$，$\sigma_1=\phi$，$\sigma_2=\underline{\theta}$，概率为 $\upsilon^2\xi(1-\xi)$

9. $\theta_1=\underline{\theta}$，$\theta_2=\underline{\theta}$，$\sigma_1=\underline{\theta}$，$\sigma_2=\underline{\theta}$，概率为 $\upsilon^2\xi^2$

在前四种情况中，宪政层面从政治家那里只能接收到一个信息。在不失普遍性的前提下，我们仅仅考虑显示机制

$$(\underline{t},\bar{t})\quad(\underline{q},\bar{q})$$

激励及个体理性约束为 96

$$\bar{t}=\bar{\theta}\bar{q}$$
$$\underline{t}=\underline{\theta}\,\underline{q}+\Delta\theta\bar{q}$$

在第 5 种情况中，我们必须避免偏差 $r_1=\phi$，$\tilde{\theta}_2=\bar{\theta}$，这就要求（在 $\underline{t}_5=\underline{\theta}\,\underline{q}^*$ 的前提下）

$$\bar{t}_5\geqslant\bar{\theta}\bar{q}+k\Delta\theta\bar{q}\equiv\bar{t}+\underline{s}$$

第 6 种情况与此类似。

在第 7 种情况中，我们必须避免两类偏差：

$\tilde{\theta}_1=\bar{\theta}$ 和 $\tilde{\theta}_2=\bar{\theta}$，在 $r_1=\phi$ 的前提下

这就要求

$$t_7^1\geqslant\bar{\theta}\bar{q}+\Delta\theta\bar{q}=\underline{t}$$
$$t_7^2\geqslant\bar{\theta}\bar{q}+k\Delta\theta\bar{q}\equiv\bar{t}+\underline{s}$$

第 8 种情况与此类似。

在第 9 种情况中，我们必须避免同时发生的偏离：

$$t_9^1\geqslant\bar{\theta}\bar{q}+k'\Delta\theta\bar{q}\equiv\bar{t}+\underline{\underline{s}}$$
$$t_9^2\geqslant\bar{\theta}\bar{q}+k'\Delta\theta\bar{q}\equiv\bar{t}+\underline{\underline{s}}$$

因此看起来，对于真实披露不可验证信息（即 $\tilde{\theta}_1=\theta_1$，$\tilde{\theta}_2=\theta_2$）的转移支付，以及对于真实披露可验证信息（$r_1=\underline{\theta}$，$r_2=\underline{\theta}$）的转移支付，可以像我们在正文中所做的那样，区别对待。

附录 A.4.2　CB 与 SS 之间的比较

- $W_{CB}=3\upsilon\xi\underline{W}^*+3[(1-\xi)\upsilon\underline{W}(\xi)+(1-\upsilon)\overline{W}(\xi)]$

其中

$$\underline{W}(\xi)=S(q^*)-(1+\lambda)\underline{\theta}\,\underline{q}^*-\lambda\Delta\theta\hat{\bar{q}}$$
$$\bar{W}(\xi)=S(\hat{\bar{q}})-(1+\lambda)\bar{\theta}\hat{\bar{q}}$$

且

$$S'(\hat{\bar{q}})=(1+\lambda)\bar{\theta}+\frac{\lambda(1-\xi)\upsilon}{1-\upsilon}\Delta\theta$$

97 因为

$$S(q)=q-\frac{q^2}{2},\quad \frac{\mathrm{d}\hat{\bar{q}}}{\mathrm{d}\xi}=\frac{\lambda\upsilon}{1-\upsilon}\Delta\theta$$
$$\frac{\mathrm{d}}{\mathrm{d}\xi}W_{CB}=3\upsilon\underline{W}^*-3\upsilon\underline{W}(\xi)$$
$$\left.\frac{\mathrm{d}^2}{\mathrm{d}\xi^2}W_{CB}\right|_{\xi=0}=-3\upsilon\frac{\mathrm{d}\underline{W}}{\mathrm{d}\hat{\bar{q}}}\frac{\mathrm{d}\hat{\bar{q}}}{\mathrm{d}\xi}=\frac{3(\lambda\upsilon\Delta\theta)^2}{1-\upsilon}\cdot W_{SS}$$
$$=W_{1+}^{AI}+W_{2+}^{AI}+W_{3+}^{AI}$$
$$\frac{\mathrm{d}W_{1+}^{AI}}{\mathrm{d}\xi}\equiv 0\quad \frac{\mathrm{d}W_{2+}^{AI}}{\mathrm{d}\xi}=\upsilon(W^*-\underline{W}(\xi)),\ \left.\frac{\mathrm{d}^2W_{2+}^{AI}}{\mathrm{d}\xi^2}\right|_{\xi=0}=\frac{(\lambda\upsilon\Delta\theta)^2}{1-\upsilon}$$
$$W_{3+}^{AI}=\upsilon[1-(1-\xi)^2]\underline{W}^*+\upsilon(1-\xi)^2\underline{\underline{W}}(\xi)+(1-\upsilon)\bar{\bar{W}}(\xi)$$

其中

$$\underline{\underline{W}}(\xi)=S(\underline{q}^*)-(1+\lambda)\underline{\theta}\,\underline{q}^*-\lambda\Delta\theta\bar{q}_3^+$$
$$\bar{\bar{W}}(\xi)=S(\bar{q}_3^+)-(1+\lambda)\bar{\theta}\bar{q}_3^+$$

且

$$S'(\bar{q}_3^+)=(1+\lambda)\bar{\theta}+\lambda\frac{\upsilon(1-\xi)^2}{1-\upsilon}\Delta\theta$$
$$\frac{\mathrm{d}W_{3+}^{AI}}{\mathrm{d}\xi}=2\upsilon(1-\xi)(\underline{W}^*-\underline{\underline{W}}(\xi))$$
$$\frac{\mathrm{d}^2W_3^{AI}}{\mathrm{d}\xi^2}=-2\upsilon(\underline{W}^*-\underline{\underline{W}}(\xi))+\frac{4(\lambda\upsilon(1-\xi)\Delta\theta)^2}{1-\upsilon}$$

在 $\xi=0$ 时

$$\left.\frac{\mathrm{d}W_{SS}}{\mathrm{d}\xi}\right|_{\xi=0}=3\upsilon(\underline{W}^*-\underline{W}(0))$$

因为 $\underline{W}(0)=\underline{\underline{W}}(0)$。

$$\left.\frac{\mathrm{d}^2W_{SS}}{\mathrm{d}\xi^2}\right|_{\xi=0}=5\frac{(\lambda\upsilon\Delta\theta)^2}{1-\upsilon}-2\upsilon(\underline{W}^*-\underline{W}(0))$$

于是 98

$$\left.\frac{d^2W_{SS}}{d\xi^2}\right|_{\xi=0}=\left.\frac{dW_{CB}}{d\xi}\right|_{\xi=0}=0$$

$$\left.\frac{d^2W_{SS}}{d\xi^2}\right|_{\xi=0}<\left.\frac{d^2W_{CB}}{d\xi^2}\right|_{\xi=0}\Leftrightarrow\frac{(\lambda\upsilon\Delta\theta)^2}{1-\upsilon}<\upsilon(\underline{W}^*-W(0))$$

但是

$$\bar{q}=1-(1+\lambda)\bar{\theta}-\frac{\lambda\upsilon}{1-\upsilon}\Delta\theta$$

且

$$\underline{W}^*-\underline{W}(0)=\lambda\Delta\theta\bar{q}$$

比较二阶导数，我们有

$$\left.\frac{d^2W_{SS}}{d\xi^2}\right|_{\xi=0}<\left.\frac{d^2W_{CB}}{d\xi^2}\right|_{\xi=0}\Leftrightarrow\frac{2\lambda\upsilon\Delta\theta}{1-\upsilon}<1-(1+\lambda)\bar{\theta}$$

第 二 部 分

宪政设计中的灵活性与自由裁量

维克塞尔的核心思想清楚明了，至关重要，不证自明。经济学家应该停止提出那些以仁慈君主为对象的政策建议，而应转向研究作出政治决策的结构基础是怎样的。维克塞尔的思想鼓励了我，使我勇于挑战财政领域和福利经济学领域中的所谓“正统思想”。

布坎南（Buchanan，1987）诺贝尔奖获奖演说

101

第 5 章　政治经济学与产业政策

私下支付可以确保达到传统的帕累托最优平面，但是在集体选择过程中会发生的再分配，却并不意味着是这个传统意义的最优平面的不同位置之间的最佳转移。

布坎南和塔洛克（Buchanan and Tullock，1965），第 195 页

5.1　引言

政治经济学的一个主要任务是解释政府对产业进行干预的模式，也就是说解释产业政策（industrial policy）。“公众利益”观点将政府或监管机构看作是仁慈地将社会福利最大化的机构。其主张的政策是纠正市场的不完美行为，诸

如垄断定价或环境的外部效应等。在过去的十年中，这种思维模式有了实质性的提高，学者们开始考虑社会福利最大化者所面临的各种信息不对称问题。产业政策因此可以被看作是在对效率的扭曲效应和信息租金之间进行权衡的结果。举例来说，在自然垄断中，产业政策针对受监管企业的定价问题，在一系列对于生产效率和企业得到的信息租金有着不同仲裁的政策之中，选取了成本补偿规则。设定价格上限的政策偏重于效率，成本加成政策则偏重于抽取租金。不完全信息条件下的公共利益分析可以解释为什么这样的一个选择很重要，以及最优选择如何取决于成本—需求信息特征及产业结构。[①]

这种分析方法受到了很多质疑和挑战。包括孟德斯鸠、美国联邦党人、马克思、杜鲁门（Truman，1951）、伯恩斯坦（Bernstein，1955）在内，很多政治学学者都关注着潜在的俘获问题。政府也许会偏向特定的利益集团。如果对政府采取一种更加细分的视角，对于监督机构和政治领导人进行区分，通过承认政府的多重委托人本质，政治学的文献着重于分析产业政策实施过程中涉及的各类中间机构所能获得的租金（尼斯坎南（Niskanen，1971），考夫曼（Kaufman，1961），威尔逊（Wilson，1980））。 102

这种观点可以用我们在第一部分中的方法进行正式分析，无论是在宪政层面还是政府层面，依然承认政府的层级结构维持着公共利益范式。接下来，我们会问这样的问题：在宪政层面应当如何设计产业政策来应对俘获问题——监督机构被企业以及诸如环保主义者之类的利益集团俘获，以及那些能够影响监督职权的政治家被企业俘获，等等？应当如何设计政府和机构的组织结构来消除俘获成本？

公共利益分析也受到了来自经济学家的挑战——芝加哥学派和弗吉尼亚学派——他们认为政治系统是给定的，并且其实质是无法控制的。这些作者研究了各类利益集团是如何通过影响民主进程或当选的政治家来抽取租金的。不用说，这些政治家控制着实施政策的各类机构。比如，佩尔茨曼（Peltzman，1976）和贝克尔（Becker，1983，1985）发展出了利益集团的政治影响模型。弗吉尼亚学派专注于研究政治家和官僚之间如何争夺贿赂和回扣中的租金。初始租金所产生的初始无谓损失，比如由垄断定价产生的无谓损失，还要加上寻租行为所产生的

① 参见拉丰与梯若尔（Laffont and Tirole，1993），第二章。

无谓损失，才能估计出全部的社会成本。

这些正面的分析思路受到了方法上的限制。由于忽略了信息不对称，这些理论无法解释为什么租金和自由裁量在他们的理论中如此重
103 要。[1] 如果没有信息不对称，受监管的企业根本无法抽取租金，因此也就没有什么动机去影响产业政策。类似地，选民和立法者能够控制他们的代理人（政府和各类委员会），这些代理人在公共品上也就不能侥幸偏私某些利益集团。对有影响力的行动的供给方进行黑箱处理，就忽略了民众与政治家之间、政治家与官僚之间一个非常关键的代理关系，而这个关系在政治学的文献中得到了分析。

有大量的文献都是关于在产业政策中检验利益集团理论的。然而，仍有不尽如人意之处。比如说在 1989 年《产业组织手册》的一项调查中，R. 诺尔（R. Noll）说道：

“尽管对监管的经济效应的研究结果与利益集团的理论是一致的，但是利益集团理论的范围太狭窄，并不能进行完整的测试。原因就是，他们没有将监管的效应与随机变量联系起来，而随机变量正是政治学理论所关注的焦点——构成交易成本的要素，不完全信息，这些变量允许出现一种无效的政治均衡，这种均衡对于利益的分配方式可以通过分析这些因素的性质和来源进行预测。”[2]

在面对沟通成本和低效率司法系统的问题时，通过一种微调，承认政治系统不可控的本质，我们可以尝试归纳出一些制定和执行产业政策过程中的制度规则，这些规则同时考虑到了政治系统的低效率和信息不对称问题。[3] 5.2 节会表明，在不完全信息的条件下，一个多数系统的政治无效性将会影响监管规则和对监管机构的激励。5.3 节证明了企业的所有权在这样的体系中至关重要。在 5.4 节中，我们探讨了将防范监管机构被俘获的激励支付作为一条制度规则的时机。定价问题是 5.5 节的主要内容，在这一节中，我们会测试政治因素导致的
104 二级价格歧视所造成的扭曲效应。接下来会研究定价过程中无歧视的

① 我们已经在第一章的 1.6 节中讨论过不完全契约分析。

② 类似地，奈温（Neven，1994）的文章表明，描述政治机构和机制的一系列变量足以说明欧洲共同体 90%的国家援助的变动。因此，他呼吁采取一种结构性的方法。

③ 类似的方法在宏观经济学领域已经有正式的运用，同时注重信息的不对称和政治的无效性，比如佩尔森和塔贝里尼（Persson and Tabellini，1996）以及阿吉翁和博尔顿（Aghion and Bolton，1994）。

制度约束有什么优缺点。5.6 节把分析拓展到一次性转移支付可行的情况。5.7 节是结论。

5.2 租金—效率权衡问题中的政治干预

我们来考虑第 2 章中的公共品供给模型。现在，我们对消费者进行区分，分为两类。有 α 比例的类型 1 消费者，效用函数为 $S(q)$，有 $(1-\alpha)$ 比例的类型 2 消费者，效用函数为 $\beta S(q)$，$\beta>1$。

规范起见，我们将第 2 章模型中的 $S(q)$ 替代成

$$\alpha S(q)+(1-\alpha)\beta S(q)=[\alpha+(1-\alpha)\beta]S(q)$$

一个完全的宪政，对于每一个 λ 值，都会在企业的激励和个体理性约束条件下，最大化其预期社会福利水平，所以有

$$[\alpha+(1-\alpha)\beta]S'(\underline{q}^{Opt})=(1+\lambda)\underline{\theta} \tag{5.1}$$

$$[\alpha+(1-\alpha)\beta]S'(\bar{q}^{Opt})=(1+\lambda)\bar{\theta}+\frac{\lambda\nu}{1-\nu}\Delta\theta \tag{5.2}$$

我们现在假设，宪政不能只取决于 λ 的取值，我们将这看作是无法辨认的商业条件的缺陷。用 $\mathrm{var}(\lambda)$ 来表示 λ 的方差。如果要求根据 λ 来制定产业政策，宪政必须将这个设计工作交由一个第三方执行，这个第三方在事后才会得知 λ 的取值。政治家就是这种剩余决策制定者的首要人选。

为了继续分析，我们需要一个政治家模型，来解释政治家如何被选出来，以及他们的动机是什么。为了这个目标，我们考虑一个简单随机多数模型。① 类型 1 消费者所占的比例 α 应该是每一期随机波动的。有 1/2 的概率，α 等于 $\alpha^*>\frac{1}{2}$。那么，类型 1 就是大多数。有 1/2 的概率，α 等于 $1-\alpha^*<\frac{1}{2}$。那么，类型 2 就成为了大多数。每个多数群体会将产业政策的剩余决策者这一角色指定给某一政治家，我们假设政治家会忠诚地捍卫选他出来的多数群体的利益。 105

① 我们应该考虑更为一般的绝对多数法则（参见阿吉翁和博尔顿（Aghion and Bolton，1997））。

我们首先考虑公共品由一个公共所有制企业生产出来的情况。当类型 i 的消费者占大多数时，他们可以占用信息不对称产生的租金。比如说，他们可以在群体内部组织一场拍卖，选出愿意提前支付他预期的之后可以得到的信息租金的那位政治家。给生产企业的转移支付仍然由间接税提供资金，这就产生了一个无谓损失 λ，宪政实施的是无歧视的间接税。

相应地，比如说多数群体 1，在给定的激励和个体理性约束条件下，最大化类型 1 消费者的预期福利水平，或者说在给定条件

$$\bar{U} \geqslant 0$$
$$\underline{U} \geqslant \bar{U} + \Delta\theta\bar{q}$$
$$\bar{t} = \bar{U} + \bar{\theta}\bar{q}$$
$$\underline{t} = \underline{U} + \underline{\theta}\,\underline{q}$$
$$\max \nu[\alpha^*(S(\underline{q}) - (1+\lambda)\underline{t}) + \underline{U}] + (1-\nu)\{\alpha^*[S(\bar{q}) - (1+\lambda)\bar{t}] + \bar{U}\}$$

或者是

$$\max \nu\{\alpha^*[S(\underline{q}) - (1+\lambda)\underline{\theta}\,\underline{q}) - [(1+\lambda)\alpha^* - 1]\Delta\theta\bar{q}\} + (1-\nu)\alpha^*[S(\bar{q}) - (1+\lambda)\bar{\theta})\bar{q}]$$

求解，得到

$$S'(\underline{q}^{M1}) = (1+\lambda)\underline{\theta} \tag{5.3}$$

$$S'(\bar{q}^{M1}) = (1+\lambda)\bar{\theta} + \frac{[(1+\lambda)\alpha^* - 1]\nu}{\alpha^*(1-\nu)}\Delta\theta \tag{5.4}$$

为了简化分析，我们假设 $(1+\lambda)\alpha^* > 1$。否则，多数群体 1 会试图最大化信息租金，而我们就必须将类型 2 消费者的个体理性约束纳入我们的考虑范围。

106 类似地，对于多数群体 2，我们有

$$\beta S'(\underline{q}^{M2}) = (1+\lambda)\underline{\theta} \tag{5.5}$$

$$\beta S'(\bar{q}^{M2}) = (1+\lambda)\bar{\theta} + \frac{[(1+\lambda)\alpha^* - 1]\nu}{\alpha^*(1-\nu)}\Delta\theta \tag{5.6}$$

我们必须区分将公共决策授权给政治家的两种效果。

当 $\beta=1$ 时，公共品的产出水平高于 $\theta=\bar{\theta}$ 时的最优产出水平（将式

(5.4)，(5.6) 与 (5.2) 进行比较)。原因是多数群体 i 占据了全部的信息租金；因此$\frac{U}{\alpha^*}$人均租金，高于预期社会福利水平。所以，每个多数群体交替轮流，在权衡效率和租金的时候，都会过高估计信息租金的价值。请注意，α^* 值越低，扭曲效应越大。当 α^* 值为 1 时，因为每个多数群体代表的都是全体民众，因此没有扭曲效应产生。当 $\alpha^*=1$ 且$\beta>1$ 时，相对于社会福利最佳状态，在$\underline{\theta}$和 $\bar{\theta}$ 两种情形下，多数群体 1 生产的公共品太少，而多数群体 2 生产的又太多。通常情况下，上述的这两种影响混在一块儿发挥作用。

我们可以接着问下一个问题了。在什么时候，宪政应当将产业政策的制定授权给政治家，而不是根据对 λ 的预期直接颁布一项事前最优的产业政策？后面这个政策的特征描述如下：

$$[\alpha+(1-\alpha)\beta]S'(\underline{q})=(1+E\lambda)\underline{\theta} \tag{5.7}$$

$$[\alpha+(1-\alpha)\beta]S'(\bar{q})=(1+E\lambda)\bar{\theta}+\frac{E\lambda\nu}{1-\nu}\Delta\theta \tag{5.8}$$

我们马上就得到：

命题 5.1 对于任何 $\alpha^*<1$ 且 $\beta>1$ 的情况，当 $\mathrm{var}(\lambda)$ 足够小时，不灵活的宪政优于授权过程。当 $\mathrm{var}(\lambda)>0$ 时，对于 β 接近于 1 且 α^* 接近于 1 的情况，授权优于不灵活的宪政。

在抽取租金和效率的权衡过程中，商业条件的变化会带来很多优势，一个不灵活的宪政就无法利用这些优势了，但是却能始终如一地最大化社会福利水平。当产业政策的制定授权给政治家时，这种权衡过程就在有关商业条件的完全信息下进行，但是对受监管企业的租金的价值就存在着偏见。当商业条件的不确定性很大时，即便政治家在 *107*
决策过程中有一定的效率浪费，也是值得的，因为至少政治上的冲突不算太大 (β 接近于 1 且 α^* 接近于 1)。[①]

5.3 所有权的重要性

在这一小节中，我们会提出这样一个问题，作为制度规则，是应

① 库克曼和斯皮格尔 (Cukierman and Spiegel，1998) 对比了直接制民主 (信息较为匮乏) 和代议制民主 (信息状况较为良好，但是容易受到特定选民的影响)。

该选择公共产权还是私人产权？假设企业是私有的，并且所有权属于类型 2 的消费者。如果类型 2 的消费者是多数群体，那么他们就会像在公共产权时候那样占有全部的信息租金。我们得到的结果跟式（5.5）、（5.6）中描述的一样。如果类型 1 是多数群体，那么他们就不会太重视租金，解：

$$\max \nu\alpha^{*}[S(\underline{q})-(1+\lambda)]\underline{\theta}\,\underline{q}-(1+\lambda)\Delta\theta\bar{q}]+(1-\nu)\alpha^{*}[S(\bar{q})$$
$$-(1+\lambda)\bar{\theta}\bar{q}]$$

得到

$$S'(\underline{q}_p^{M1})=(1+\lambda)\underline{\theta} \tag{5.9}$$

$$S'(\bar{q}_p^{M1})=(1+\lambda)\bar{\theta}+\frac{(1+\lambda)\nu}{1-\nu}\Delta\theta \tag{5.10}$$

对比式（5.10）和（5.4），我们看到公共产权下公共品的供给量更小，因为多数群体 1 低估了信息租金的价值。

我们看到，与科斯定理相反，所有权的性质影响了资源的配置。所有权就像在其他任何不完全契约模型中一样重要。[①]

有人也许会问，作为制度规则而言，公共产权和私人产权哪一个才是更有优势的选择。为了回答这个问题，我们来比较一下两种所有制下的预期社会福利水平。

108 **命题 5.2**　当 $\Delta\theta$ 很小时，公共产权总是优于私人产权。

证明：用 $V(q)$ 替换。因为当类型 2 的消费者为多数群体时，公共产权和私人产权下所得到的决策完全一致，两种所有制下预期社会福利水平的差异会减少，变为：

$$\Delta W=\frac{1}{2}\{[\alpha^{*}+(1-\alpha^{*})\beta](1-\nu)[V(\bar{q}_p^{M1})-V(\bar{q}^{M1})]$$
$$-\lambda\nu\Delta\theta(\bar{q}_p^{M1}-\bar{q}^{M1})\}$$

我们注意到，当 $\Delta\theta=0$ 时，ΔW 也为 0。

同时

$$\frac{\mathrm{d}\Delta W}{\mathrm{d}\Delta\theta}\propto(1-\nu)[\alpha^{*}+(1-\alpha^{*})\beta]\frac{\nu}{1-\nu}\Delta\theta\left[(1+\lambda)\frac{\mathrm{d}\bar{q}_p^{M1}}{\mathrm{d}\Delta\theta}-\left(1+\lambda-\frac{1}{\alpha^{*}}\right)\frac{\mathrm{d}\bar{q}^{M1}}{\mathrm{d}\Delta\theta}\right]$$

① 这是一个不完全契约模型，因为宪政并没有与政治家订立一个完全的契约。

$$-\lambda\nu[\bar{q}_p^{M1}-\bar{q}^{M1}]-\lambda\nu\Delta\theta\left(\frac{d\bar{q}_p^{M1}}{d\Delta\theta}-\frac{d\bar{q}^{M1}}{d\Delta\theta}\right)$$

我们再次注意到：

$$\Delta\theta=0\text{ 时，}\frac{d\Delta W}{d\Delta\theta}=0$$

$$\begin{aligned}\left.\frac{d^2\Delta W}{d\Delta\theta^2}\right|_{\Delta\theta=0}&=\nu\{[\alpha^*+(1-\alpha^*)\beta](1+\lambda)-2\lambda\}\left[\left.\frac{d\bar{q}_p^{M1}}{d\Delta\theta}\right|_{\Delta\theta=0}-\left.\frac{d\bar{q}^{M1}}{d\Delta\theta}\right|_{\Delta\theta=0}\right]\\&\quad+\frac{v}{\alpha^*}(\alpha^*+(1-\alpha^*)\beta]\left.\frac{d\bar{q}^{M1}}{d\Delta\theta}\right|_{\Delta\theta=0}\\&=\frac{\nu^2}{\alpha^*S''(1-\nu)}\left[[\alpha^*+(1-\alpha^*)\beta]\left(2+2\lambda-\frac{1}{\alpha^*}\right)-2\lambda\right]\\&<0\end{aligned}$$

对于任何 $\beta\geqslant 1$，$\alpha^*\geqslant\frac{1}{2}$，$\lambda\geqslant 0$ 均成立。

因此在 $\Delta\theta=0$ 的邻近情况中，作为比较结果的二阶导数一直为负。公共产权总是占优。

对于这一结果的直觉分析是这样的。两种所有制的差别仅仅发生在多数群体为类型 1 时。首先考虑 $\beta=1$ 的情形。在多数群体 1 的情况下，如果所有制为公共产权，那么生产就会过剩，而如果所有制为私人产权，那么生产又会不足。$\Delta\theta$ 很小时，社会福利水平是 $\Delta\theta$ 的二次函数，生产不足的部分总是大于过度生产的部分。事实上，我们有 109

$$\frac{(1-\nu)}{\nu}V'(\bar{q}^{0pt})=\lambda\Delta\theta$$

$$\frac{1-\nu}{\nu}V'(\bar{q}^{M1})=\left[\lambda-\left(\frac{1}{\alpha^*}-1\right)\right]\Delta\theta$$

$$\frac{1-\nu}{\nu}V'(\bar{q}_p^{M1})=(\lambda+1)\Delta\theta$$

当 $\alpha^*>\frac{1}{2}$，对于 q_p^{M1} 的偏离总是大于对 q^{M1} 的偏离。

当 $\beta>1$ 时，社会最优状态下的产量 $\bar{q}^{0pt}$ 会增加，而这仅仅对之前过剩的公共产出水平有好处。

然而，当 $\Delta\theta$ 很大时，公共品的社会价值亦满足 $S'''<0$，对于 β 值接近于 1 且 α^* 接近于 1/2，相比私人产权的生产不足，公共产权的过

剩生产也许会产生更大危害。于是，私人产权也许会是更好的选择。①

5.4　作为制度规则的防止俘获问题的激励

让我们将分析置于类型 2 消费者的私人产权下进行，并假设 $\beta=1$，且有一个类似于我们第二章建模中设置的监督政治家角色的监管机构。当 $\theta=\underline{\theta}$ 时（概率为 ξ），该机构会收到一个信号 $\sigma=\underline{\theta}$。除此之外，它得到的信号均为 $\sigma=\phi$。

这个机构有可能像第 2 章中那样被企业所俘获。然而，如果多数群体 2 掌握了控制权，就可以认为企业不会与该机构达成合谋协议，因为政治上的委托人正好就是企业的所有者。② 我们会比较两种机制。在第 1 种机制中，对于监管机构不提供任何激励。在机制 2 中，有防
110 止该机构被俘获的激励安排。

机制 1：在多数群体 2 的情形下，即使没有激励支付，也不存在监管机构被俘获的问题。社会福利水平为

$$W=\nu\xi\underline{W}^*+(1-\nu\xi)W^{M2}$$

$\underline{W}^*$ 是在 $\theta=\underline{\theta}$时完全信息条件下的福利水平，而 W^{M2} 表示当监管机构没有得到任何信息信号时的附条件的福利水平。

$$W^{M2}=\frac{\nu(1-\xi)}{1-\nu\xi}[S(\underline{q}^{M2})-(1+\lambda)\underline{\theta}\,\underline{q}^{M2}-\lambda\Delta\theta\bar{q}^{M2}]$$
$$+\frac{(1-\nu)}{1-\nu\xi}[S(\bar{q}^{M2})-(1+\lambda)\bar{\theta}\bar{q}^{M2}]$$

$\underline{q}^{M2}$ 和 $\bar{q}^{M2}$ 满足：

$$S'(\underline{q}^{M2})=(1+\lambda)\underline{\theta}$$
$$S'(\bar{q}^{M2})=(1+\lambda)\bar{\theta}+\frac{[(1+\lambda)\alpha^*-1]\nu(1-\xi)}{1-\nu}\Delta\theta$$

---

① 我们也要注意到，如果是类型 1 的消费者掌握了所有权，一个大于 1 的 β 也许会对私人产权更有利，因为当多数群体 2 占据了大多数时，信息租金非内在化导致的生产不足可以得到部分补偿，这部分补偿来自于类型 2 的消费者对公共品的价值评价高于平均水平。

② 此处的论证不是非常严格，因为企业管理者的动机可能会不同于多数群体的动机。然而，多数群体的成员应当设计出一种对任何第三方机构（如监督委员会）都不曾留有剩余的契约。

因为多数群体 2 占据了信息租金。

相反，当多数群体为类型 1 的消费者时，企业会俘获监管机构来保护它们的租金收入。俘获的交易成本为

$$(1-k)\xi\nu\Delta\theta\bar{q}^{M1}$$

因为俘获仅仅发生在有效率的企业被监管机构识别出来的时候。

多数群体 1 无须监管机构提供任何信息就实现了其福利水平的最大化。

于是，社会福利水平为：

$$\nu[S(\underline{q}^{M1})-(1+\lambda)\underline{\theta}\,\underline{q}^{M1}-\lambda\Delta\theta\tilde{\bar{q}}^{M1}]+(1-\nu)[S(\tilde{\bar{q}}^{M1})$$
$$-(1+\lambda)\bar{\theta}\tilde{\bar{q}}^{M1}]-(1-k)\xi\nu\Delta\theta\tilde{\bar{q}}^{M1}\equiv W(\tilde{\bar{q}}^{M1})-(1-k)\xi\nu\Delta\theta\tilde{\bar{q}}^{M1}$$

其中，$\tilde{\bar{q}}^{M1}$ 满足①

$$S'(\tilde{\bar{q}}^{M1})=(1+\lambda)\bar{\theta}+\frac{(1+\lambda)\nu\Delta\theta}{1-\nu}$$ 111

在没有对监管机构的激励安排的情况下，我们得到预期的福利水平为

$$\frac{1}{2}[\nu\xi\underline{W}^{*}+(1-\nu\xi)W^{M2}+W(\tilde{\bar{q}}^{M1})-(1-k)\xi\nu\Delta\theta\tilde{\bar{q}}^{M1}] \tag{5.11}$$

机制 2：另一种考虑是，可以在宪政层面设计一个对监管机构的激励支付，使其根本不会考虑贿赂，相应的社会成本为②

$$\lambda\nu\xi k\Delta\theta\bar{q}^{M1}$$

社会福利水平为

$$\nu\xi\underline{W}^{*}+(1-\nu\xi)\hat{W}(\bar{q}^{M})-\lambda\nu\xi k\Delta\theta\bar{q}^{M1}$$

其中 $\hat{W}(\bar{q}^{M})$ 代表当多数群体 M 在收到讯息 ϕ 后选择其政策时的

① 我们应该考虑下述事实：(1) 合谋的交易成本仅仅由多数群体 2 的成员负担；(2) 多数群体 1 没有占有任何信息租金。

② 避免合谋所需的激励支付是标准化的，这样做的目的是在多数群体 1 占据大多数时（也就是多数群体变得重要时）避免俘获问题，但是这个激励支付总是要支付出去的。这些激励支付由全体消费者分担。

社会福利水平。多数群体 1 对下式求解，

$$\max \nu(1-\xi)\{\alpha^*[S(\underline{q}^{M1})-(1+\lambda)\underline{\theta}\,\underline{q}^{M1}-(1+\lambda)\Delta\theta\bar{q}^{M1}]\}$$
$$+(1-\nu)\alpha^*[S(\bar{q}^{M1})-(1+\lambda)\bar{\theta}\,\bar{q}^{M1}]-\alpha^*\nu\xi\lambda k\,\Delta\theta\bar{q}^{M1}$$

得到

$$S'(\hat{\bar{q}}^{M1})=(1+\lambda)\bar{\theta}+\left[\frac{(1+\lambda)\nu(1-\xi)}{(1-\nu)}+\frac{k\xi\lambda\nu}{(1-\nu)}\right]\Delta\theta$$

类似的，多数群体 2 对下式求解[①]

$$\max \nu(1-\xi)\alpha^*\{S(\underline{q}^{M2})-(1+\lambda)\underline{\theta}\,\underline{q}^{M2}-[(1+\lambda)\alpha^*-1]\Delta\theta\bar{q}^{M2}\}$$

$$+(1-\nu)\alpha^*[S(\bar{q}^{M2})-(1+\lambda)\bar{\theta}\,\bar{q}^{M2}]-\alpha^*\nu\xi\lambda k\,\Delta\theta\bar{q}^{M1}$$

得到

$$S'(\hat{\bar{q}}^{M2})=(1+\lambda)\bar{\theta}+\frac{[(1+\lambda)\alpha^*-1]\nu(1-\xi)}{1-\nu}\Delta\theta$$

112 我们注意到 $W^{M2}=\hat{W}$（$\hat{\bar{q}}^2$），因为$\hat{\bar{q}}_2^{M2}=\bar{q}^{M2}$。

我们得到预期福利水平为

$$\nu\xi\,\underline{W}^*+(1-\nu\xi)\,\frac{1}{2}[\hat{W}(\hat{\bar{q}}^{M1})+\hat{W}(\hat{\bar{q}}^{M2})]-\lambda\nu k\xi\Delta\theta\,\hat{\bar{q}}^{M1} \tag{5.12}$$

因此，对比式（5.12）和（5.11），如果满足下述条件（且 $V(q)=S(q)-(1+\lambda)q$ 时），那么在宪政层面上设计对监管机构的激励支付就是一种更好的选择：

$$\frac{1}{2}\{[(1-\nu)\nu(\hat{\bar{q}}^{M1})-\lambda\nu(1-\xi)\Delta\theta\,\hat{\bar{q}}^{M1}]-[(1-\nu)\nu(\tilde{\bar{q}}^{M1})$$
$$-\lambda\nu\Delta\theta\,\tilde{\bar{q}}^{M1}]\}+\frac{1}{2}(1-k)\xi\nu\Delta\theta\,\tilde{\bar{q}}^{M1}\geqslant\lambda\nu\xi k\,\Delta\theta\,\hat{\bar{q}}^{M1} \tag{5.13}$$

也就是说，如果

预期监督收益＋俘获的预期交易成本≥对监管机构进行激励

---

① 此处对代理人的激励支付是给定的。

支付的成本

那么在宪政层面上设计对监管机构的激励支付就是一种更好的选择。

预期的监督收益是双重的：第一，有 $\nu\xi$ 的概率，可以节约信息租金；第二，相应的，在无效率类型下可以负担一个较高的生产水平。①

5.5 政治价格歧视与统一定价

我们回归到 5.1 节中的一般偏好，并且假设现在考虑的是一种私人物品，但是宪政无法在定价时区分两种类型的消费者。我们假设 θ 是已知的，而生产私人物品的公共企业处于掌权的多数群体的控制之下。在本节中我们假定 λ 是给定的。

如果 α，多数群体所占的比例，是可缩小的，那么宪政就可以设计非线性的税，使预期社会福利最大化，也就是说，可以对下式求解 113

$$\max \alpha[S(q_1)-T_1]+(1-\alpha)[\beta S(q_2)-T_2]-(1+\lambda)\{\theta[\alpha q_1+(1-\alpha)q_2]-\alpha T_1-(1-\alpha)T_2\}$$

约束条件为

$$S(q_1)-T_1\geqslant S(q_2)-T_2 \tag{5.14}$$

$$\beta S(q_2)-T_2\geqslant \beta S(q_1)-T_1 \tag{5.15}$$

$$S(q_1)-T_1\geqslant 0 \tag{5.16}$$

$$\beta S(q_2)-T_2\geqslant 0 \tag{5.17}$$

在只有两种类型的情况下，一个一般的非线性的税由一对变量 (q_1, T_1)，(q_2, T_2) 表示，T_i 表示要获得产量 q_i 所需的支付金额。式（5.15）和（5.16）是自我选择约束，式（5.17）和（5.18）则是消费者的个人理性约束条件。对这个安排的解为

$$\beta S'(q_2^*)=\theta \tag{5.18}$$

① 参见佛尔·格里默和马赫蒂摩（Faure-Grimaud and Martimort，1999）关于政治系统中委托人及其官僚机构之间关系的研究，他们的研究表明，一个更为独立的官僚机构，可以在政治上多数群体的交替变换的过程中，起到一个稳定器的作用。

$$S'(q_1^*) = \frac{\theta}{1-(\beta-1)\dfrac{\lambda}{1+\lambda}\dfrac{1-\alpha}{\alpha}} \tag{5.19}$$

$$T_1 = S(q_1^*) \quad T_2 = S(q_1^*) + \beta[S(q_2^*) - S(q_1^*)]$$

这就是通常所说的最优的二级价格歧视。然而，如果 α 是不可缩小的，我们可以在 α 预期值$\left(\frac{1}{2}\right)$的基础上设计税，或者将税的选择授权给政治上的多数群体。如果类型 1 消费者是多数群体，他们在 (5.14) 至 (5.17) 的约束条件下，对下式求解

$$\max \alpha^* [S(q_1) - T_1 - (1+\lambda)\{\theta[\alpha^* q_1 + (1-\alpha^*]q_2) \\ - \alpha^* T_1 - (1-\alpha^*)T_2\}]$$

如果我们假设 $(1+\lambda)\alpha^* < 1$，类型 1 的多数群体仍然会想着从类型 1 的消费者那里抽取租金①，于是通常的激励和个人理性约束条件就是有约束力的了，

$$T_1 = S(q_1), T_2 = S(q_1) + \beta[S(q_2) - S(q_1)]$$

114 且

$$\beta S'(q_2^{M1}) = \theta \tag{5.20}$$

$$S'(q_1^{M1}) = \frac{\alpha^* \theta}{1-\beta(1-\alpha^*)} \tag{5.21}$$

如果类型 2 的消费者占据大多数，他们也在式 (5.14) 至 (5.17) 的约束条件下对下式求解

$$\max \alpha^* [\beta S(q_2) - T_2 - (1+\lambda)\{\theta[(1-\alpha^*)q_1 + \alpha^* q_2] \\ - (1-\alpha^*)T_1 - \alpha^* T_2\}]$$

于是得到

$$\beta S'(q_q^{M2}) = \theta \tag{5.22}$$

$$S'(q_1^{M2}) = \frac{\theta}{1-\dfrac{[(1+\lambda)\alpha^* - 1](\beta-1)}{(1+\lambda)(1-\alpha^*)}} \tag{5.23}$$

---

① 在相反的情况中，我们必须要考虑到个体的理性约束。

对结果的描述就非常一目了然了（见图 5—1)。类型 1 的多数群体低估了信息租金的价值，只有类型 2 的消费者能俘获这部分租金，因为他们对产品的价值比类型 1 的消费者看得更高。信息租金为 $(\beta-1)S(q_1)$，类型 1 的消费者减少了太多 q_1。额外的价格歧视，降低了类型 2 消费者的租金。相似地，类型 2 的多数群体会高估信息租金的价值，并且为了获得更高的租金过度提高 q_1 的产量。政治歧视是极端多变的。有人也许会试图制定另一种不依赖于 α 的替代政策，比如说根据 $E\alpha$ 确定一个最优的非线性价格，或者更简单地，根据 $E\alpha$ 设定一个混同（非歧视性）的契约（q，T）。

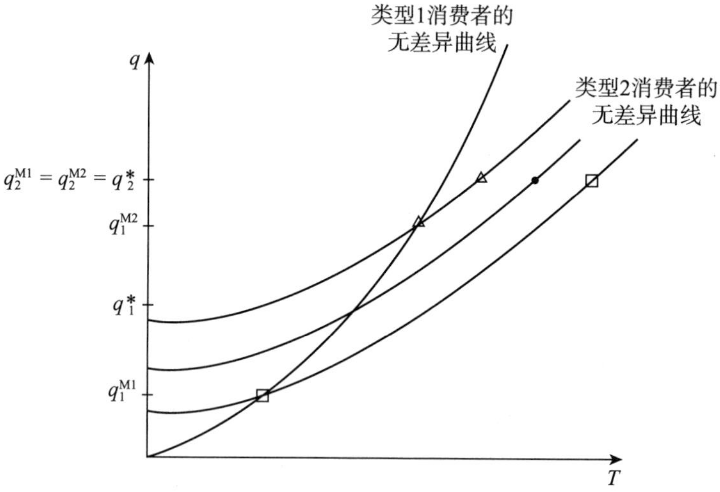

图 5—1

首先假设 α 是已知的。于是，最优的混同契约对下式求解

$$\max \alpha S(q)+(1-\alpha)\beta S(q)+\lambda T-(1+\lambda)\theta q$$

使得满足如下约束条件

$$S(q)-T\geqslant 0$$

或者说

$$S'(q)=\frac{\theta}{1+\frac{(1-\alpha)(\beta-1)}{1+\lambda}} \tag{5.24}$$

115 我们接下来就可以表明（见附录 5.1），当 β 接近于 1 时，如果 λ 很小的话，最优混同契约就优于政治歧视，多数群体就只有微弱优势（α^* 接近 1/2）。当 α^* 接近 1/2 的时候，政治歧视是很极端的，因为多数群体的目标函数与社会福利偏离最大。相反，在 λ 足够大的时候，政治歧视就是更好的选择，因为租金的成本很高，而且非线性税就成为了抽取租金的有用工具。

通过连续性，在 α 随机的情况下，我们获得了想要的结果：

命题 5.3　假设，当 $\alpha *$ 已知时，混同契约优于政治歧视（β 接近于 1，λ 很小，$\alpha *$ 接近于 1/2）。当 var(α^*) 足够小时，混同契约的优势依然明显。随着 var(α^*) 逐渐增大，最终，政治歧视变成了占优策略。

116 5.6　信息不对称，成本高昂的再分配和民主的成本

我们现在来讨论将本章中所得到的结果进行一般化的推广。在上述的所有情形中，事后的决策都是由占统治地位的多数群体制定的。即便如此，在每个情形中，资源的配置都是在已有工具条件下最优的结果，但是从事前的观点来看，它对应着的是一个无效率的配置结果。

正如图 5—2 中说明的，A 与 B 之间的民主更替是有害的，因为信

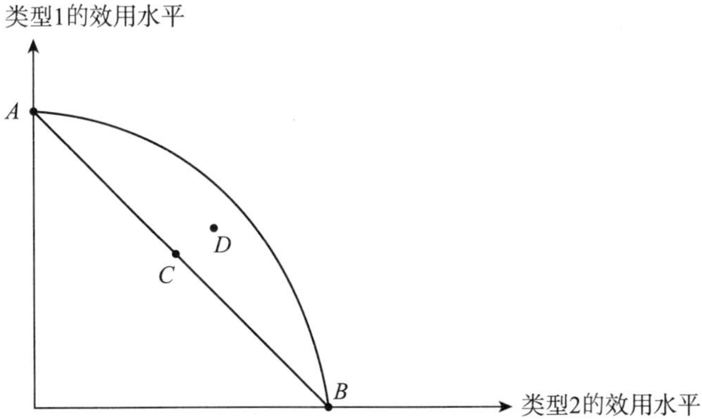

图 5—2

息不对称使得（激励相容的）帕累托边界变凸了。[1] 在帕累托边界之内，生成了一个效用水平为 C 的平均矢量。无效率的配置规则 D 也许是事前占优的规则。

这使人联想到布坎南和塔洛克书中第 13 章（第 192 页）的讨论。让我们在这里重现一下。

首先，"假设任何特定时期内，个人得到更多收入时，收入的边际效用递减"，第 192 页。 117

其次，在收入不确定性面前，他们意识到市场失灵了：

"讨论中的风险本质上是无法保证的"，第 193 页。

实际上，在他们无可保性理念的背后，是一个关于道德风险的讨论。

"因为个人通过修正他的当期行为，可以影响他主张要求的补偿，一个私人组织的保险计划却不太可能。"

收入的边际效用递减和道德风险共同作用，使得帕累托边界变凸了。于是，参与者向公共保险作出如下所述的移动。

"假设设立这样一个机构，公开且明确地表明个人和团体的净收入转移将通过简单的多数选举实现。将再分配作为一种行动来考虑，在这些条件下实行再分配几乎是必定要走得太远了"，第 194 页。

最后，他们总结道：

"私下支付可以确保达到传统的帕累托最优平面，但是在集体选择过程中会发生的再分配，却并不意味着是这个传统意义上最优平面上不同位置之间的最佳转移"，第 195 页。

即使在没有收入效应的时候，我们也表明了公共产权和多数法则会产生社会成本高昂的转移支付，使得帕累托边界变凸，并且引起帕累托边界上位置的移动，正如布坎南－塔洛克的分析所标明的那样，民主更替对于社会来说是有害的。

只有一个能在所有公民之间平均分配信息租金的制度改革能够解决这个问题。仅仅对政治风险进行保险是不够的。

5.7 结论 118

我们举出了几个规范的制度分析的例子。分析的要素是解释租金根

① 参见附录 5.2，附录中会有另一个更为明确的例子，其中的政治家所能适用的工具不受任何限制。

源的信息不对称，和为事前不可缩小的社会决策选择剩余决策制定者的政治博弈。政治家事后有越多的工具，他们就越接近（激励相容的）帕累托边界，而且很可能这个边界的凸性越低，但是他们也就有越高的偏向支持自己的选民的自由裁量权。宪政选择在这两个问题之间试图找到一个平衡。在后面的两章中，我们会举出这种分析方法的更多例子。

第 5 章附录

附录 A.5.1　命题 5.3 的证明

首先，我们考虑混同均衡。对式（5.24）进行一阶求导，得到

$$\frac{\mathrm{d}q^P}{\mathrm{d}\beta}=-\frac{(1-\alpha)S'}{(1+\lambda)S''}$$

其中 S' 和 S'' 均在 $\beta=1$ 的混同均衡状态下取值。

对于一个给定的 α，福利水平为

$$W^P(\beta)=[\alpha+\lambda+(1-\alpha)\beta]S(q^P)-(1+\lambda)\theta q$$

根据包络定理，得到

$$\frac{\mathrm{d}W^P(\beta)}{\mathrm{d}\beta}=(1-\alpha)S(q^P)$$

和

$$\left.\frac{\mathrm{d}^2W^P(\beta)}{\mathrm{d}\beta^2}\right|_{\beta=1}=(1-\alpha)S'\frac{\mathrm{d}q^P}{\mathrm{d}\beta}=\frac{(1-\alpha)^2}{1+\lambda}\frac{S'^2}{(-S'')}$$

接下来考虑多数群体为群体 2 时的均衡状态。于是 $\alpha=1-\alpha^*$。对式（5.22）、（5.23）进行一阶求导，得到

119

$$\left.\frac{\mathrm{d}q_1^{M2}}{\mathrm{d}\beta}\right|_{\beta=1}=\frac{[(1+\lambda)\alpha^*-1]S'}{(1+\lambda)(1-\alpha^*)S''},\ \left.\frac{\mathrm{d}q_2^{M2}}{\mathrm{d}\beta}\right|_{\beta=1}=-\frac{S'}{S''}$$

福利水平为

$$\begin{aligned}W^{M2}(\beta)&=(1-\alpha^*)(S(q_1)-T_1)+\alpha^*(\beta S(q_2)-T_2)\\&\quad-(1+\lambda)\{\theta[(1-\alpha^*)q_1+\alpha^*q_2)-(1-\alpha^*)T_1-\alpha^*T_2\}\\&=-(1-\alpha^*)(\beta-1)S(q_1)+[(\beta-1)S(q_1)\end{aligned}$$

$$
\begin{aligned}
&-(1+\lambda)\{\theta[(1-\alpha^*)q_1+\alpha^* q_2]-S(q_1)\\
&-\alpha^*\beta(S(q_2)-S(q_1))\}]
\end{aligned}
$$

其中，第二项与多数群体 2 的目标函数成正比，我们对其在括号内运用包络定理。

$$
\begin{aligned}
\frac{\mathrm{d}W^{M2}(\beta)}{\mathrm{d}\beta} &= -(1-\alpha^*)S(q_1)-(1-\alpha^*)(\beta-1)S'(q_1)\frac{\mathrm{d}q_1}{\mathrm{d}\beta}+\\
&\quad S(q_1)+(1+\lambda)\alpha^*(S(q_2)-S(q_1))\\
\left.\frac{\mathrm{d}^2W^{M2}(\beta)}{\mathrm{d}\beta}\right|_{\beta=1} &= (2\alpha^*-1)S'\left.\frac{\mathrm{d}q_1}{\mathrm{d}\beta}\right|_{\beta=1}+(1+\lambda)\alpha^*S'\left[\left.\frac{\mathrm{d}q_2}{\mathrm{d}\beta}\right|_{\beta=1}\right.\\
&\quad\left.-\left.\frac{\mathrm{d}q_1}{\mathrm{d}\beta}\right|_{\beta=1}\right]\\
&= \frac{S'^2}{(-S'')}\left[(2\alpha^*-1)\frac{1-(1+\lambda)\alpha^*}{(1+\lambda)(1-\alpha^*)}+\frac{\lambda\alpha^*}{1-\alpha^*}\right]
\end{aligned}
$$

现在考虑多数群体为群体 1 时的均衡状态。于是，$\alpha=\alpha^*$。对式 (5.21)、(5.22) 进行一阶求导，得到

$$
\begin{aligned}
\frac{\mathrm{d}q_2^{M1}}{\mathrm{d}\beta} &= -\frac{S'}{S''}\\
\frac{\mathrm{d}q_1^{M1}}{\mathrm{d}\beta} &= \frac{1-\alpha^*}{\alpha^*}\frac{S'}{S''}
\end{aligned}
$$

福利水平为

$$
\begin{aligned}
W^{M1}(\beta) &= \alpha^*(S(q_1)-T_1)+(1-\alpha^*)(\beta S(q_2)-T_2)\\
&\quad -(1+\lambda)\{\theta[\alpha^* q_1+(1-\alpha^*)q_2]-\alpha^* T_1-(1\\
&\quad -\alpha^*)T_2\}\\
&= (1-\alpha^*)(\beta-1)S(q_1)-(1+\lambda)\{[\alpha^* q_1\\
&\quad +(1-\alpha^*)q_2]-S(q_1)-(1-\alpha^*)\beta(S(q_2)-S(q_1))\}
\end{aligned}
$$

于是有 120

$$
\begin{aligned}
\frac{\mathrm{d}W^{M1}(\beta)}{\mathrm{d}\beta} &= (1-\alpha^*)S(q_1)+(1-\alpha^*)(\beta-1)S'\frac{\mathrm{d}q_1}{\mathrm{d}\beta}\\
&\quad +(1+\lambda)(1-\alpha^*)(S(q_2)-S(q_1))\\
\left.\frac{\mathrm{d}^2W^{M1}(\beta)}{\mathrm{d}\beta^2}\right|_{\beta=1} &= 2(1-\alpha^*)S'\left.\frac{\mathrm{d}q_1}{\mathrm{d}\beta}\right|_{\beta=1}+(1+\lambda)(1-\alpha^*)S'\left[\left.\frac{\mathrm{d}q_2}{\mathrm{d}\beta}\right|_{\beta=1}\right.
\end{aligned}
$$

$$
\begin{aligned}
&\left.-\frac{\mathrm{d}q_1}{\mathrm{d}\beta}\right|_{\beta=1}\Big] \\
&=[2(1-\alpha^*)-(1+\lambda)(1-\alpha^*)]\frac{1-\alpha^*}{\alpha^*}\frac{(S')^2}{S''} \\
&\quad-(1+\lambda)(1-\alpha^*)\frac{(S')^2}{S''} \\
&=\frac{1-\alpha^*}{\alpha^*}(2\alpha^*-1+\lambda)\frac{S'^2}{(-S'')}
\end{aligned}
$$

因为，当 $\beta=1$ 时，所有情形下的福利水平都是一致的，如果能满足下述条件，那么在 $\beta=1$ 的邻近状态下，混同契约的福利水平就会更高：

$$
\begin{aligned}
&\frac{(1-\alpha^*)^2}{1+\lambda}+\frac{\alpha^{*2}}{1+\lambda}>(2\alpha^*-1)\frac{[1-(1+\lambda)\alpha^*]}{(1+\lambda)(1-\alpha^*)} \\
&+\lambda\frac{\alpha^*}{1-\alpha^*}+(2\alpha^*-1+\lambda)\left(\frac{1-\alpha^*}{\alpha^*}\right)
\end{aligned}
$$

综上所述，我们看到，当 λ 比较大而且 α^* 取值接近于 1 时，政治歧视是一种较好的策略。而当 α^* 取值接近于 1/2 且 λ 较小时，混同契约是占优策略。

附录 A.5.2　一个例子

我们考虑一个只有两位代理人的经济体，这两位代理人在公共品决策方面有着不同的偏好。每个代理人都可以看作是一大批想法相近的选民的代表。每期都要决定一个公共品的供给水平。代理人 1 的偏好可以表现为效用函数

121

$$
\theta_1 q-\frac{q^2}{2}+t_1
$$

其中，q 为公共品的数量（简单起见，公共品的成本内嵌在效用函数中，或者直接假设为 0），t_1 为私人物品（即货币）的数量，偏好参数 $\theta_1\in[\underline{\theta},\bar{\theta}]$，这个参数代表的是代理人所拥有的私人信息。[①]

每一期，θ_1 都会以累积分布函数 $F(\cdot)$ 的概率分布，从 $[\underline{\theta},\bar{\theta}]$ 中取值，且规则性条件 $\frac{1-F(\theta)}{f(\theta)}$ 非增。

---

① 附录部分中，我们例外考虑一个类型连续分布的情况。不熟悉相关技术问题（参见格斯奈里和拉丰（Guesnerie and Laffont，1984））的读者可以将激励约束的特征当作是给定的。

类似地，代理人 2 的偏好可以表示为

$$\theta_2 q-\frac{q^2}{2}+t_2$$

其中 θ_2 的取值（独立于 θ_1）也按 $F(\cdot)$ 的概率分布取值。

有效的公共决策规则定义为

$$q^*(\theta_1,\theta_2)=\frac{\theta_1+\theta_2}{2}$$

在这个显然非常简单的经济体中，民主规则概括为这样一个事实，每一期内，代理人 1（或者是代理人 2）控制政府及公共品决策的概率为 1/2。[①]

不存在折现因素，并且控制政府的“大多数”会尊重制度规则，这里的宪政规则是指所谓“反对党”的个体理性（IR）约束必须保留。

我们首先来看完全信息条件下会发生什么事情。

如果类型 1 的代理人掌握了控制权（即类型 1 为大多数），他会在类型 2 的代理人效用水平非零[②]的约束条件（即 IR 约束）下，最大化自身的效用水平，即

$$(\text{I})\quad \max_q \quad \theta_1 q-\frac{q^2}{2}+t$$ 122

$$\theta_2 q-\frac{q^2}{2}-t\geqslant 0 \tag{5.25}$$

式（5.25）为 IR 约束条件。我们将转移支付写成一种特殊形式，从而能够反映出这样一个事实，只要公共品的决策选择能够满足代理人 2 的 IR 约束条件，那么代理人 1 就拥有控制权，并且能支付给代理人 2 一定量的私人物品。

计划（Ⅰ）的解为

$$q^{CI}(\theta_1,\theta_2)=\frac{\theta_1+\theta_2}{2} \tag{5.26}$$

$$t^{CI}(\theta_1,\theta_2)=\theta_2 q^{CI}(\theta_1,\theta_2)-\frac{[q^{CI}(\theta_1,\theta_2)]^2}{2} \tag{5.27}$$

当代理人 1 掌握权力时，代理人 2 的预期效用为 $U_2^{M1}=0$，代理人

---

① 民主交替变更可以反映出两个群体数量上很小的随机的变动，在福利分析中，这些变动可以忽略。

② 我们假设只有当双方参与的情况下，公共计划才有可能付诸实践。

1 的预期效用为

$$U_1^{M1}=E_{\theta_1,\theta_2}\left\{\theta_1 q^{CI}(\theta_1,\theta_2)-\frac{[q^{CI}(\theta_1,\theta_2)]^2}{2}+t^{CI}(\theta_1,\theta_2)\right\} \tag{5.28}$$

将式（5.26）、（5.27）代入式（5.28）得

$$U_1^{M1}=(E\theta)^2+\frac{1}{2}Var\theta \tag{5.29}$$

其中

$$E\theta=\int_{\underline{\theta}}^{\bar{\theta}}\theta\,\mathrm{d}F(\theta),Var\theta=\int_{\underline{\theta}}^{\bar{\theta}}(\theta-E\theta)^2\mathrm{d}F(\theta)$$

根据对称性，我们有

$$U_1^{M2}=0,U_2^{M2}=(E\theta)^2+\frac{1}{2}Var\theta$$

最终，每个代理人的预期效用均为

$$\frac{1}{2}(E\theta)^2+\frac{1}{4}Var\theta$$

123 图 5—3 概括了上述分析。

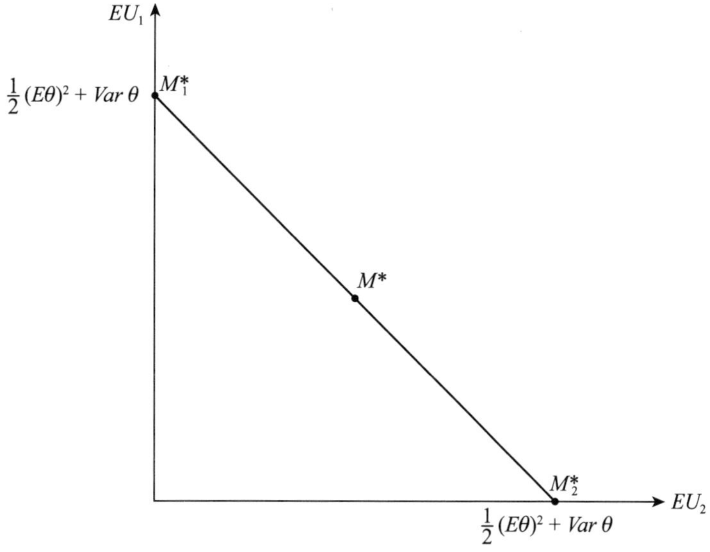

图 5—3

M_1^*（相应的，M_2^*）表示代理人 1（相应的，代理人 2）掌握权力时的预期效用水平。请注意，这里的关键之处在于，M^* 位于完全信息条件下事前的帕累托最优边界上。它对应着代理人完全对称情形下最有效率的公共决策。在这样的一个世界中，民主规则所造成的资源配置上的波动（此处严格限定为转移支付上的波动）是没有社会成本的。

我们现在假设，当代理人 1 掌握权力时，他并不知道代理人 2 的偏好。显示原理告诉我们，将代理人 1 的政策选择范围限制在一组显示机制中，无损于分析的一般性。也就是说，公共品决策函数 $q(\theta_1, \theta_2)$ 和转移支付函数 $t(\theta_1, \theta_2)$，可以在贝叶斯均衡状态下真实反映代理人 2 的偏好。

于是，代理人 1 的最佳政策就是在代理人 2 的激励和 IR 约束条件下，最大化他自己的（关于 θ_2 的）预期福利函数。我们首先对这些约束条件求导：

$$\hat{U}_2(\theta_2,\tilde{\theta}_2) = E_{\theta_1}\left[\theta_2 q(\theta_1,\tilde{\theta}_2) - \frac{[q(\theta_1,\tilde{\theta}_2)]^2}{2} - t(\theta_1,\tilde{\theta}_2)\right]$$

是当代理人为 θ_2 类型并且在显示机制 $q(\tilde{\theta}_1, \tilde{\theta}_2)$，$t(\tilde{\theta}_1, \tilde{\theta}_2)$ 下如 124
实告知他为 θ_2 类型时，代理人 2 的预期效用。

令 $U_2(\theta_2)=\hat{U}_2(\theta_2,\theta_2)$，也就是他说真话时的效用水平。

激励相容的一阶导数告诉我们，代理人 2 的效用水平的增长率 $\dot{U}_2(\theta_2)$，等于公共品决策的预期水平：

$$\dot{U}_2(\theta_2) = E_{\theta_1} q(\theta_1,\theta_2)$$

在代理人 2 提供的信息所构成的具体运用（即公共品决策）和为了使他说真话所必须放弃的租金这两者之间，存在着必然的联系。

激励相容的二阶导数为公共品的决策函数施加了一个信号约束条件，如果两个代理人的目标相差不是太远的话，这个约束条件就不要紧：$E_{\theta_1} q(\theta_1, \theta_2)$ 非减。

IR 约束①为

① 这个 IR 约束条件是一个中间步骤的约束条件，即在代理人 2 得知自身的私人信息且尚未得知代理人 1 的信息之前的约束条件。

对任意 $\theta_2 \in [\underline{\theta}, \bar{\theta}]$，有 $U_2(\theta_2) \geqslant 0$

代理人 1 的最优化方案可以被写作[①]（注意 $t=E_{\theta_1}\left(\theta_2 q-\frac{q^2}{2}+U_2\right)$）

$$\max_{q(\cdot,\cdot)} E_{\theta_1,\theta_2}((\theta_1+\theta_2)q(\theta_1,\theta_2)-[q(\theta_1,\theta_2)]^2-U(\theta_2))$$

约束条件为

$$\dot{U}_2(\theta_2)=E_{\theta_1} q(\theta_1,\theta_2)$$

对任意 $\theta_2 \in [\underline{\theta}, \bar{\theta}]$，有 $U_2(\theta_2) \geqslant 0$

$E_{\theta_2} q(\theta_1, \theta_2)$ 非减

这个问题[②]的解为：

125

$$q^{M1}(\theta_1,\theta_2)=\frac{1}{2}\left[\theta_1+\theta_2-\frac{(1-F(\theta_2))}{f(\theta_2)}\right]$$

于是有

$$\dot{U}(\theta_2)=\frac{1}{2}E_{\theta_1}\left[\theta_1+\theta_2-\frac{(1-F(\theta_2))}{f(\theta_2)}\right]$$

$$U_2^{M1}=E_{\theta_2}U_2(\theta_2)=\frac{1}{2}\int_{\underline{\theta}}^{\bar{\theta}}\int_{\underline{\theta}}^{\bar{\theta}}\left[\int_{\underline{\theta}}^{\theta_2}\left(\theta_1+\tilde{\theta}_2-\frac{(1-F(\tilde{\theta}_2))}{f(\tilde{\theta}_2)}\right)\mathrm{d}\tilde{\theta}_2\right]\mathrm{d}F(\theta_2)\mathrm{d}F(\theta_1)$$

$$U_1^{M1}=E_{\theta_1,\theta_2}[(\theta_1+\theta_2)q^{M1}(\theta_1,\theta_2)-[q^{M1}(\theta_1,\theta_2)]^2]-U_2^{M1}$$

特别是

$$U_1^{M1}+U_2^{M1}=(E\theta)^2+\frac{1}{2}Var\theta-E\left\{\frac{1}{4}\left(\frac{(1-F(\theta))}{f(\theta)}\right)^2\right\}$$

根据对称性，有

$$U_1^{M2}=U_2^{M1},\quad U_2^{M2}=U_1^{M1}$$

因为 $U_1^{M1}+U_2^{M1}<(E\theta)^2+\frac{1}{2}Var\theta$，对应着群体 1 占多数时预期效用的配置方案 M_1，现在低于完全信息条件下的帕累托边界。

---

① 这里，我们假设多数群体 1 在得知他们的私人信息参数之前就选择出机制。然而，在各代理人知悉信息之后，这个机制才付诸实施。

② 我们对 F（·）和 $[\underline{\theta}, \bar{\theta}]$ 进行假定，使得 q^{M1} 总为非负。而且，我们还可以在公共品供给实现时，在效用函数中加上一个常数，以确保在所选择的概率设定下，IR 约束条件总能得到满足。

代理人 1 的总预期效用为

$$\frac{1}{2}U_1^{M1}+\frac{1}{2}U_1^{M2}=\frac{1}{2}(U_1^{M1}+U_2^{M1})$$

图 5—4 是对上述分析的概括。$M1$，$M2$ 分别代表着群体 1 占多数和群体 2 占多数时预期的效用配置，M 为其平均值。相比完全信息条件下的帕累托边界，不完全信息产生了一个损失：

$$A(\theta)=(E\theta)^2+\frac{1}{2}Var\theta$$

$$B(\theta)=A(\theta)-\frac{1}{4}E\left(\frac{1-F(\theta)}{f(\theta)}\right)^2$$

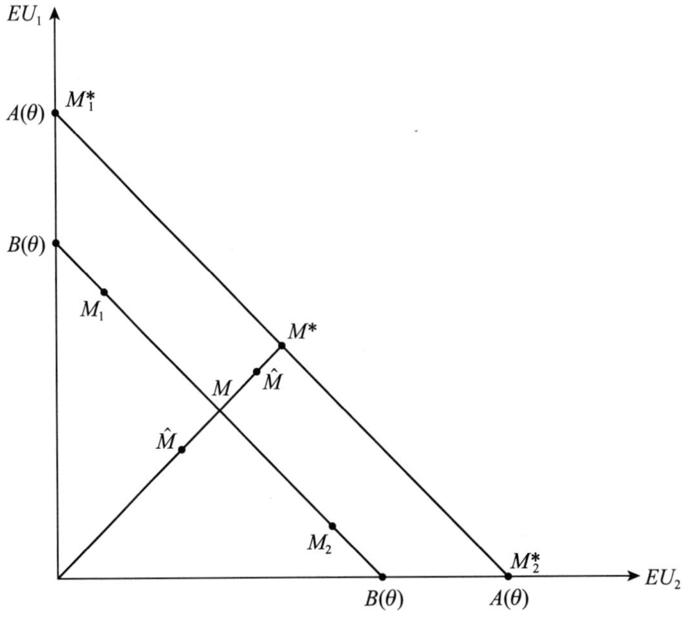

图 5—4

将官僚规则定义为

$$q=E\frac{\theta_1+\theta_2}{2}$$

且没有使事前社会福利最大化的转移支付，也没有留给政治家任何自由裁量权，于是有：

126 $$EU_1 + EU_2 = (E\theta)^2$$

图 5—4 中的 $\hat{M}$ 代表联合预期效用配置。$\hat{M}$ 既可能是帕累托占优，也有可能是 M 比帕累托占优，依据是下面的命题。

命题 5.4　如果满足下列条件，则官僚规则比民主政治歧视更具有优势

$$Var\ \theta < E\,\frac{1}{2}\left(\frac{(1-F(\theta))}{f(\theta)}\right)^2$$

$Var(\theta)$ 衡量不对称信息的重要性，如果这个值不是特别大，那么对私人信息不负责但是能避免多数决策的额外波动的官僚规则，比起信息更为充分的民主决策规则而言，更具有优势。

在不完全信息下，无论是民主规则生成的配置方案还是官僚规则生成的配置方案，都不应该与完全信息条件下的帕累托边界进行比较。相应的对比基准应当是激励约束条件下的帕累托边界，我们称之为激励帕累托边界，推导过程如下。正是这个边界的凸性使得
127 在不灵活的规则（对信息不敏感）和具有社会成本风险的政治上的自由裁量权之间进行权衡成为可能。

我们称之为激励帕累托边界的边界，是激励约束下的事前帕累托边界，这个边界是根据 δ 的取值在［0，1］上的变化，由下式决定的：

$$\max_{q(\cdot,\cdot)} E_{\theta_1,\theta_2}\left[\delta\left((\theta_1 q - \frac{q^2}{2} + t\right) + (1-\delta)\left(\theta_2 q - \frac{q^2}{2} - t\right)\right]$$

约束条件为

$$\dot{U}_1(\theta_1) = E_{\theta_2} q(\theta_1, \theta_2)$$

$$\dot{U}(\theta_2) = E_{\theta_1} q(\theta_1, \theta_2)$$

$$U_1(\underline{\theta}) \geqslant 0$$

$$U_2(\underline{\theta}) \geqslant 0$$

且

$$U_1(\theta_1) = E_{\theta_2}\left\{\theta_1 q(\theta_1, \theta_2) - \frac{[q(\theta_1, \theta_2)]^2}{2} + t(\theta_1, \theta_2)\right\}$$

$$U_2(\theta_2) = E_{\theta_1}\left\{\theta_2 q(\theta_1, \theta_2) - \frac{[q(\theta_1, \theta_2)]^2}{2} + t(\theta_1, \theta_2)\right\}$$

如果 $\delta>1/2$，社会福利函数中 t 的系数为负。结果就是，代理人 2 的 IR 约束有约束力，而代理人 1 的 IR 约束则没有约束力。最优化方案可以重新写成

$$\max_{q(\cdot,\cdot)} E_{\theta_1,\theta_2}\left[(\theta_1+\theta_2)q-q^2-\frac{2\delta-1}{2\delta}U_2(\theta_2)\right]$$

约束条件为

$$\dot{U}_2(\theta_2)=E_{\theta_1 q}(\theta_1,\theta_2)$$
$$U_2(\underline{\theta})=0$$

最优公共决策规则为

$$q(\theta_1,\theta_2)=\frac{1}{2}\left[\theta_1+\theta_2-\frac{(2\delta-1)}{2\delta}\frac{1-F(\theta_2)}{f(\theta_2)}\right]$$

而且，当 $\delta>1/2$ 时，有个对称解。当 $\delta=1/2$ 时，两个代理人的 IR 约束条件都没有约束力，并且实行的是最有效率的公共决策。

激励帕累托边界由图 5—5 中的曲线 M_1M_2（虚线部分）表示。 128

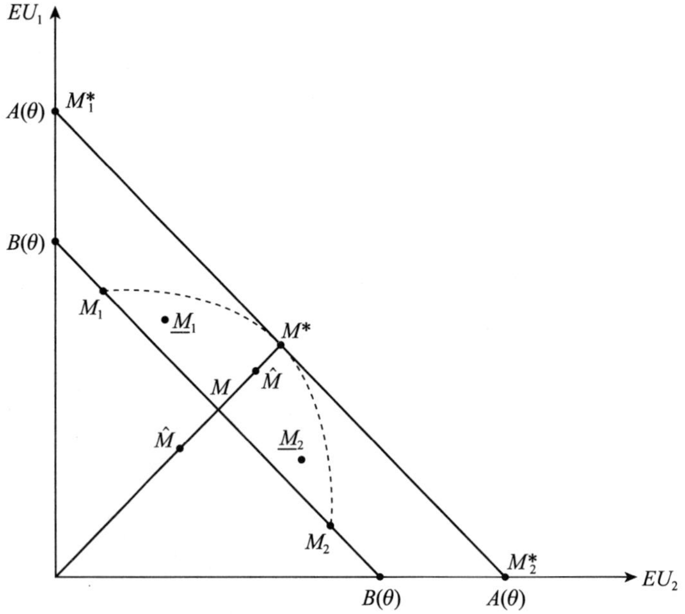

图 5—5

因此，我们看到，不对称信息使帕累托边界变得更凸了。决策过程中的波动带来的社会成本正是由此而生，而并不符合激励帕累托效率的官僚规则具有潜在优势，其原因也正在于此。

目前为止，我们一直假设每个多数群体都在得到私人信息之前就开始选举机制了。假设与此相反的一种情况，即这样的选举在中间步骤发生。我们现在就面临着一个知情委托人的问题，而且我们必须考虑占统治地位的多数群体在提供机制的同时所传递的信息。从马斯金和梯若尔（Maskin and Tirole，1990）的分析中我们知道，这就相当于代理人知道多数群体的特征时的情形。当多数群体为类型 1 时，代理人 2 的 IR 约束条件就改变了，从一个中间步骤的约束条件变成了一个事后的约束条件。

对于任何 θ_1，θ_2，均有 U_2（θ_1，θ_2）$\geqslant 0$。

然而，很显然，这并没有改变决策规则，并且由于代理人 2 关于 θ_1 的效用函数是线性的，预期的效用水平甚至都没有改变。因此，信息传递是无害的。

129

第 6 章　政治经济学及边际成本定价的争论

最好的关税应该是这样的：让沿着某条商路行商的旅者从他所得的收益中，拿出一定比例的钱来支付关税。

这样的关税，其影响显而易见：一是相比原来完全不收取通行费用而言，这种关税尽可能地降低了对旅行者数量的负面影响；二是关税的收取，为公共设施的建设提供了资金支持。

不用说，就连我自己也不相信现实世界中能够实行这种出自自愿的关税，现实世界中几乎所有商贩都会采取不诚实的行为，这就是自愿型关税无法逾越的一个障碍。但是，虽然在现实世界中实行的是强制型关税，它却应当尽量模拟这种自愿型关税。

——杜比（Jules Dupuit，1849），第 223 页

6.1　引言

在一篇经典的计量经济学论文中，霍特林（Hotelling，1938）在考虑商品之间的相互关系后，提出了一个公式，能够恰当地衡量当定价偏离边际成本定价且偏离程度极小时，产生的社会成本有多高。他总结了杜比（Dupuit，1844）和马歇尔（Marshall，1890）的文献，并做了更多的研究。他支持对较大固定成本以及报酬递增的行业进行边际成本定价。

这一主题有着革命性的含义，例如在电力和铁路领域，社会可以敦促企业大幅度降低收费标准，用收入和遗产税以及土地价款所得来向企业支付补贴，从而代替企业的收入与成本。

——霍特林（1939），第 151 页

130 霍特林在文章的引言中含蓄地提到，杜比支持边际成本定价。整整一代经济学家都认为边际成本定价是理所应当的，从未质疑过根据边际成本对商品定价，以及用一般预算的资金来弥补赤字的做法。艾克隆（Ekelund，1968）却提出杜比从未支持过边际成本定价，并且做出了令人信服的阐释。① 实际上，从亚当·斯密（Adam Smith，1776）到埃奇沃思（Edgeworth，1913），大部分经济学大师都警告过用一般预算的资金来弥补赤字的风险。亚当·斯密（1776）就此做出了说明：

公共工程的支出没有必要一定来自于政府的经常性收入……用这些工程自身能产生的收入来弥补其开支，是一种更容易的管理方法。

---

①　根据艾克隆的论证，杜比明显反对在补贴过程中施加政治影响的空想。他之所以持反对意见，主要是因为他坚信，政治上选择哪些项目应该得到补贴，不应当以经济标准为基础。杜比清楚地看到，一条路在不收取通行费的时候，才能发挥它的最大作用：

“对于一条商路而言，在不收取任何通行费用时，它才发挥了最大功用。”第 247 页。（原文为法语。——译者注）

然而，他也明白，在融资过程中，会产生无谓损失：

“自然而然地，按照这种思路考虑，为了回答这个简单的关于是否应该征收通行费的问题，就应该去考察有哪些新税种或是税率的增加能够替代通行费，以及这些措施能够带来什么样的影响。”第 247 页。（原文为法语。——译者注）

埃奇沃思（1913）将杜比的观点整理成了一个正式的理论。

——第 682 页，1937 年版

看起来，亚当·斯密似乎是要建议将价格设定在与边际成本成比例的水平，以此来弥补成本，这就是我们法国人称为阿莱法则（Allais rule）的定价思路。

当车辆……需要按照其重量或吨数的一定比例来支付通行费时，事实上，它们就是按照公共工程损耗的比例来付费的。

——第 683 页

但最有意思的，还是亚当·斯密推行这个建议时给出的一系列原因，其中一个主要的原因是跟信息相关的：

公路、桥梁和运河等等，如由利用它们的商业来建造和维持，那么，这种工程，就只能在商业需要它们的地方兴建，因而只能在宜于 131
兴建的地方兴建。

——第 683 页①

当然这不是十分准确②，然而下一个政治经济学的论断却让人不得不同意。

宏壮的大道，断不能在无商业可言的荒凉国境内建造，也断不能单为通达州长或州长所要献媚的某位大领主的乡村别墅而建造。同样的，不能在无人通过的地方，是单为增益附近宫殿凭窗眺望的景致，就在河上架设大桥。

——第 683 页③

亚当·斯密心里很清楚，公共工程的决策程序必然要涉及授权问题，因此，他担心在将定价规则授权给决策者的过程中所引发的激励问题。需要说明的是，亚当·斯密并没有质疑行政权力本身的积极性，因为他必须依靠行政权力的积极性，才能通过三级价格歧视来实现恰当的再分配政策。

如果以重量为标准，对极尽奢华的车辆和对四马大马车、驿递马车等等所课的通行税，略高于对不可缺少的车辆如二轮运货马车、四轮马车等等所课的税，那就可使懒惰与虚荣的富人，不觉困难地对贫民的救济有所贡献。

---

①③ 《国民财富的性质和原因的研究》（下卷），亚当·斯密著，郭大力、王亚南译，286 页，1974 年 6 月第 1 版。——译者注

② 这是一个充分但不必要测试。

——第 683 页[①]

瓦尔拉斯（Walras，1897）基本上认同亚当·斯密的观点：

国家的干预可以采取两种形式，一种是由国家自己来垄断，另一种则是对企业组织进行改造，使其能够无损失无收益地运营。

在多产品情况下，固定成本分摊并不明确：

铁路的垄断应当完全由国家或者是其代理机构以成本价来实施。

132 不过瓦尔拉斯提到了 J. B. 萨伊（J. B. Say，1840）的观点，萨伊将交通设施（如公路或运河等）认定为公共品，继而在一个特殊的例子[②]中提出了边际成本定价（价格为零）。瓦尔拉斯同样认为交通设施也可以提供某些公共品，从而解释了补贴存在的合理性。

霍特林注意到了一系列关于边际成本定价的批评，但是对这些批评，他并不以为然，理由如下：

第一，弥补赤字对财富分配带来的影响是不确定的。霍特林认为边际成本定价原则可以运用到许多不同的项目中，而且

随机分配应该可以保证利益的分配，使得大部分国人能够受益。

——霍特林（1939），第 259 页

第二，在对 R. 弗里希（R. Frisch，1939）的回答中，霍特林（1939）的观点与 A. 勒纳（A. Lerner，1937）一致，他承认，他想用来弥补赤字的所得税“是许可证税的一种，征税对象实质上是为获取财富所付出的努力和等待，因此这在一定程度上是令人反感的，因为它影响到了工作与闲暇的选择”。

如果这是一个真实的问题，霍特林认为土地税以及某些外部性税种是一个很好的解决办法，“公共收入应当主要来自于对土地及其他稀缺物品的租金所征收的税、遗产税和偶然所得税，以及可以减少社会

① 《国民财富的性质和原因的研究》下卷第 286 页，亚当·斯密著，郭大力、王亚南译，1974 年 6 月第 1 版。——译者注

② 萨伊的想法的动机之一就是等于平均成本的价格有时候并不足以平衡某些项目的预算，哪怕这些项目对于社会来说都很有用：

“运河的建造成本，哪怕是那些根本无法节约的成本，都有可能是非常高昂的。日常航行权的费用甚至都负担不起前期投入资金的利息，而这些航行权日后所能带来的收益却会远远高于前期投入资金的机会成本。在这种情况下，如果国家想让自己的国民享用公共设施所带来的好处的话，那么它就应当为这些建设提供无利息的资金支持，自己负担起这部分利息成本。”（原文为法语。——译者注）

不良消费的税”。

霍特林的论断是建立在存在某种程度的一次性总付税收前提下的。实际上，公共资金的社会成本不可忽略，这个比重在发达国家是 0.3 左右，在发展中国家则在 1 以上。对于边际成本最根本的批评在于，即便已经征收了土地税和其他类似外部性税种，政府的财政需求仍然无法得到完全满足，短缺部分仍然要靠那些扭曲性的税收收入来满足，在这一点上，即便是边际成本定价最大的拥护者们，如 W. 维克里（W. Vickrey）等人，也不能否认。次优的选择是采用拉姆齐定价（Ramsey pricing）方式，但是却无法避免信息困境，如价格弹性、“挑奶皮（cream skimming）”（一种集中于高收益业务的商业运营方式）或其他一些旁门左道。 133

霍特林考虑到的第三个主要的批评来自于这样一个事实，即我们很有必要去探究，一个项目的产生是否是一个明智的社会政策，有时候，在资金有限的情况下，我们还需要在一系列可能的投资项目中选出有限的几个项目进行投资。对此，他作出了回应，但是却忽略了激励和政治方面的问题。

> 当修建新铁路，或建造大型工业，或更新旧设备时，我们面临的不是一个历史问题，而是一个数学或者经济问题……这将需要经济学家、统计学家及工程师共同进行需求和成本函数的研究，有时候为了获得这些函数的信息，还需要进行大量的实验。
>
> ——第 269 页

很显然，霍特林的思路框架仍然属于仁慈的社会最大化范式，在这一范式中，仁慈的决策者可以通过进行社会实验获得所需信息。对此，有两类批评意见，霍特林虽然考虑到了，却没有作出实质性的回应。一类批评意见是，不完全信息使得一次性总付税收是无效的，我们不得不做出次优选择，选择拉姆齐定价。这样一来，又产生了另一类批评意见，现实中的决策者很有可能缺少范式中所需要的仁慈的精神，从而使得拉姆齐定价下的次优状态也未必能成立。

上述的介绍给我们留下了很多问题。第一，在用公共资金弥补赤字时，选择边际成本定价政策的思想源头究竟在哪里？第二，边际成本争论的内容是什么？第三，今天的我们在研究关于边际报酬递增行业的定价规则时，该如何讨论这其中所涉及的激励和政治经济学问题呢？为简单起见，我们将讨论范围限于自然垄断的情形。在后面的章节中，我们将依次讨论上述问题。

134 6.2　边际成本定价法则

在谈到边际成本定价法则的起源时，熊彼特（Schumpeter）认为这归功于德国经济学家劳恩哈特（W. Launhardt，1885）：

劳恩哈特的著作中……包含着这样一个法则：当铁路的收费不高于其所谓的边际成本时，铁路所能带来的社会优势将会最大化。他在讨论政府所有制问题时，其论述也正是基于这一法则。由此产生另一条法则，即所有的开销均应当来自于政府的一般性收入。在霍特林教授独立发现这条法则后，如今，我们对它的讨论已经很多了。

——熊彼特（1954），第 948 页。

这种观点还有另外一条理论渊源，来自于对马歇尔（Marshall）观点的争论，马歇尔认为，对规模报酬递减行业应当征税，对规模报酬递增行业则应当予以补贴。

庇古（Pigou，1952）对于马歇尔的建议给出了一个前提条件：

假设通过很少的几次转移支付就可以筹集到进行补贴所需的资金，而且这个过程不会对企业的生产造成任何直接的伤害。

——第 224 页

庇古还说道：

那些结果……仅仅是纯理论的结果。

——第 226 页

庇古继而提出了在决定规模报酬的类型时会遇到的实践困境（即空箱争论，the empty boxes controversy），他并没有给出解决之道，但寄希望于未来经济学家能够通过统计手段填满空箱。J. 罗宾逊（J. Robinson，1934）曾厘清了这些相当令人困惑的讨论。

一个最明显的例子就是一个平均成本不断下降，而其运营收入仅仅以能弥补其成本为准的铁路系统……归根到底，所有的问题都根源于这样一个困境，对于任何一个平均成本持续下降的企业来说，都不可能将价格设定在某一水平，从而既能弥补成本，又能使边际效用与企业边际成本相等的消费者来购买产品。不过，如果对这些企业进行补贴，这一困境就迎刃而解了。但是，这些补贴是否是合意的，是否是可行的，这就是另外一个问题了。

有关社会主义的争论，使得边际成本定价和用公共资金弥补赤字 135
的想法更为人们所熟悉了（O. 兰格与 F. 泰勒（Lange and Taylor，1938），A. 勒纳（Lerner，1937））。所谓公共产权比私人产权有优势是由于压根没有考虑到补贴的问题。最后，W. 维克里（Vickrey，1948）对边际成本定价的政治经济学辩护很值得我们注意。

无论是私人运营还是公共运营，如果为了弥补全部的运营成本，而将价格设定在高于边际成本的水平，那么如何设定收费水平，使得在尽可能减少资源误配的同时又能弥补运营成本，这个问题的答案充其量也就是要求在实践过程中保持非常精准的判断，哪怕是在一个完全没有竞争性利益的环境中也是如此。而且，在实际情况中，存在着各个利益集团之间的竞争，这种竞争使得达到一个接近最佳解决方案的状态变得更加困难。

不确定性往往会导致这样的情况，即决策过程很容易以政治利害为先……只有将收费标准设定在等于边际成本的水平上，政治利害方面的考虑才有可能被排除在外。

W. 维克里还提出另外一个有关放松管制的非常现代的观点：

在某些领域，社会会感觉到有必要在法律上限制竞争，这样一来就会在事实上形成公共垄断。现实生活中，只要必须要用收入来弥补成本，那么为了防止“挑奶皮”和收入受损，或是为了避免不经济的重复提供服务，限制私人竞争者就会被看成是十分必要的做法。而企业将收费标准设定在边际成本的水平上，同时由政府对其补贴来弥补其成本，这种限制竞争的必要性就会大大降低了。

然而，如果让收费标准等于边际成本，那么这种限制就既不必要，也不会受欢迎了。

6.3 弗里希的评论 136

弗里希对霍特林论文的批评非常有意思。在前文中我们提到霍特林的思考是以仁慈的社会最大化为基础的。弗里希的评论中，运用了一个精妙的模型，充分发挥了逻辑的优势，将研究向前推进得更远。也正是在这个模型中，弗里希（Frisch，1939，第 145 页）的想法与卡恩（Kahn，1935）一样，他指出：

> 唯一相关的问题是，许可证税与产品的税前价格是否相称。正是那些不相称的许可证税导致了满意度下降。

接下来，他指出，霍特林一直在考虑零测度的情形中，会有其他系统的连续统导致同样的结果：

> 这一结果最重要的特征就在于告知个人，在任何情况下他的所得税将会随着其他因素的变动进行调整，但是他的总税收总是等于 t（即保持不变）。

随后：

> 存在着同样好的其他极限情形，即许可证税与税前价格是成比例的。

弗里希其实是说，在许可证税和所得税之间这些能使消费者价格成比例，并且带来相同总收入的各个税种，从本质上而言是等同的。霍特林对此的回应也很有意思，他认同弗里希的逻辑思路，但是对弗里希在模型之外信息背景方面所设定的其他系统，霍特林则提出了批评意见，包括许可证税的逃税问题、对所有商品征税的困难以及所得税非线性征收的可能性等几个方面。

在维克里 1987 年发表的《新帕尔格雷夫》论文中，他用了 40 多页的笔墨来讨论边际成本定价，他承认，这一问题具有次优性质，也承认有必要将公共资金筹集过程中的边际成本纳入考虑范围。边际成
137 本定价连同用公共资金弥补赤字都必须要考虑到这个成本。霍特林想到的第二个批评意见是测试项目是否有效的必要性。在这里我们提出两个问题：第一，假如成本不能被完全知晓，那么最优的定价方法是什么？这也是科斯（Coase，1946）提出的主要观点。第二，如果存在补贴，就必须考虑寻租问题。正如维克里（1987）提到的：

> 试图避免补贴的一个原因是，如果代理人符合领取补贴的条件，那么管理层面临的保持有效率运营的压力就会大大减少，管理层的努力方向也会从控制成本转向寻求更高的补贴。

这样一来，就产生了向自筹资金项目回归的倾向：

其实，给补贴建立起一个能够对企业面临的压力产生最低影响的基础，上述的影响是可以减小的。但是，这种方法在保持对成本控制的激励时，并不见得会像直接要求项目财务上实现自主运营来得那么有效。

这些历史的争论说明了，针对边际成本定价主要有两大批评。第一个批评是，公共资金的社会成本是不可忽略的，而且会产生某种形式的拉姆齐定价。而这样的定价方法就带来了信息方面的问题。[①] 更重要的是，拉姆齐定价会带来政治操纵价格弹性的可能性，也会产生为了避免“挑奶皮”行为而采取准入控制（有被俘获的可能性）的需要。第二个批评则关于对固定成本的政治操纵，这可能会导致无效的决策。

这样看来，有两种态度可能出现。一是坚持纯理论，认定不对称信息需要拉姆齐定价，或者是拉丰与梯若尔（1993）提出的其他一般版本。另一种态度是以政策为导向的，所考虑的因素中包含了政治上的约束条件，即具有一定自由裁量权的政治家一定会要求管 138
制性质的定价规则，因为此时的宪政是一种不完全契约，不能很好地控制他们。

这样一种关于定价的政治经济学是很有必要的。很显然，各式各样的定价规则会对不用类型的政治影响力十分敏感。而在每一种政策情形下，一个完整的理论都要考虑那些与之关联最为紧密的自由裁量权维度。政策的结论会因不同国家、产业而产生不同的结果，概括说来，它们是对两方面考量的权衡，一方面是边际成本定价或是拉姆齐定价衍生出的定价规则所导致的无效性，另一方面则是随之而来的政治扭曲效应。

一些学者，如弗里希（1970）则认为发展这样的理论在政治上是不正确的。在关于政治家以及政治家和经济学家之间的关系方面，弗里希的观点仍然是理想主义的。在他的诺贝尔演讲中，他呼吁经济学家和政治家进行合作：

这对于澄清政治当局的真实目的非常重要。

随后，他描述了当局与专家之间的对话：

---

① 拉丰与梯若尔（1996）提出，应对这些信息问题最好的办法是通过设定最高限价，并加入利润分享机制，将定价权授权给企业。

专家礼貌地结束谈话：尊敬的阁下，对于您所坚持的事情，我很抱歉地告诉您，鱼与熊掌不可兼得。您是一位智者，一定会明白偏好问题中所蕴涵的哲理。

从纯理论的世界到公共决策领域的转换，必须要考虑到利益集团和政治家的私人目的，这也正是弗里希的愿望。接下来的两小节是迈向有关定价规则的政治经济学的第一步[①]，其中所暗含的经济学家与政治家之间的关系，则与弗里希的观点相去甚远。

6.4　斯密、埃奇沃思与霍特林

以经济参数为基础建立利益集团俘获租金的函数模型，激励经济
139 学已经为此提供了必要的工具。因此，这是政治经济学的一个必要投入，我们通常将其描述为租金再分配的博弈。现在，我们会给出一些政治博弈方面的简单的例子，讨论自然垄断中宪政在定价规则方面的选择。

我们之前已经提到过，亚当·斯密曾提出按一定比例提高边际成本，从而弥补总成本的做法。埃奇沃思（1913）则建议运用价格歧视，以较少的效率扭曲同样达到弥补成本的目的。[②] 这两种定价规则，对于多数投票规则下的效率扭曲和项目的实施，都有着不同的含义。

我们考虑一个生产 q 单位私人物品的自然垄断，其成本函数如下：

$$C = \theta q + K \tag{6.1}$$

和第 5 章中一样，消费者由两种类型构成，类型 1 所占比例为 α，关于垄断者所生产的产品的效用函数为 $S(q)$，类型 2 的比例为 $1-\alpha$，其效用函数为 $\beta S(q)$，其中 $\beta>1$。有 π 的概率，变量 α 的取值满足 $\alpha^* > 1/2$，有 $1-\pi$ 的概率，其取值为 $1-\alpha^*$。这个例子中的政策选择

① 参见第 5 章中的 5.5 小节。

② “如果铁路不能根据服务成本原则规定的费率来收费，那么价格歧视是较好的方式。”（埃奇沃思）第 223 页。正如我们前面所看到的，杜比在为他的理想定价方法寻求一个近似方法时，也得出了类似的想法。

是决定生产水平以及自然垄断的融资决策。如果 $\alpha=\alpha^*$，类型 1 为多数群体，其政策决策会在制度约束下最大化类型 1 消费者的福利。同样，在 $\alpha=1-\alpha^*$ 时，类型 2 的消费者也会如此决策。

制度约束由不同的定价规则表示。首先考虑斯密的定价规则，用 q_i 来表示类型 i 消费者的消费水平，$i=1$，2。通过因子 δ 提高边际成本 θ，使这一定价水平所实现的收益能够弥补成本，从而达到预算平衡：

$$(\delta-1)\theta(\alpha q_1+(1-\alpha)q_2)=K \tag{6.2}$$

消费者效用最大化，有：

$$S'(q_1)=\delta\theta \tag{6.3}$$

$$\beta S'(q_2)=\delta\theta \tag{6.4}$$ 140

根据 α 值不同，即消费者类型比例的不同，q_1，q_2 与 δ 的解也不同。我们用一个上标 i，$i=1$，2，对不同多数群体下的解进行标注。

预期福利为：

$$\begin{aligned}W^S=&\pi\{\alpha^*[S(q_1^1)-\delta^1\theta q_1^1]+(1-\alpha^*)[\beta S(q_2^1)-\delta^1\theta q_2^1]\}\\&+(1-\pi)\{(1-\alpha^*)[S(q_1^2)-\delta^2\theta q_1^2]+\alpha^*[\beta S(q_2^2)-\delta^2\theta q_2^2]\}\end{aligned} \tag{6.5}$$

$q_1^1(\beta)$，$q_2^1(\beta)$，$\delta^1(\beta)$ 和 $q_1^2(\beta)$，$q_2^2(\beta)$，$\delta^2(\beta)$ 分别代表多数群体为类型 1 和 2 时，式（6.2）至（6.4）的解。将这些表达式代入 W^S 中，我们得到 $W^S(\beta)$。为了将斯密原则与 $\beta=1$ 邻近状态下的其他原则进行比较，我们需要求预期社会福利函数在 $\beta=1$ 处的导数。

$$\begin{aligned}\frac{\mathrm{d}W^S}{\mathrm{d}\beta}(\beta)=&\pi[-\alpha^*\theta q_1^1-(1-\alpha^*)\theta q_2^1]\frac{\mathrm{d}\delta^1}{\mathrm{d}\beta}+\pi(1-\alpha^*)S(q_2^1)\\&+(1-\pi)[-(1-\alpha^*)\theta q_1^2-\alpha^*\theta q_2^2]\frac{\mathrm{d}\delta^2}{\mathrm{d}\beta}+(1-\pi)\alpha^*S(q_2^2)\end{aligned} \tag{6.6}$$

对 $\beta=1$，$q_1^1=q_2^1=q_1^2=q_2^2=\bar{q}$，且

$$\left.\frac{\mathrm{d}\delta^1}{\mathrm{d}\beta}\right|_{\beta=1}=\frac{(\delta-1)(1-\alpha^*)S'}{(\delta-1)\theta+\bar{q}S''} \tag{6.7}$$

$$\left.\frac{\mathrm{d}\delta^2}{\mathrm{d}\beta}\right|_{\beta=1}=\frac{(\delta-1)\alpha^*S'}{(\delta-1)\theta+\bar{q}S''} \tag{6.8}$$

其中，S'，S''（后来的 S）为 $\bar{q}$ 时的取值，因此：

$$\left.\frac{\mathrm{d}W^S}{\mathrm{d}\beta}\right|_{\beta=1}=[\pi(1-\alpha^*)+(1-\pi)\alpha^*]S-[\pi(1-\alpha^*)+(1-\pi)\alpha^*]\frac{\theta\bar{q}(\delta-1)S'}{(\delta-1)\theta+\bar{q}S''} \tag{6.9}$$

现在考虑埃奇沃思规则，在这里我们用二级价格歧视来解释。（T_1，q_1）（T_2，q_2）为非线性的一组安排。激励相容以及预算平衡[①]要求：

$$S(q_2)-S(q_1)\leqslant T_2-T_1\leqslant\beta[S(q_2)-S(q_1)] \tag{6.10}$$

141 $$\alpha T_1+(1-\alpha)T_2=\theta[\alpha q_1+(1-\alpha)q_2]+K \tag{6.11}$$

在类型 1 的消费者为多数群体时，类型 2 的激励约束是有约束力的，最优非线性价格正是下式的解：

$$\max\alpha^*[S(q_1^1)-T_1^1] \tag{6.12}$$

在（6.10）与（6.11）的约束条件下，得出：

$$S'(q_1^1)=\frac{\alpha^*}{1-\beta(1-\alpha^*)}\theta \tag{6.13}$$

$$\beta S'(q_2^1)=\theta \tag{6.14}$$

$$T_1^1=\theta[\alpha^*q_1^1+(1-\alpha^*)q_2^1]+K-(1-\alpha^*)\beta[S(q_2^1)-S(q_1^1)] \tag{6.15}$$

$$T_2^1=T_1^1+\beta[S(q_2^1)-S(q_1^1)] \tag{6.16}$$

在类型 2 的消费者为多数群体时，类型 1 的激励约束是有约束力的，最优非线性价格是下式的解：

$$\max\alpha^*[\beta S(q_2^2)-T_2^2] \tag{6.17}$$

在（6.10）与（6.11）的约束条件下，得出：

$$S'(q_1^2)=\theta \tag{6.18}$$

$$\beta S'(q_2^2)=\frac{\alpha^*\beta}{\beta-(1-\alpha^*)}\theta \tag{6.19}$$

---

① 假定我们正处在一个个体理性约束没有约束力的参数值域中，当商品的价值足够高时，就属于这种情况。

$$T_1^2 = \theta[(1-\alpha^*)q_1^2 + \alpha^* q_2^2] + K - \alpha^*[S(q_2^2) - S(q_1^2)] \tag{6.20}$$

$$T_2^2 = T_1^2 + S(q_2^2) - S(q_1^2) \tag{6.21}$$

预期福利①为：

$$W^E = \pi\{\alpha^*[S(q_1^1) + (1-\alpha^*)\beta[S(q_2^1) - S(q_1^1)] - \theta[\alpha^* q_1^1 + (1-\alpha^*)q_2^1] - K] + (1-\alpha^*)[\beta S(q_2^1) - \alpha^*\beta[S(q_2^1) - S(q_1^1)] - \theta[\alpha^* q_1^1 + (1-\alpha^*)q_2^1] - K]\} + (1-\pi)\{(1-\alpha^*)[S(q_1^2) + \alpha^*[S(q_2^2) - S(q_1^2)] - \theta[(1-\alpha^*)q_1^2 + \alpha^* q_2^2] - K] + \alpha^*[\beta S(q_2^2) - (1-\alpha^*)[S(q_2^2) - S(q_1^2)] - \theta[(1-\alpha^*)q_1^2 + \alpha q_2^2] - K]\} \tag{6.22}$$

且 142

$$\left.\frac{\mathrm{d}W^E}{\mathrm{d}\beta}\right|_{\beta=1} = [\pi(1-\alpha^*) + (1-\pi)\alpha^*]S \tag{6.23}$$

在图 6—1 和图 6—2 中，我们说明了政治歧视所带来的扭曲效应。如果我们继续假设，当社会福利最大化时，个体理性约束没有约束力，我们得到的是最优配置结果，满足 $S'(q_1^*) = \beta S'(q_2^*) = \theta$。从（6.13）和（6.14）式可得，$q_1^1 < q_1^*$，且 $q_2^1 = q_2^*$。从（6.18）和（6.19）式可得，$q_1^2 = q_1^*$，以及 $q_2^2 > q_2^*$。

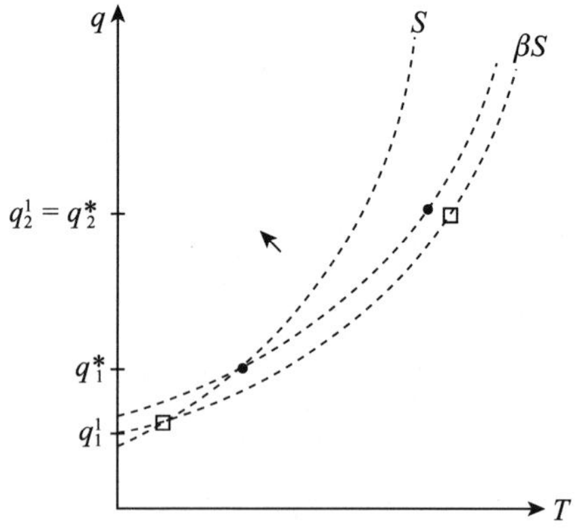

图 6—1

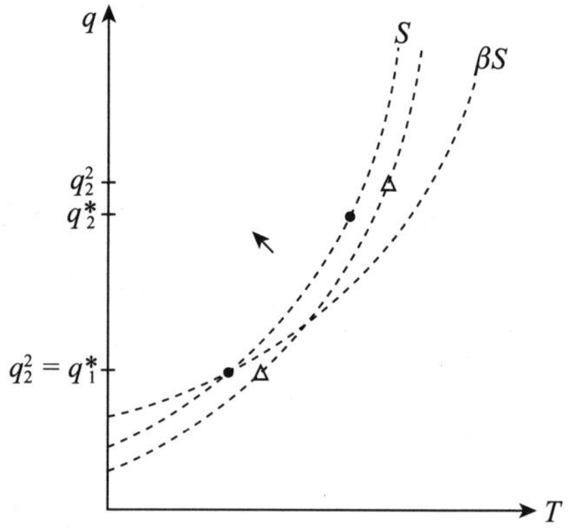

图 6—2

① E 代表埃奇沃思规则，前面的 S 代表斯密规则。

因此，政治歧视的极端影响在两个方面非常明显：第一，它会导致边际价格偏离边际成本，而且会使消费量更大程度地偏离最优水平；第二，它会使效用水平的差异变得更大。多数群体 1 会试图通过预算平衡等式，利用多数群体 2 来为项目进行融资。在考虑激励约束的同时提高融资的水平，会导致多数群体 1 通过降低 $S(q_1)$ 来提高 $\beta[S(q_2)-S(q_1)]$（考虑到类型 2 的激励约束是有约束力的）。多数群体 2 必须满足类型 1 消费者的激励约束 $T_2-T_1\geqslant S(q_2)-S(q_1)$，而且为了提高 T_1 的水平，选择同时提高 T_2 与 q_2。不过还是要注意，在多数群体的数量增加并且扭曲效应降低的时候，这个机制的有效性就降低了。

图 6—1 中用符号 * 标注的配置结果是在考虑到激励约束的情况下，对类型 1 消费者最有利的最优配置，即：

$$T_2=T_1+\beta[S(q_2^*)-S(q_1^*)]$$

符号□标注的配置是在多数群体为类型 1 的消费者时的配置结果，会使类型 1 的消费者获得更高的福利水平，而类型 2 的消费者则只能获得较低的福利，同时也意味着边际成本歧视变得更严重了。

图 6—2 中用符号 * 标注的配置结果是在考虑到激励约束的情况下，对类型 2 消费者最有利的最优配置，即：

$$T_2=T_1+[S(q_2^*)-S(q_1^*)]$$

符号△标注的配置是在多数群体为类型 2 的消费者时的配置结果，会使类型 1 消费者的福利水平变低，而类型 2 的消费者则能获得较高的福利水平，边际成本歧视也变得更严重了。

从上述分析中我们可以注意到，斯密规则会对两种类型的消费者都产生扭曲效应，并且这种扭曲效应随着固定成本金额的提高而提高，根
143 据异质参数 β 影响 δ 的方式不同，随着 β 的变化，对两种类型消费者的扭曲效应既有可能同时降低也有可能同时增大。而埃奇沃思规则则只会对占据多数地位的消费者带来扭曲效应（参见式（6.13），（6.19））。此外，当异质性较高时，对两种类型消费者的扭曲效应都会更高。当多数优势较为微弱时（即 α^* 接近 1/2 时），扭曲程度也会更高。①

---

① 埃奇沃思规则与固定成本之间这种相互独立的关系主要是因为我们仅仅考虑个体理性约束不具有约束力的情况。这也是为什么在 $\beta=1$ 时，用来自消费者的直接转移支付来为项目提供资金支持的埃奇沃思规则是最优的选择。

直观来看，在固定成本较高时，我们认为斯密规则是比较差的规则，而当异质性较高或是多数优势较为微弱时，我们则认为埃奇沃思规则是比较差的那个。下面，我们对这两个规则进行更为正式的比较。我们用 η 来表示斯密规则下 $\beta=1$ 时的价格弹性，从式（6.9）、（6.23）我们立刻得到： *144*

命题 6.1 当 $K>0$ 且 $\beta=1$ 时，埃奇沃思规则是最优的，而斯密规则却不是。当 β 趋近于 1 时，如果

$$\eta>\frac{\delta}{\delta-1} \tag{6.24}$$

埃奇沃思规则的优势随着 β 的增加而增加；如果

$$\eta<\frac{\delta}{\delta-1} \tag{6.25}$$

埃奇沃思规则的优势随着 β 而降低，这意味着预算平衡条件下的加成边际成本定价可能会优于政治二级歧视。

当固定成本下降时，$\delta/\delta-1$ 会上升，而且对于给定的需求价格弹性，式（6.25）也会得到满足，这就类似于价格弹性降低时的情形。因此，在（6.25）的条件下，当异质性提高时，斯密规则相对于埃奇沃思规则的优势地位有所上升。附录 A.6.2 的例 1 说明了当异质性足够高时，斯密规则是占优的。

命题 6.2 当 $\beta>1$ 且 $K=0$ 时，斯密规则是最优的，而埃奇沃思规则不是。

于是有： *145*

$$\frac{\mathrm{d}W^E}{\mathrm{d}K}=-1 \tag{6.26}$$

$$\begin{aligned}\frac{\mathrm{d}W^S}{\mathrm{d}K}=&-\pi\left\{\frac{1}{1-\dfrac{(\delta-1)\theta\left[\dfrac{\alpha^*}{-S''(q_1^1)}+\dfrac{(1-\alpha^*)}{\beta(-S''(q_2^1))}\right]}{\alpha^* q_1^1+(1-\alpha^*)q_2^1}}\right\}\\&-(1-\pi)\left\{\frac{1}{1-\dfrac{(\delta-1)\theta\left[\dfrac{(1-\alpha^*)}{-S''(q_1^2)}+\dfrac{\alpha^*}{\beta(-S''(q_2^2))}\right]}{\alpha^* q_2^1+(1-\alpha^*)q_2^2}}\right\}\\&<-1\end{aligned} \tag{6.27}$$

当 K 增加时，相对于斯密规则，埃奇沃思规则的优势增加，最终成为更好的那个。K 越大，价格歧视在弥补成本时就更有用，而且不会在边际价格与边际成本之间产生很大的扭曲效应。因此，尽管二级价格歧视会带来自由裁量权下政治歧视的可能性，但是当固定成本足够大时，价格歧视是更好的选择（见附录 A. 6. 2 的例 2）。在固定成本足够高时，相比加成边际成本定价带来的扭曲效应，埃奇沃思规则中内嵌的自由裁量权所带来的扭曲效应，其破坏力更小一些。这仅仅是因为埃奇沃思规则的扭曲效应与固定成本相互独立，正如我们上面指出的。

有一种方法或许可以降低二级价格歧视中内嵌的自由裁量权，就是加入一个每一多数群体都会选择的混同契约（q，T）。在 $\beta=1$ 的一阶条件下，混同契约等同于埃奇沃思规则。而在二阶条件下，埃奇沃思规则占优（见附录 A. 6. 1）。

另一个可以进一步减少自由裁量权的方法是加入一个简单的转移支付，用统一转移支付来弥补成本。接下来我们考虑平等主义规则并用 Eg 来对其标注。于是，$T=\theta q+K$，预期福利为：

$$W^{Eg}=\{\pi\alpha^{*}+(1-\pi)(1-\alpha^{*})+[\pi(1-\alpha^{*})+(1-\pi)\alpha^{*}]\beta\}S(q)\\-\theta q-K$$

求解，得到：

$$S'(q)=\frac{\theta}{\pi\alpha^{*}+(1-\pi)(1-\alpha^{*})+\beta[\pi(1-\alpha^{*})+(1-\pi)\alpha^{*}]}$$

146 以及：

$$\left.\frac{\mathrm{d}W^{Eg}}{\mathrm{d}\beta}\right|_{\beta=1}=[\pi(1-\alpha^{*})+(1-\pi)\alpha^{*}]S$$

$$\left.\frac{\mathrm{d}^2W^{Eg}}{\mathrm{d}\beta^2}\right|_{\beta=1}=[\pi(1-\alpha^{*})+(1-\pi)\alpha^{*}]^2\frac{S'2}{(-S'')}$$

对于 $\beta=1$，埃奇沃思规则与平等主义规则是一致的，我们立即得到：

命题 6.3　在 $\beta=1$ 的邻近状态，如果满足下述条件，那么平等主义规则优于埃奇沃思规则：

$$[\pi(1-\alpha^*)+(1-\pi)\alpha^*]^2>\frac{2\alpha^*-1}{\alpha^*}[\pi(1-\alpha^*)+(1-\pi)]$$

特别是在当 $\alpha*$ 接近 1/2 时，这一条件成立。如果多数群体的规模并不足够大，埃奇沃思规则的政治扭曲效应会比平等主义规则的效率扭曲更大。由于在 β 趋近于 1 时，斯密规则占优，那么到目前为止，平等主义规则就是最优的原则。

当我们考虑到运用扭曲税收来弥补财政赤字的成本时，我们就进入了霍特林规则的范畴（上标用 H 表示）。令 $1+\lambda$ 表示公共资金的成本。霍特林规则如下：

$$S'(q_1)=\theta \tag{6.28}$$

$$\beta S'(q_2)=\theta \tag{6.29}$$

公共赤字的成本为（$1+\lambda$）K，而福利水平为：

$$W^H=E_\alpha\{\alpha[S(q_1)-\theta q_1]+(1-\alpha)[\beta S(q_2)-\theta q_2]\}-(1+\lambda)K \tag{6.30}$$

$$\frac{\mathrm{d}W^H}{\mathrm{d}K}=-(1+\lambda) \tag{6.31}$$

$$\left.\frac{\mathrm{d}W^H}{\mathrm{d}\beta}\right|_{\beta=1}=[\pi(1-\alpha^*)+(1-\pi)\alpha^*]S \tag{6.32}$$

命题 6.4 假设 λ 满足，在 $\beta=1$ 时，使得斯密规则与霍特林规则保持一致。随着 β 的增加，如果

$$\eta>\frac{\delta}{\delta-1}$$

147

那么霍特林规则占优。如果：

$$\eta<\frac{\delta}{\delta-1}$$

斯密规则占优。

随着固定成本的增加，霍特林规则的社会成本（由扭曲性的融资导致的）是线性的，而斯密规则的社会成本（由扭曲性的定价导致的）则是非线性增加的。当固定成本足够低时，斯密规则占优。而且，当 β 足够大时，由于埃奇沃思规则中政治歧视的水平较高，受此影响，霍特林规则会优于埃奇沃思规则（见附录 A. 6. 2 的例 1）。

6.5　项目选择与定价规则

在 6.4 小节中，我们验证了当公共资金的成本较高时，边际成本定价所面临的局限性。在这种情况下，我们必须要对通过间接征税融资的成本和政治歧视所造成的扭曲效应进行比较。事实上，对于边际成本最主要的批评是，当固定成本可以被用来为没有社会价值的公共资金项目融资时，边际成本带来了政治上的自由裁量权。

比如说，假定固定成本有两个值 $\underline{K}$，$\overline{K}$，取值概率分别为 ν 及 $1-\nu$，且 $\overline{K}>\underline{K}$，假定当 $K=\overline{K}$ 时，根据霍特林规则，这个项目不应实施，即，对于 $\alpha=\alpha^*$，或 $\alpha=1-\alpha^*$：

$$\alpha[S(q_1(\theta))-\theta q_1(\theta)]+(1-\alpha)[\beta S(q_2(\theta))-\theta q_2(\theta)]<(1+\lambda)\overline{K} \tag{6.33}$$

且

$$q_1(\theta)=\arg\max_q[S(q)-\theta q]$$
$$q_2(\theta)=\arg\max_q[\beta S(q)-\theta q]$$

但是，当对固定成本的融资是统一的，而且类型 2 为多数群体时，这个项目则可以实施，因为

$$\beta S(q_2(\theta))-\theta q_2(\theta)-(1+\lambda)\overline{K}>0 \tag{6.34}$$

而当类型 1 为多数群体时，该项目则不能实施，因为

148

$$S(q_1(\theta))-\theta q_1(\theta)-(1+\lambda)\overline{K}<0 \tag{6.35}$$

当 $K=\underline{K}$ 时，无论哪个类型为多数群体，项目均可实施。霍特林规则中政治操纵所带来的预期损失为：

$$(1-\pi)(1-\nu)\{(1+\lambda)\overline{K}-(1-\alpha^*)[S(q_1)(\theta))-\theta q_1(\theta)]$$
$$-\alpha^*[\beta S(q_2(\theta))-\theta q_2(\theta)]\} \tag{6.36}$$

其中，$1-\pi$ 为类型 2 占据多数群体时的概率。

在斯密规则下，当满足下面条件时，项目总是可以实现的①：

$$S(q_1(\delta^1\theta)) - \delta^1\theta q_1(\delta^1\theta) > 0 \quad (< 0) \tag{6.37}$$

如果

$$(\delta^1 - 1)\theta(\alpha^* q_1(\delta^1\theta) + (1 - \alpha^*) q_2(\delta^1\theta)) = \underline{K} \quad (\overline{K}) \tag{6.38}$$

$$\beta S(q_2(\delta^2\theta)) - \delta^2\theta q_2(\delta^2\theta) > 0 \quad (< 0) \tag{6.39}$$

如果

$$(\delta^2 - 1)\theta[(1 - \alpha^*) q_1(\delta^2\theta) + \alpha^* q_2(\delta^2\theta)] = \underline{K} \quad (\overline{K}) \tag{6.40}$$

但是，这种情况下会产生消费扭曲，其预期损失为：

$$\nu\left\{\pi\int_{\theta}^{\delta^1\theta}[\alpha^* q_1(b) + (1 - \alpha^*) q_2(b)]\mathrm{d}b \right.$$
$$\left. + (1 - \pi)\int_{\theta}^{\delta^2\theta}[(1 - \alpha^*) q_1(b) + \alpha^* q_2(b)]\mathrm{d}b\right\} \tag{6.41}$$

显然，这两种制度的任何一个都有可能占优，这取决于 π，ν，$\underline{K}$，$\overline{K}$ 的取值。假设我们已有一组参数值使这两种制度相同，那么来考虑在两种制度下同时提高固定成本所带来的边际效应。

对于霍特林规则，福利水平的边际损失为：

$$(1 - \pi)(1 - \nu)(1 + \lambda) + (1 + \lambda)v \tag{6.42}$$

对于斯密规则，福利水平的边际损失为：

$$\nu\left[\pi\Big(\alpha^* q_1(\delta^1\theta) + (1 - \alpha^*) q_2(\delta^1\theta)\Big)\theta\frac{\mathrm{d}\delta^1}{\mathrm{d}\underline{K}} \right.$$
$$\left. + (1 - \pi)\Big((1 - \alpha^*) q_1(\delta^2\theta) + \alpha^* q_2(\delta^2\theta)\Big)\theta\frac{\mathrm{d}\delta^2}{\mathrm{d}\underline{K}}\right] \tag{6.43}$$

对式（6.38）和（6.40）求导，用 η^1 表示类型 1 消费者为多数群 149
体时总需求的价格弹性，η^2 表示类型 2 消费者为多数群体时总需求的价格弹性，得到：

$$[\alpha^* q_1(\delta^1\theta) + (1 - \alpha^*) q_2(\delta^1\theta)]\theta\frac{\mathrm{d}\delta^1}{\mathrm{d}\underline{K}} = 1\Big/\left(1 - \frac{\delta^1 - 1}{\delta^1}\eta^1\right)$$

① 当然，正如我们所提到的那样，这并不是一种一成不变的情况。一个一般性的理论会考虑到这样一个原则所引发的损失掉的机会。

$$[(1-\alpha^*)q_1(\delta^2\theta)+\alpha^* q_2(\delta^2\theta)]\theta\frac{\mathrm{d}\delta^2}{\mathrm{d}\underline{K}}=1/\left(1-\frac{\delta^2-1}{\delta^2}\eta^2\right) \tag{6.44}$$

命题 6.5　当固定成本增加时，斯密规则优于霍特林规则。

$$(1+\lambda)[(1+\pi)(1-\nu)+\nu]>\nu\left[\frac{\pi}{1-\dfrac{\delta^1-1}{\delta^1}\eta_1}+\frac{1-\pi}{1-\dfrac{\delta^2-1}{\delta^2}\eta^2}\right] \tag{6.45}$$

在对称情形中，$\pi=1/2$，当 δ^1 与 δ^2 趋近于 1 时，对于某一恒定的需求弹性，(6.45) 式可简化为：

$$2\lambda\nu+(1-\nu)(1+\lambda)>\eta\left[2-\frac{1}{\delta^1}-\frac{1}{\delta^2}\right]\nu \tag{6.46}$$

当公共资金的成本较高时，选择较差项目的可能性较大时，以及需求弹性较低时，斯密规则优于霍特林规则。很显然，斯密并没有考虑到需求弹性，也就是说，他的论证中暗含着需求弹性为零的假设，在这样的情况下，斯密规则的优势显而易见。而且，从式 (6.41) 到 (6.42) 我们看到，当 δ^1 与 δ^2 趋近于 1，斯密定价规则的效率损失是二阶的，而此时选择差项目的效率损失仍然是一阶的①，实际上也就满足了式 (6.46)。

6.6　总结

在一个完全信息的世界中，社会群体之间的转移支付不会带来很大的无谓损失。哪怕民主博弈使政治家变得更为迎合选民，只要政治家对总社会福利有那么一丁点兴趣，经济学家都应当帮助他们
150 实现目标的最优化。当多数群体改变时，经济代理人会发现他们的相对位置也发生了改变，但是平均效用水平并没有偏离最优水平太多。②

① 在这一点上我必须要感谢 J. 豪斯曼 (J. Hausman)。

② 这一论断要求帕累托边界是单调的，而且风险厌恶不要太大。

在一个信息不对称而且面临激励约束的世界中，社会组织之间进行转移支付的成本会变得相当高，这会使整个社会表现的平均水准降低。宪政所允许的自由裁量权会使多数群体获得一定量的租金，但是这对于其他群体来说，成本相当之高。在这样的一个世界里，经济学家和政治家之间的关系会出现两种非常引人注意的结果。第一种关系是，经济学家为政治家工作（例如提供信息），当政治家以其他集团的利益为代价而偏私多数群体时，经济学家也可能为其提供了某些帮助。而在第二种关系中，经济学家则可以采取一种对整个社会都更为有益的方式，在制定制度规则时提出建议，从而削减政治家手中的自由裁量权，这样做也许会产生一定的效率损失，但是经济学家还是能够提高整体的预期社会福利水平。[①]

尽管斯密规则在配置资源方面是无效的，但是斯密规则的宪政约束可以提高预期福利，因为比起那些为政治歧视敞开大门的规则来说，斯密规则仍然是占优的。实际上，从政治经济学的角度来看更有趣，因为它既避免了亚当·斯密所担心的对固定成本的政治操纵（1776），也避免了维克里一直强调的交差补贴操纵（1948）。

第 6 章附录

A.6.1　埃奇沃思规则与每个多数群体都会选择的混同契约

在埃奇沃思规则下，多数群体为类型 1 消费者时，我们对式（6.13）及（6.14）求导，得到：

$$\left.\frac{dq_1}{d\beta}\right|_{\beta=1}=\frac{(1-\alpha^*)}{\alpha^*}\frac{S'}{S''};\quad \left.\frac{dq_2}{d\beta}\right|_{\beta=1}=-\frac{S'}{S''}$$ 151

当多数群体为类型 1 消费者时，在 $\beta=1$ 处对福利函数求二阶导数，得到：

$$\frac{(1-\alpha^*)(2\alpha^*-1)}{\alpha^*}\frac{S'^2}{(-S'')}$$

① 在当今美国所讨论的预算平衡规则就是这样的一个例子。参见弗吉尼亚学派的具有先驱意义的研究（如布伦南和布坎南（Brennan and Buchanan，1977））。

同样，对式（6.18）及（6.19）求导，我们得到：

$$\left.\frac{\mathrm{d}q_1}{\mathrm{d}\beta}\right|_{\beta=1}=0；\quad \left.\frac{\mathrm{d}q_2}{\mathrm{d}\beta}\right|_{\beta=1}=\frac{1}{\alpha^*}\frac{S'}{(-S'')}$$

福利函数的二阶导数为

$$\frac{(2\alpha^*-1)}{\alpha^*}\frac{S'^2}{(-S'')}$$

预期二阶导数为

$$\left.\frac{\mathrm{d}^2W^E}{\mathrm{d}\beta^2}\right|_{\beta=1}=\frac{(2\alpha^*-1)}{\alpha^*}\frac{S'^2}{(-S'')}[\pi(1-\alpha^*)+(1-\pi)]$$

在混同契约条件下，占据多数群体位置的类型 1 消费者（即 $\alpha>1/2$）解：

$$\max\alpha^*[S(q)-T]$$
$$T=\theta q+K$$

或者是 S'（q^1）$=\theta$ 及 $T^1=\theta q^1+K$。

当类型的消费者占据多数时，对下式求解

$$\max\alpha^*[\beta S(q)-T]$$
$$T=\theta q+K$$

或，$\beta S'$（q^2）$=\theta$，及 $T^2=\theta q^2+K$。

预期福利为：

$$\pi\{\alpha^*[S(q^1)-\theta q^1-K]+(1-\alpha^*)[\beta S(q^1)-\theta q^1-K]\}$$
$$+(1-\pi)\{(1-\alpha^*)[S(q^2)-\theta q^2-K]+\alpha^*[\beta S(q^2)-\theta q^2-K]\}$$

$$\left.\frac{\mathrm{d}W^P}{\mathrm{d}\beta}\right|_{\beta=1}=[\pi(1-\alpha^*)+(1-\pi)\alpha^*]S$$

综上：

152

$$\left.\frac{\mathrm{d}q_1}{\mathrm{d}\beta}\right|_{\beta=1}=0；\quad \left.\frac{\mathrm{d}q_2}{\mathrm{d}\beta}\right|_{\beta=1}=-\frac{S'}{S''}$$

及：

$$\left.\frac{d^2W^P}{d\beta^2}\right|_{\beta=1} = (1-\pi)(2\alpha^* - 1)\frac{S'^2}{(-S'')}$$

于是有：

$$\left.\frac{d^2W^3}{d\beta^2}\right|_{\beta=1} - \left.\frac{d^2W^P}{d\beta^2}\right|_{\beta=1} = (2\alpha^* - 1)\left[\frac{\pi(1-\alpha^*)+(1-\pi)}{\alpha^*} - (1-\pi)\right]\frac{S'^2}{(-S'')} \geqslant (2\alpha^* - 1)\pi\frac{(1-\alpha^*)}{\alpha^*}\frac{S'^2}{(-S'')} \geqslant 0$$

A.6.2 例子

例 1

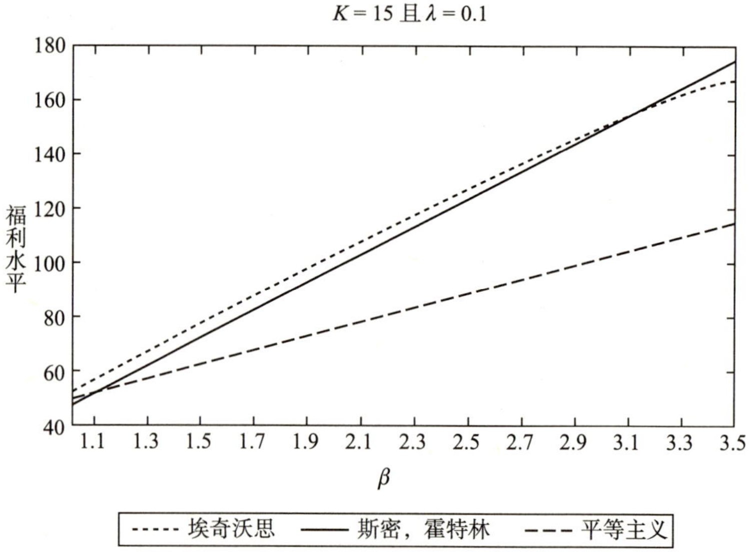

$S'(q) = 10 - q$，　$K = 15$

$\alpha^* = 3/4$

$\theta = 1$

$\lambda = 0.1$

- β 足够大时，斯密规则优于埃奇沃思规则；
- β 足够大时，霍特林规则优于平等主义规则以及埃奇沃思规则（注意在本图中斯密规则和霍特林规则本质上是同一条线）。 153

例 2

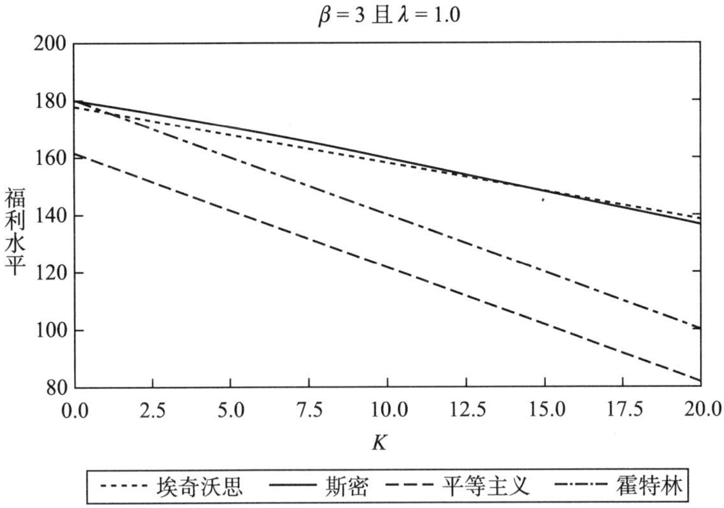

$$S'(q)=10-q$$
$$\alpha=3/4$$
$$\theta=1$$
$$\beta=3$$
$$\lambda=1$$

• 当 K 足够大时，埃奇沃思规则优于霍特林规则，当 K 更大时，埃奇沃思规则还优于斯密规则。

154

第7章　一个包含环境激励规制的政治理论

基于激励的机制尚无一个令人满意的理论。

——哈恩（Hahn，1990）

7.1　引言

为了规制那些对环境造成污染的行为，人们尝试了很多方法，如庇古税、配额、减污补贴、市场化的排污许可证①，押金退款制度②，法律责任的分配③等等。尝试这么多方法之后的

① 克劳克（Crocker，1996）与戴尔斯（Dales，1968a，1968b）最先提出了排放许可证市场化。

② 见博姆（Bohm，1981）。

③ 关于这个话题的文献可谓汗牛充栋，尤其是塞格森（Segerson，1995），布瓦耶与拉丰（Boyer and Laffont，1996，1997）以及相应的参考文献。另外也参见古普塔，范·侯登与克劳珀（Gupta，Van Houtven and Cropper，1996）关于环境保护局清除超级基金（Superfund）场所的实证分析。

结果就是，政策工具的选择成为环境经济学中争论的主要问题之一。[1] 而大部分的争论仍然集中在仁慈的社会最大化范式下。然而，从布坎南与塔洛克（1975）开始，经济学家开始意识到，为政策工具的选择找寻合理的政治经济学解释是十分必要的，[2] 不过却一直没有得到令人满意的结果。路易斯（Lewis，1997）研究的结论是这样的：“我认为，
155 在环境规制方面，下一步的进展应当致力于作出一个积极的分析，研究在特殊利益集团会对政策进行干扰的信息和分布约束条件下，应当执行哪一种环境政策。”

本章的目的正是运用本书一贯的方法，建立起一个正式的关于环境规制的政治经济学理论。经济学家通常都会偏爱一些复杂的激励机制，对此我们会运用政治经济学的思路重新审视，并且将重点放在两个方面：一是经济代理人的私人信息，这些私人信息可以解释作为代理人所得到的租金何以写成政策选择的函数；二是宪政的不完全契约特征，这可以解释作为剩余决策者的政治家存在的必要性。

到如今，我们已经对最优有效规制的主要障碍之一——不完全信息，有了比较深入的了解。而环境经济学直到最近才发展出机制设计方法。[3] 我们可以将显示机制看作一个指令控制工具，而且在这里也是最优的：一旦达到最优显示机制，其执行问题也就开始显现了，可供选择的经济工具和机构多种多样，如监督行动、税收与市场等。但是，从定义可知，这些机构最后实现的配置与指令控制方法下得到的结果是一致的。[4]

在这样的一个框架中，不存在工具的选择问题。文献中之所以会出现这样的问题，往往是因为作者在定义工具的时候不够小心。例如，约西（Yohe，1976）正确地显示了当对工具进行恰当的定义时，布坎

① 克劳珀与奥茨（Cropper and Oates，1992）在这个问题上投入了大量精力和时间。同样参考塞格森（Segerson，1996）与路易斯（Lewis，1997）。

② 除了对布坎南－塔洛克文献的争论，还可参考约西（Yohe，1976），德威斯（Dewees，1983），科埃略（Coelho，1976），同样参考布瓦耶（Boyer，1979），诺尔（Noll，1983），哈恩（Hahn，1990），哈恩与麦克加特兰（Hahn and McGartland，1989）。

③ 参见巴伦（Baron，1985a），拉丰（Laffont，1994）和路易斯（Lewis，1997）。早期的应用主要是在将环境的外部性当作是公共品后，对格罗夫斯机制进行重新解读（参见达斯古普塔、哈蒙德和马斯金（Dasgupta，Hammond and Maskin，1980））。

④ 参见拉丰（1994）。

南与塔洛克（1975）文中所提到的配额与价格控制之间所谓的差异就会消失。他写道："当相同的数量控制得以明确时，经济学家对征税的普遍偏好以及受管制者对配额的普遍偏好都会消失"。

于是，对于工具进行比较分析，有两种类型尚算可行。第一种类型是考虑工具所受到的约束条件（分析中应当涵盖对于约束条件因何而生的解释），对于受约束的各种工具进行比较。罗伯茨与斯宾塞 156
(Roberts and Spence，1976）曾经指出，不对称信息预示着最优的工具选择是非线性的价格设置，而韦茨曼（Weitzman，1974）在这种情形下对价格和产量进行比较分析，其本质正是对受约束的工具进行比较分析。另外一个例子是由于负外部性导致的非凸性的情况，[①] 在这一例子中，配额与非线性税收是等价的。因而配额比庇古税（线性）更有优势。同样的，在存在合适的一次性总付转移支付时彼此等价的税收与补贴，在不存在这种一次性总付转移支付时，对于企业长期的进入和退出决策的影响是不同的。[②]

第二种类型是，考虑那些在完全契约框架中等价的工具，然后在经济中引入不完美的条件，而且这种不完美的条件无法被管制者所纠正（从而必定要给出一个管制者能力不足的解释）。这是布坎南（1969）文章中所描述的当无法提供纠正垄断行为所需要的补贴时，一个污染垄断者的案例。在这种情形下，执行次优税的配额显然比庇古税有优势，正如由李（Lee，1975）与巴内特（Barnett，1980）设计的例子，而且次优税取决于市场力量。

对工具选择的系统分析应当在定义清晰的次优框架下进行，这些次优框架正是通往不完全契约分析方法论的捷径。接下来还应当考虑到各种约束条件，如有限承诺，防范再谈判的承诺，合谋，偏私与多重委托人结构等。[③] 政治经济学的约束条件也可以被视为是这个方法论下一个特殊的例子。对政治家（尤其私人动机）缺乏宪政层面上的协调控制（这也正是不完全契约的特征），会带来管制决策过程中的无效

① 参见施泰里（Starrett，1972），鲍莫尔与布拉德福特（Baumol and Bradford，1970）。

② 参见卡曼、施瓦茨与多贝尔（Kamien，Schwartz and Dolbear，1966），布拉姆霍尔与米尔斯（Bramhall and Mills，1966），克尼斯与鲍尔（Kneese and Bower，1968），德威斯与西姆斯（Dewees and Sims，1976）。

③ 参见巴伦（1985b）对环境问题中两方监管者不协调行动的扭曲效应的早期研究。

157 率。如果对那些偏爱使用某些特定工具的政治家施加一定的约束条件，或者强势推行某些看上去很粗暴的工具，或许也能令人满意。

7.2 小节中的模型引入了符合之前设定的基本条件的污染问题。7.3 小节在将环境政策的制定授权给政治上的多数群体的假设基础上，对 7.2 小节中的模型进行了拓展。更具体一点说，我们对选择单一污染水平时的政策（典型的指令控制型管制）和选择一组污染水平和转移支付组合时的政策（典型的激励型管制）进行了比较。我们确定了一系列的条件，使得自由裁量权幅度更大的激励型管制得到的效率补偿也更大。7.4 小节探究了将环境政策授权给政治家的基础。7.5 小节将模型扩展到有两种类型利益集团的情形，一方是企业的股东，另一方则是环保主义者，这两方都有可能俘获政府，从而从规制机制留给他们的信息租金中获利。在这个更为通用的模型中，深入研究了政治过程导致的扭曲效应，在政治献金基础上的连任动态机制的影响，以及在这种情形下拓展后的工具的比较分析。7.6 小节是结论。

7.2　基本模型

我们来考虑一个自然垄断的情况，假设经授权，该企业将完成一个公共工程，该工程的社会价值为 S，成本为 $C(\theta, d)=\theta(K-d)$，其中 K 是常数，d 是工程完成时的污染水平，θ 是成本特征，并且是该企业的私人信息。对于一个给定的污染水平，θ 测度的是该企业完成工程的效率水平，θ 越高意味着成本越高。

在减少污染成本方面，有两个假设可供选择。一种假设是，公司的效率越高，在减轻污染方面的效率也越高，另一种假设是，公司的效率越高，在减轻污染方面的效率越低。根据通用的成本函数
158 $C(\theta, d)$，如果假设 $C_\theta>0$，我们有 $C_{\theta d}<0$ 和 $C_{\theta d}>0$ 两种选择。为了得到显式解（explicit solutions），并且为了进行数值模拟，我们选择满足 $C_{\theta d}<0$ 的成本函数。这一假设之所以看来最有趣，是因为在一维的信息不对称条件下，生产能力和降低污染的能力之间的正相关关系看起来比在其他假设条件下更令人信服，其得出的结论也更引

人注目。但是，我们将会指出，当选取另一个假设条件 $C_{\theta d}>0$ 时，我们的结果将会如何改变。假设 θ 可取两个值 $\{\underline{\theta}, \bar{\theta}\}$，且 $\Delta\theta=\bar{\theta}-\underline{\theta}$，$\nu$ 为 $\theta=\underline{\theta}$ 的概率。

用 t 表示管制者给予企业的补偿性货币转移支付，企业所得的租金等于：

$$U=t-\theta(K-d)$$

污染的社会负效用是 $V(d)$（且 $V'>0$，$V''>0$）。消费者福利为：

$$S-V(d)-(1+\lambda)t$$

功利主义的社会福利为：

$$W=S-V(d)-(1+\lambda)\theta(K-d)-\lambda U \tag{7.1}$$

假设 S 足够大，工程完成后总是能令人满意的。在完全信息条件下，仁慈的社会福利最大化者将会设定 $V'(d)=(1+\lambda)\theta$，且 $t=\theta(K-d)$，从而取消会产生高昂社会成本（$\lambda>0$）的企业租金。所选的污染水平如何，将取决于 λ 及 θ。

当关于 θ 的信息处于不完全信息条件下时，就必须要将企业的个人理性及激励相容约束条件纳入考虑范围了。只有类型 θ 的企业能够得到租金，租金等于：

$$\underline{U}=\Delta\theta(K-\bar{d})$$

其中 $\bar{d}$ 为分离规制机制（$\underline{t}$，$\underline{d}$），（$\bar{t}$，$\bar{d}$）下，效率较低类型的企业所要求的污染水平。类型 $\underline{\theta}$ 的企业总是可以伪装成类型 $\bar{\theta}$ 的公司，并且在完成工程时，其污染水平为 $\bar{d}$，成本为 $\underline{\theta}(K-\bar{d})$。既然获得转移支付 $\bar{t}\geqslant\bar{\theta}(K-\bar{d})$，它至少可以实现（$\bar{\theta}-\underline{\theta})(K-\bar{d}$）的利润（租金），这是一个关于 $\bar{d}$ 的减函数，当企业按照真实类型表现的时候，这又必定是企业福利或利润的下限。要注意，这个租金函数随着无效率企业 159
污染水平的升高而降低。[1]

[1] 这个特点源于我们对于成本函数的假设（$C_\theta>0$，$C_{\theta d}<0$），意味着如果想要减少有效率企业的高昂租金，就得让污染水平上升。然而，这个引人注目的结果会随着假设条件的改变反其道行之，在 $C(\theta, d)=K-d/\theta$ 函数中假设（$C_\theta>0$，$C_{\theta d}>0$），或是在 $C(\theta, d)=K-\theta d$ 函数中假设（$C_\theta<0$，$C_{\theta d}<0$）。

在信息约束条件下，最大化社会福利式（7.1）的预期值，所得到的最优污染水平应具有的特征，可由下述规划来描述：

$$\max_{(\underline{d},\bar{d})} W(\underline{d},\bar{d}) = [\nu(S-V(\underline{d})-(1+\lambda)\underline{\theta}(K-\underline{d})-\lambda\Delta\theta(K-\bar{d})) + (1-\nu)(S-V(\bar{d})-(1+\lambda)\bar{\theta}(K-\bar{d}))] \tag{7.2}$$

得到：

$$V'(\underline{d}^*) = (1+\lambda)\underline{\theta}$$
$$V'(\bar{d})^* = (1+\lambda)\bar{\theta}+\lambda\frac{\nu}{1-\nu}\Delta\theta \tag{7.3}$$

7.3　通过工具选择约束来控制政治家的歧视权力

对于经济中的代理人，我们有个连续统［0，1］。和第 5 章中一样，用 a 来测度每一期内无法共享企业租金的消费者，即非利益相关者，而 $1-a$ 则用以测度那些能够共享企业租金的消费者，即利益相关者。a 在每一期内的取值都是相互独立的，有 1/2 的概率，取值为 a^* 且 $a^*\in(1/2，1)$，另有 1/2 的概率，取值为 $1-a^*$。当 $a=a^*$ 时，非利益相关者为多数群体，并掌控权力，对其测度为 a^*，当 $a=1-a^*$ 时，利益相关者为多数群体并掌控权力，对其测度也是 a^*。

我们假设，政治家在运用其掌握的经济方面的私人信息时，具有自由裁量权，在这里我们用 λ，即公共资金的社会成本来举例，公共资金的分配是人所共知的常识，但是其价值几何，要么只能被政府（掌握权力的多数群体）所观察到，要么可以被普通民众事后观察到，但不能在法庭上作为证据。我们既可以将 λ 值看作是某些特定经济条件
160 的代理变量，手握权力的政府更容易观察这些变量（例如公共服务机构的机密报告）；也可以将其看作是无法在宪政契约中写明的复杂的经济条件。

宪政契约或许能在另一侧面对于减轻污染的工具选择施加约束条件。我们的思路是对比两种工具。第一，与更为复杂的企业激励规制相一致，所运用的工具是一系列减污程度和相应转移支付金额的配对

组合，$\underline{\theta}$ 和 $\bar{\theta}$ 两种类型的企业可在其中自行选择；第二，基于 θ 的预期价值 $E\theta$，确定一个单一的减污水平，两种类型的企业均应执行这一减污要求。在第一种情形下，政治上的多数群体决定的是一系列的减污水平，而在第二种情形中，他们决定的是一个单一的减污水平。在这两种情形中，政治上的多数群体均可运用其私人信息 λ。

我们首先考虑复杂的分离机制，如果 $a=a^*$，多数群体为类型 1，他们将会使非利益相关者的福利最大化。非利益相关者无法从工程中受益，但却要忍受污染外部性的损害，而且必须交税来为工程提供资金支持（包括工程的成本及企业的租金），即[①]：

$$\alpha^*[S-V(d)-(1+\lambda)t]=\alpha^*[S-V(d)-(1+\lambda)\theta(K-d)-(1+\lambda)U] \tag{7.4}$$

由于 $1+\lambda>\lambda$，这一目标函数高估了与（7.1）式对应的企业租金的社会成本。同样，如果 $a=1-a^*$，类型 2 的多数群体将会使利益相关者的福利最大化，他们与类型 1 的代理人类似，但是最大的不同就是类型 2 的多数群体会分享企业的租金，即：

$$\begin{aligned}&\alpha^*[S-V(d)-(1+\lambda)t]+U\\&=a^*\left[S-V(d)-(1+\lambda)\theta(K-d)-\left(1+\lambda-\frac{1}{\alpha^*}\right)U\right]\end{aligned} \tag{7.5}$$

由于 $1+\lambda-1/a^*<\lambda$，这一目标函数低估了企业租金的社会成本。[②]

多数群体 1 会将（7.4）式中相应污染水平下的非利益相关者的预期福利值最大化，也就是，对下式求解：161

$$\begin{aligned}\max_{(\underline{d},\bar{d})} W(\underline{d},\bar{d})=\alpha^*[&\nu(S-V(\underline{d})-(1+\lambda)\underline{\theta}(K-\underline{d})-(1+\lambda)\Delta\theta\\&\cdot(K-\bar{d})+(1-\nu)(S-V(\bar{d})-(1+\lambda)\bar{\theta}(K-\bar{d}))]\end{aligned} \tag{7.6}$$

即：

$$V'(\underline{d}_1)=(1+\lambda)\underline{\theta}$$

① 这一表述假定大多数无法通过间接税改变企业的融资，因为间接税会对所有代理人产生同样的影响。

② 假设 $1+\lambda-1/a^*>0$。如果不这样的话，我们就必须要考虑代理人的个体理性约束，因为多数群体 2 会想要 U 尽可能的大。

$$V'(\bar{d}_1)=(1+\lambda)\bar{\theta}+(1+\lambda)\frac{\nu}{1-\nu}\Delta\theta \tag{7.7}$$

此时给企业的转移支付分别为 $\bar{t}=\bar{\theta}(K-\bar{d}_1)$ 和 $\underline{t}=\underline{\theta}(K-\underline{d}_1)+\Delta\theta(K-\bar{d}_1)$。多数群体 2 同样会追求 $W^2(\underline{d},\ \bar{d})$ 最大化，即（7.5）式所示的利益相关者的预期价值最大化，这会得到：

$$V'(\underline{d}_2)=(1+\lambda)\underline{\theta}$$

$$V'(\bar{d}_2)=(1+\lambda)\bar{\theta}+(1+\lambda-1/\alpha^*)\frac{\nu}{1-\nu}\Delta\theta \tag{7.8}$$

我们得到的预期社会福利水平（假设每一多数群体都在一半的时间内具有权力）为：

$$E_{\lambda\alpha}W(\underline{d},\bar{d})=\frac{1}{2}E_{\lambda}W(\underline{d},\bar{d}_1)+\frac{1}{2}E_{\lambda}W(\underline{d}_2,\bar{d}_2) \tag{7.9}$$

其中，$W(\underline{d}_m,\ \bar{d}_m)$ 表示，对于不同的企业类型，根据多数群体 m 所选污染水平的自变量为 λ 的社会福利函数（7.1）的预期水平。

比较式（7.3）、（7.7）与（7.8），由于 $\underline{d}_1=\underline{d}_2=\underline{d}^*$，我们观察到，无论多数群体是何种类型，更有效率的企业的污染水平是最优的。但是那些效率较低的企业的污染水平，要么太高（非利益相关者为多数群体的政府），要么太低（利益相关者为多数群体的政府），即：$\bar{d}_1>\bar{d}^*>\bar{d}_2$。这些扭曲效应的程度很是惊人，因此也需要更多的解释。两种群体都能完全考虑到污染的社会成本 $V(d)$，他们只是在处理那些有效率企业的利益相关者所获得的信息租金时有所不同。由于没有分享信息租金，多数群体 1（非利益相关者）高估了企业信息租金的社会成本
162 （用权重（$1+\lambda$）代替 λ）。对这类多数群体而言，降低无效率企业的污染正是有效率企业租金的来源，这样做所带来的成本，要高于扣除租金后的净社会成本。这样一来，因为多数群体 1 没有正确估量一个更为严格的减污标准 $\bar{d}$ 对于有效率企业租金的正效用，多数群体 1 的规制将会导致无效率企业产生的污染水平过高。反之，由于俘获了全部租金，多数群体 2（利益相关者）则会低估企业信息租金的社会成本（所使用的权重 $1+\lambda-1/a^*<\lambda$）。对这类多数群体，减轻污染的净成本要低于其社会成本，多数群体 2 的规制将会导致无效率企业产生的污染水平过低。

现在我们来考虑非歧视性减污机制的例子，这有可能是宪政契约

强加给政治家的。为了提升选民的利益，政治家所拥有的自由裁量权更为有限了。这样一来，每个多数群体只能选择单一的减污水平，而不再是一系列减污水平和相应转移支付的配对组合了。

如果非利益相关者的多数群体掌握权力，则对下式求解：

$$\max_d W^1(d)=\alpha^*[S-V(d)-(1+\lambda)E\theta(K-d)-\nu(1+\lambda)\Delta\theta\cdot(K-d)] \tag{7.10}$$

得到：

$$V'(d_1)=(1+\lambda)E\theta+(1+\lambda)\nu\Delta\theta=(1+\lambda)\bar{\theta} \tag{7.11}$$

同样，利益相关者的多数群体会选择污染水平 d_2，且满足

$$V'(d_2)=(1+\lambda)E\theta+(1+\lambda-1/\alpha^*)\nu\Delta\theta=(1+\lambda)\bar{\theta}-\frac{1}{\alpha^*}\nu\Delta\theta \tag{7.12}$$

我们由此得到预期社会福利水平（假设每一多数群体在一半的时间内掌握权力）①：

$$E_{\lambda\alpha}W(d)=\frac{1}{2}E_\lambda W(d_1)+\frac{1}{2}E_\lambda W(d_2) \tag{7.13}$$

其中（d_m）是社会福利函数（7.1）式在多数群体 m 选择如（7.11）（7.12）式所示的单一污染水平时的取值。 163

授权下的（分离）激励机制（DIM）的出现，取决于和之前提出的授权混同机制（DPM）的事前比较。我们会在 $\Delta\theta$ 所代表的微小信息不对称条件下进行这一比较。

命题 7.1 对于接近于 $\underline{\theta}$ 的 $\bar{\theta}$，$E_{\lambda\alpha}W(\underline{d},\bar{d})>E_{\lambda\alpha}W(d)$。当且仅当满足下述条件时，政治上多数群体选择的授权下的激励分离机制（DIM）会优于其选择的授权混同机制（DPM）：

$$var(\lambda)>H(\nu,\alpha^*,E\lambda)\equiv-\nu^2\left(\frac{\alpha^*-\frac{1}{2}}{\alpha^{*2}}\right)-1+2\nu-2(1-\nu)E\lambda-(E\lambda)^2 \tag{7.14}$$

---

① 再次得到，$d_2<d^*<d_1$，其中 d^* 是相同信息约束条件下最优的非歧视性的减污水平。

这一命题的证明方法与第 6 章的一样，证明过程见附录 A. 7. 1。

在政治授权的情况下，不同企业要求的减污水平是有差别的，由此产生的复杂的激励分离机制会伴随着 $E\lambda$，$var(\lambda)$ 以及 a^* 的提高，以及 ν 的降低。当 $E\lambda$ 或者 $var(\lambda)$ 很大时，激励分离机制所具有的更大的敏感性就显出优势了。ν 的提高具有两个效果。ν 越大，意味着企业获得租金的概率也就越大，由此引发的对租金的担忧也就越强烈；同时，ν 越大，也意味着多数群体在对目标函数进行社会福利最大化的过程中产生扭曲效应也更大，因为：

$$W(\underline{d}_1,\bar{d}_1)=\frac{W^1(\underline{d}_1,\bar{d}_1)}{\alpha^*}+\nu\Delta\theta(K-\bar{d}_1) \tag{7.15}$$

$$W(\underline{d}_2,\bar{d}_2)=\frac{W^2(\underline{d}_2,\bar{d}_2)}{\alpha^*}+(1-\frac{1}{\alpha^*})\nu\Delta\theta(K-\bar{d}_2) \tag{7.16}$$

结果是第二种扭曲效应更大，因而当 ν 很大时，非歧视政策（DPM）更有优势。

同样，信息不对称程度 $\Delta\theta$ 的增大会产生先验的模棱两可的影响。
164 不过，我们可以在一个二次函数 $V(d)$ 的情形中展现出两种影响，也可以通过以下情形近似地展现出这两种影响：(a) 如果 $\Delta\theta$ 很小时，分离机制（DIM）占优，那么它总是占优；(b) 如果 $\Delta\theta$ 很小时，混同机制（DPM）占优，那么将会存在着 $\Delta\theta^0$，超过这一水平时，分离机制将成为更好的选择。当 $\Delta\theta$ 很大时，歧视性机制具有更大的抽取租金的能力，因此相比政治上的自由裁量权所带来的负面影响，歧视性机制占优。当 a^* 值较小，也就是说趋近 1/2 时，政治动机与社会福利之间的偏离达到最大；于是，在降低自由裁量权中对私人利益的追逐时，混同机制成为更好的选择。

对于二次函数 $V(\cdot)$，社会福利函数也是 $\bar{\theta}$ 的二次方。我们可以从命题 7.1 推导出混同机制抑或是复杂分离机制的普遍优越性，并且能够得出这样一个事实，即所有福利水平在 $\underline{\theta}=\bar{\theta}$ 时都是相等的。[①] 但是对于更为一般的 $V(\cdot)$ 函数，$\bar{\theta}$ 的提高意味着倾向于让多数群体选择分离机制，这样会导致即使当 $var(\lambda)<H(\cdot)$ 时，也就是说，即使

① 在 $\bar{\theta}=\underline{\theta}$ 处，预期福利函数对 $\bar{\theta}$ 的一阶导数为负且相等。如果 $V(d)$ 是二次函数，那么其二阶导数独立于 $\bar{\theta}$。

在 $\bar{\theta}$ 值趋近于 $\underline{\theta}$ 时，原本应当是混同机制占优的情况下，分离机制仍然要优于混同机制。图 7—1 给出了一个例子，其中，$var(\lambda)=0<H(\cdot)=0.08$，但是当 θ 足够大时，政治上多数群体选择的激励机制会优于多数群体选择的授权下的混同机制。

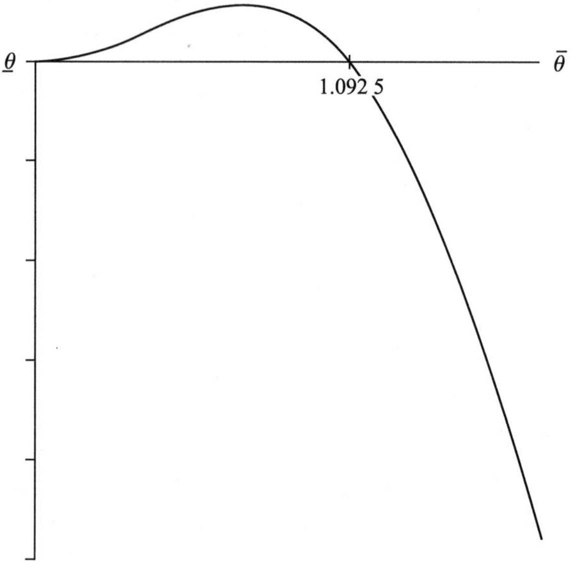

图 7—1　不同的预期福利

注：由式（7.13）及（7.9）给出的 $E_{\lambda a}W(d)-E_{\lambda a}W(\underline{d},\bar{d})$，是 $\bar{\theta}$ 的函数，$V(d)=1/4d^4$，$E\lambda=0.4$，$var(\lambda)=0$，$a^*=0.8$，$K=5$，$\nu=0.85$。

多数群体可以通过选择能使其福利函数最大化的污染水平及转移支付的配对组合，来迎合其各自的选民，这样做的结果就是授权下的分离激励规制制度。命题 7.1 将这种权力授权机制与宪政直接要求多数群体对所有企业一视同仁，并选择单一减污水平的做法进行了比较。其实，对于宪政改革问题，可以采取更为积极的分析方法去弄明白，运用授权下的自由裁量权的激励机制是否可以通过事前的一致同意而实现，而不仅仅是蒙上一层无知的面纱后，简单的诉诸社会福利最大化。为了实现这个目的，我们可以在事前比较 DIM 与 DPM 下两类代理人的人均福利。我们得到（见附录 A.7.2）：

命题 7.2　对于接近于 $\underline{\theta}$ 的 $\bar{\theta}$，当满足下述条件时，相对于最优 165
DPM 机制，多数群体 1 更倾向于选择最优 DIM 机制：

$$var(\lambda) > H^1(\nu, \alpha^*, E\lambda) \equiv \frac{1}{2}\frac{\nu^2}{2\alpha^{*2}} - 1 - 2E\lambda - (E\lambda)^2 \tag{7.17}$$

当满足下述条件时，多数群体 2 倾向于选择最优 DIM 机制：

$$var(\lambda) > H^2(\nu, \alpha^*, E\lambda) \equiv 2\frac{\nu}{\alpha^*} - \frac{1}{2}\frac{\nu^2}{2\alpha^{*2}} - 1 - 2(1 - \frac{\nu}{\alpha^*})E\lambda - (E\lambda)^2 \tag{7.18}$$

比较 $H^1(\cdot)$，$H^2(\cdot)$ 与 $H(\cdot)$，我们直接得出以下推论：

推论 7.1

$$H^1(\nu, \alpha^*, E\lambda) < H(\nu, \alpha^*, E\lambda) < H^2(\nu, \alpha^*, E\lambda) \tag{7.19}$$

在制定环境政策时，比起置身于环境风险行业中的利益相关者（多数群体 2），非利益相关者（多数群体 1）会是更热衷于将自由裁量
166 权授权给政治家（也就是如 DIM 方案）的积极分子。一旦 λ 的方差达到阈值 $H^1(\cdot)$，多数群体 1 倾向于 DIM 方案，而多数群体 2 则依旧倾向于 DPM 机制，直到 λ 的方差超过阈值 $H^2(\cdot)$ 之后，这种情况才会有所改变。实际上，对于多数群体 1 而言，减轻污染的净成本较高，于是一旦达到阈值 $H^1(\cdot)$，更有效率的减轻污染激励机制 DIM 超过简单 DPM 机制的那一部分价值也会增高。如果宪政改革倾向于授权下的自由裁量权的复杂激励分离机制，而这必须要经过一致同意的话，其实际发生的频率会比整个社会所需要的频率更低，这是因为 $H^2(\cdot) > H(\cdot)$，即因为存在着来自于环境风险行业的利益相关者的阻力。

7.4　授予政治家歧视性权力

将自由裁量权授权给政治家的收益来自于他们对所得到信息的运用，这里的“信息”是指他们对公共资金社会成本 λ 的了解。这种授权的代价是决策（$\underline{d}$，$\bar{d}$）（λ 的函数）的过度波动，这种波动主要源自于接连掌权的多数群体都会考虑到其私人动机。另一个选择是，宪政惯例或许会决定不把自由裁量权授予政治家，而是施加一个激励机制（（$\underline{t}^p$，$\underline{d}^p$），（$\bar{t}^p$，$\bar{t}^p$）），这一机制是在宪政层面上确定的，且能使预期

社会福利最大化。它可以用下面的社会最大化方程的解来描述：

$$\max_{(\underline{d},\bar{d})} W(\underline{d},\bar{d}) = \nu(S-V(\underline{d})-(1+E\lambda)\underline{\theta}(K-\underline{d}) \\ -(E\lambda)\Delta\theta(K-\bar{d}))+(1-\nu)(S-V(\bar{d}) \\ -(1+E\lambda)\bar{\theta}(K-\bar{d})) \qquad (7.20)$$

求解，得到：

$$V'(\underline{d}^{p}) = (1+E\lambda)\underline{\theta}$$

$$V'(\underline{d}^{p}) = (1+E\lambda)\bar{\theta}+(E\lambda)\frac{\nu}{1-\nu}\Delta\theta \qquad (7.21)$$

污染水平 $\underline{d}^{p}$ 与 $\bar{d}^{p}$ 取决于 $E\lambda$。

于是，在宪政层面上出现了两种选择，一种是直接施加一个分离 167
激励规制机制，该机制基于 $E\lambda$ 的预期值，使预期的社会福利水平最大化，我们称之为宪政激励机制（CIM）；另一种选择是，将分离激励规制机制的选择权授予政治上的多数群体，分离激励规制机制是 λ 值的函数，我们称之为授权分离机制 DIM。当选择了后者这种制度时，污染规制机制的选择将会反映出私人动机。后面这种取决于 λ 值的授权分离机制是否能够在实际中出现，则要由与前面那种宪政激励机制的事前比较结果来决定了。

命题 7.3 当 $\Delta\theta \to 0$ 且 $var(\lambda) \to 0$ 时，CIM 机制与 DIM 机制之间预期福利水平的差异收敛于 0。对于给定的 $\Delta\theta$，如果 $var(\lambda)$ 很小，则 CIM 机制占优。对于一个给定的 $var(\lambda)$，如果 $\Delta\theta$ 很小，则 DIM 机制占优。

很明显，对于给定的信息不对称水平 $\Delta\theta$，当 λ 的方差很小时，CIM 机制会优于多数群体所选择的 DIM 机制。实际上，当 $var(\lambda)=0$ 时，CIM 机制是最优的，DIM 则不是。在连续性前提下，λ 的方差较低时，允许政治上的多数群体利用观察到的 λ 值来选择事后的激励机制，这样做带来的社会价值微乎其微，而由于这个过程中包含着对私人利益动机的追逐，所产生的社会成本则极为高昂。随着 $var(\lambda)$ 值的提高，调整政策使其达到 λ 的真实价值（the realized value）变得更有价值。因此最终很有可能使得在制定政策和选择机制时，给予多数群体较为宽泛的范围，成为了更好的选择。

同样，对于给定的 λ 的方差，如果 $\Delta\theta=0$，将权威授予政治家则会是具有社会价值的一种选择，同时也是实际上最优的选择。在连续性前提下，当 $\Delta\theta$ 很小时，权威的授予使得政治家可以对激励机制的选择进行微调，从而达到 λ 的真实价值，而这一过程中对私人动机的追逐所带来的对降低污染方面的扭曲效应则是没有根据的。由于 $\Delta\theta$ 很小，几乎没有租金，因此最大化任何一方多数群体的福利函数都相当于是在最大化社会福利函数。随着 $\Delta\theta$ 的增加，对于给定的 λ 的方差，追逐私人动机所带来的扭曲效应最终会超过对多数群体选择的减污激励机制进行微调所带来的收益，从而导致 CIM 机制占优。

168 政治家主要的担忧之一是通过连任保持权力，这一点已在前文提过。人们或许会想知道，从事前的宪政观点来看，他们对于连任问题的这种担忧会对于不同规制机制的相关社会福利水平产生怎样的影响。在下一小节中，我们将对连任的目标和追逐私人动机之间的关系进行建模，假设前提是追逐私人动机会对连任的可能性产生消极的影响。

7.5　多重私人信息下的利益集团

在前面的小节中，我们看到，将制定环境政策授权给政治家后，他们开始有能力在利益集团之间分配信息租金。在这一小节中，我们试图将讨论情境拓展到利益集团互相竞争的情形，在这种情形下，利益集团之间的竞争关系或许会减轻那些政治家发现有利可图时的资源配置的扭曲程度。为了达到这一目的，我们不仅考虑了多数群体对于连任问题的担忧，而且，先是引入了通过政治献金为政治同盟或多数群体融资，之后，又引入了污染损害方面的信息不对称。跟考虑利益相关者的私人信息 θ 时的思路类似，假定污染的负效用为 $\beta V(d)$，其中 $\beta\in\{\underline{\beta},\ \bar{\beta}\}$，且 $\Delta\beta=\bar{\beta}-\underline{\beta}$，$\mu$ 为 $\beta=\underline{\beta}$ 的概率。[1] 参数 β 为环保主义者的私人信息，他们在制造污染的企业中没有利益关系，却受到污染的损害，应当得到补偿。在设定补偿的假设时，应当用一个多数群体向少数群体施压时所面临的政治约束条件的递减形式的数学表达式来说明，也可以用引发公民反对的临界点来解释。既然 β 是环保主义者的

---

① 跟对 θ 的假设一样，β 的取值在每期都会重新生成。

私人信息，而且他们会因遭受污染而得到补偿，那么他们也就有可能去获取信息租金。这也是为什么环保主义者会偏好更高的污染水平，因为这能给他们带来更高的信息租金，他们的信息租金为：

$$U_1 = s - \beta V(d)$$ 169

其中 s 来自政府的转移支付。没有受到污染损害的利益相关者的信息租金为：

$$U_2 = t - \theta(K - d)$$

非利益相关者纳税人与环保主义者的效用为：

$$U_3 = S - (1+\lambda)(t+s)$$

假设每一群体（环保主义者、利益相关者与纳税人）分别占总人数的 1/3，功利主义的社会福利与下式成比例：

$$\begin{aligned} W = U_1 + U_2 + U_3 &= S - (1+\lambda)(\theta(K-d) + \beta V(d)) \\ &\quad - \lambda(U_1 + U_2 + U_3) \end{aligned} \tag{7.22}$$

在完全信息条件下，最优污染水平为 $\beta V'(d) = \theta$。① 在不完全信息条件下，显示机制为 $\{d(\theta,\ \beta),\ t(\theta,\ \beta),\ s(\theta,\ \beta)\}$。相关的激励兼容与个体理性约束条件为：

$$\begin{aligned} &E_\beta\{t(\underline{\theta},\beta) - \underline{\theta}(K - d(\underline{\theta},\beta))\} \geqslant E_\beta\{t(\bar{\theta},\beta) - \underline{\theta}(K - d(\bar{\theta},\beta))\} \\ &E_\beta\{t(\bar{\theta},\beta) - \bar{\theta}(K - d(\bar{\theta},\beta))\} \geqslant 0 \\ &E_\theta\{s(\theta,\underline{\beta}) - \underline{\beta}V(d(\theta,\underline{\beta}))\} \geqslant E_\theta\{s(\theta,\bar{\beta}) - \underline{\beta}V(d(\theta,\bar{\beta},))\} \\ &E_\theta\{s(\theta,\bar{\beta}) - \bar{\beta}V(d(\theta,\bar{\beta}))\} \geqslant 0 \end{aligned}$$

假设利益相关者与环保主义者的行为符合贝叶斯纳什行为，能使预期社会福利最大化的显示机制为：

$$W(\vec{d}) = E_{\theta,\beta}\{S - (1+\lambda)[\theta(K-d) + \beta V(d)]\} - \lambda\mu\underline{U}_1 - \lambda\nu\underline{U}_2 \tag{7.23}$$

在上述激励与个体理性约束下，能使预期社会福利最大化的显示机制满足如下条件：

---

① 为环保主义者设定个体理性约束条件等同于，也应该解释成，假设他们得到补偿的社会成本为 $(1+\lambda)$。这就是为什么我们得到的是 $\beta V'(d) = \theta$，而不是 $\beta V'(d) = (1+\lambda)\theta$。

170

$$
\begin{aligned}
&\underline{\beta}V'(d(\underline{\theta},\underline{\beta})) = \underline{\theta} \\
&\left(\bar{\beta}+\frac{\lambda}{1+\lambda}\cdot\frac{\mu}{1-\mu}\Delta\beta\right)V'(d(\underline{\theta},\bar{\beta})) = \underline{\theta} \\
&\underline{\beta}V'(d(\bar{\theta},\underline{\beta})) = \bar{\theta}+\frac{\lambda}{1+\lambda}\cdot\frac{\mu}{1-\mu}\Delta\theta \\
&\left(\bar{\beta}+\frac{\lambda}{1+\lambda}\cdot\frac{\mu}{1-\mu}\Delta\beta\right)V'(d(\bar{\theta},\bar{\beta})) = \bar{\theta}+\frac{\lambda}{1+\lambda}\cdot\frac{\mu}{1-\mu}\Delta\theta
\end{aligned}
\tag{7.24}
$$

现在我们假设这两个利益集团都会从自己的信息租金中拿出一部分，作为政治献金来对政治家施加影响。我们考虑一个两期的模型。在第二期，多数群体 1 能够通过最大化纳税人与环保主义者的总效用，从而保护环保主义者的利益，

$$
W^1(\vec{d}_1) = W(\vec{d}_1) - \nu\underline{U}_2 \tag{7.25}
$$

即在其目标函数中剔除利益相关者的信息租金，且 $\vec{d}_1=(d_1(\underline{\theta},\ \underline{\beta})$，$d_1(\underline{\theta},\ \bar{\beta})$，$d_1(\bar{\theta},\ \bar{\beta})$，$d_1(\bar{\theta},\ \bar{\beta})$。同样，如果多数群体 2 当选，他们会通过最大化纳税人与利益相关者的总效用，从而保护利益相关者的利益，

$$
W^2(\vec{d}_2) = W(\vec{d}_2) = \mu U_1 \tag{7.26}
$$

即在其目标函数中剔除环保主义者的信息租金。

假设每一多数群体都会从自己的平均租金中，按固定比例 ζ 拿出一部分作为政治献金 C_1 与 C_2，两方的固定比例 ζ 是一致的：$C1=\zeta\mu\underline{U}_1$，$C2=\zeta\nu\underline{U}_2$，且 $\underline{U}_1=\Delta\beta[\nu V(d(\underline{\theta},\ \bar{\beta}))+(1-\nu)V(d(\bar{\theta},\ \bar{\beta}))]$，$\underline{U}_2=\Delta\theta[\mu(K-d(\bar{\theta},\ \underline{\beta}))+(1-\mu)(K-d(\bar{\theta},\ \bar{\beta}))]$，这些政治献金会影响到接下来赢得选举的可能性。对于多数群体 1 来说，假设赢得选举的可能性为：

$$
\psi = \frac{1}{2}+\frac{1}{2}g\xi(\mu\underline{U}_1-\nu\underline{U}_2) \tag{7.27}
$$

在这里参数 g 表示政治献金在选举过程中的重要性。对于多数群体 1 而言，在第二期赢得选举的可能性为，$E^1(\vec{d}_1,\ \vec{d}_2)=W^1(\vec{d}_1)-W^1(\vec{d}_2)$，多数群体 2 在第二期赢得选举的可能性则为 $E^2(\vec{d}_1,\ \vec{d}_2)=W^2(\vec{d}_2)-W^2(\vec{d}_1)$，因此多数群体 1 对下式进行最大化，

$$W^1(\vec{d}_1)+\delta\psi E^1(\vec{d}_1,\vec{d}_2) \tag{7.28}$$

得到：

$$\underline{\beta}V'(\hat{d}(\underline{\theta},\underline{\beta}))=\underline{\theta}$$

$$\left(\bar{\beta}+\frac{\lambda}{1+\lambda}\cdot\frac{\mu}{1-\mu}\Delta\beta-\frac{1}{2}\frac{\delta E^1 g\xi\Delta\beta\mu}{(1+\lambda)(1-\mu)}\right)V'(\hat{d}_1(\underline{\theta},\bar{\beta}))=\underline{\theta}$$

$$\underline{\beta}V'(\hat{d}_1(\bar{\theta},\underline{\beta}))=\bar{\theta}+\frac{\nu}{1+\nu}\Delta\theta+\frac{1}{2}\frac{\delta E^1 g\xi\Delta\theta\nu}{(1+\lambda)(1-\nu)}$$

$$\left(\bar{\beta}+\frac{\lambda}{1+\lambda}\cdot\frac{\mu}{1-\mu}\Delta\beta\right)-\frac{1}{2}\frac{\delta E^1 g\xi\Delta\beta\mu}{(1+\lambda)(1-\mu)}(V'(\hat{d}_1(\underline{\theta},\bar{\beta}))$$

$$=\bar{\theta}+\frac{\nu}{1+\nu}\Delta\theta+\frac{1}{2}\frac{\delta E^1 g\xi\Delta\theta\nu}{(1+\lambda)(1-\nu)} \tag{7.29}$$

令 $\vec{d}_1=(\hat{d}_1(\underline{\theta},\ \underline{\beta}),\ \hat{d}_1(\underline{\theta},\ \bar{\beta}),\ \hat{d}_1(\bar{\theta},\ \bar{\beta}),\ \hat{d}(\bar{\beta},\ \bar{\beta}))$。① 与静态的例子相比，环保主义者组成的多数群体除了 $(\underline{\theta},\ \underline{\beta})$ 的情况以外，在其他所有情况下都提高了污染水平。原因是，由于环保主义者的目标函数中低估了利益相关者的租金价值，他们会希望像在静态情形中那样降低利益相关者的租金（考虑到社会最优），不仅如此，环保主义者还会想着提高自己所得的租金，从而通过提高政治献金来提高赢得选举的可能性，并进一步降低利益相关者的租金（出于与上述相同的理由）。

对于选择 $\vec{d}_2$ 的利益相关者的多数群体，我们会得到对称的结果。与静态的例子相比，利益相关者组成的多数群体在除了 $(\underline{\theta},\ \underline{\beta})$ 的情况以外的其他所有情况下都提高了污染水平。其原因与环保主义者组成的多数群体提高污染水平的原因类似。再次回到社会福利函数 $W=U_1+U_2+U_3$，令：

$$E_{\lambda\alpha}\hat{W}(\vec{d})=\frac{1}{2}E_\lambda W(\vec{d}_1)+\frac{1}{2}E_\lambda W(\vec{d}_2) \tag{7.30}$$

接下来，我们要将上述这个有两个利益集团的授权分离机制 DIM（DIM2）与制度混同机制进行比较，后者会设定一个能使福利最大化的污染降低标准（λ 的函数），但是这个标准对所有企业和环保主义者（或者 θ 与 β 的特定值）都是一视同仁的，而且无论哪一方是多数群体

① 需要注意的是，第二阶段的污染水平可以从 $\delta=0$ 时的（7.29）式中得到。

都不会有所改变，这就是一个 CPM2 规制。后者可表述为：

172
$$\max_{d} W(d) = S - (1+\lambda)(E\theta(K-d) + E\beta V(d)) - \lambda\mu\Delta\beta V(d) - \lambda\nu\Delta\theta(K-d) \tag{7.31}$$

得出：

$$\left(E\beta + \frac{\lambda}{1+\lambda}\mu\Delta\beta\right)V'(\hat{d}) = \left(E\theta + \frac{\lambda}{1+\lambda}\nu\Delta\theta\right) \tag{7.32}$$

于是有

$$E_{\lambda}W(\hat{d}) \tag{7.33}$$

运用复杂的授权激励机制 DIM2 会产生两种额外的扭曲效应。第一，从福利的角度看，政治献金就是福利损失。第二，激励的扭曲效应变得更强。在静态情况下，DIM2 优于式（7.32）给出的 CPM2 机制，[①] 在这样的情况下，当 ζ 或者 δ 足够大时，CPM2 将占优。图 7—2 就是这样一个例子。曲线 A 表示在基本情况下（$\underline{\theta}=1$，$\bar{\theta}=1.5$，$\underline{\beta}=1$，$\bar{\beta}=1.5$），且 δ 足够大时，CPM2 机制优于复杂的 DIM2 机制。曲线 B 表示 $\bar{\theta}=1.7$ 而其他参数值不变时，随着信息不对称程度 $\Delta\theta$ 的提高，当 δ 大于 5.35 时，CPM2 机制占优。曲线 C 表示 $\bar{\beta}=1.7$ 而其他参数值与 A 的设定相同，随着信息不对称程度 $\Delta\beta$ 的提高，当 δ 大于 7.15 时，CPM2 机制占优。

在这种情境中，复杂的分离激励机制 DIM2 的出现，将会伴随着 δ、g 和 ζ 的下降。δ 测度的是政治家保持权力地位的意愿，g 测度的是选举过程中政治献金的重要性，ζ 测度的是代理人从信息租金中抽取政治献金的意愿。因此，那些有着长期计划和目标的政治家，以及选举献金的私人融资方式，都会更偏向于简单的指令与控制机制，而
173 更为复杂的授权下的激励分离机制则不那么受欢迎。在有着多重私人信息下的利益集团时，关于连任的担忧所产生的这种负面影响应当与任何一种积极的声誉影响结合起来，当选民意识到政治家在第 1 期内追求社会目标时，这种积极的声誉就建立起来了。以分离激励机制为目标的改革原本是很有价值的，但是多重利益集团的出现有可能使这

① CPM2 的静态规制取值可以从 $\delta=0$ 时的（7.29）式中得到。

种改革变得不受欢迎，因为这些强有力的机制会引发更多政治利益上的冲突，产生额外的扭曲效应。

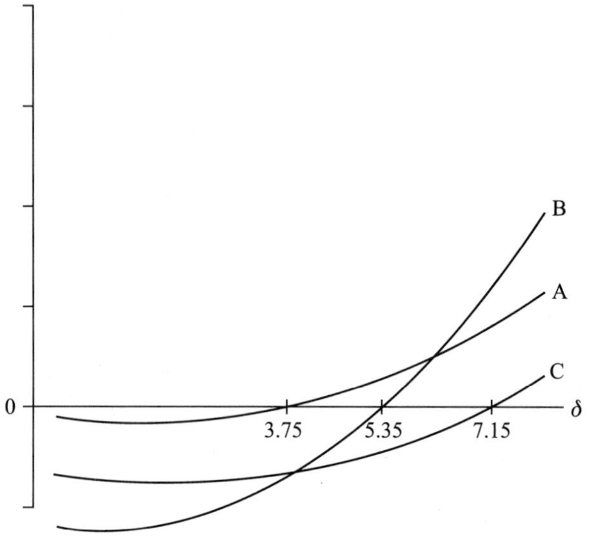

图 7—2 不同的预期福利

注：$E_\lambda W(\hat{d})-E_{\lambda\alpha}\hat{W}(\vec{\hat{d}})$，式（7.33）和（7.30）给出的 δ 的函数。$V(d)=\frac{1}{2}d^2$，$E\lambda=1$，$var(\lambda)=0$，$\nu=0.6$，$\mu=0.6$，$K=5$，$g=1$，$\zeta=0.75$。

7.6 结论

在本章中，我们对政治家在追逐其选民的私人利益动机时所拥有的自由裁量权进行了经济学分析，并由此解释了环境政策中的政治经济学。一些选民比其他人更为担心污染问题，而另一些选民则能从污染企业获得信息租金。

复杂的环境政策取决于一些无法证实的变量，这些变量也不能在 174
宪政中明确规定。因此就必须要授权给政治家，当政治家的动机是通过在一定程度上迎合多数选民以保持权力，而不是将社会福利最大化时，就带来了激励问题。我们已经看到，公共资金的社会成本越大，即 $E\lambda$ 越大，经济变量（$var(\lambda)$，$\Delta\theta$，$\Delta\beta$）的变动就越大，保持灵活性的价值就越大，因此授予政治家的权威也就越大。但是，当多数群体的人数优势越低（a^* 越低），或者信息租金越大（ν 以及/或者 μ 越大），政治家的目标对社会福利最大化水平的偏离程度就越大，这就为制定较为严厉的环境政策从而减少政治家的自由裁量权提供了正当的理由。

连任的考虑为这个基本的权衡问题带来了相互矛盾的影响。如果通过声誉效应以及更好的社会控制，使得在当下过度追逐私人利益动机来应对下一轮选举的成本较高，那么更为复杂的环境政策或许是社会最优的。另一方面，如果对于连任而言，政治献金的作用十分重要（较大的 g），而且竞选献金与不同利益集团的信息租金又是极度相关的（较大的 ζ），那么，政治家会偏向那些支持他们的利益集团，这样就会带来更大的扭曲效应。如果将扭曲效应与政治献金的福利损失加总，那么政治风险就会变得很高，这时就会出现放弃复杂政策的倾向。对连任的考虑所带来的影响是相互矛盾的，孰重孰轻都会对结果产生影响，如果声誉效应超过 g 效应和 ζ 效应的联合效应，那么政治上长期的观点（δ 更大）有利于复杂的激励机制或者市场机制的出现，而在其他情况下，这种有利条件就消失了。

本章提出的方法可以扩展应用到其他类型的社会与经济规制中。而且，通过考虑更为详细现实的选举程序，以及引入各种不同的制度（官僚、法院等），用来减轻对多数群体负责的公共政策授权方面的激励问题，都会进一步拓展这种分析方法。①

175 第 7 章附录

A.7.1　命题 7.1 的证明

为比较两种机制 DPM 与 DIM，我们首先注意到两种机制的预期福利函数在 $\bar{\theta}=\underline{\theta}$ 时是等价的（方程（7.7）、（7.8）、（7.11）与（7.12）的值是一样的），另外在 $\bar{\theta}=\underline{\theta}$ 时 $\bar{\theta}$ 的一阶导数是负的，而且也是等价的。因此，我们通过计算 $\bar{\theta}=\underline{\theta}$ 时预期社会福利函数对 $\bar{\theta}$ 的二阶导数来比较 DPM 与 DIM 机制。首先考虑 DIM 机制下的情形，政治上的多数群体会

① 见布瑞尔（Breyer，1992）与波拉克（Pollak，1995）。

选择激励分离机制。多数群体 1 所决定的社会福利水平 $W(\underline{d}_1, \bar{d}_1)$ 可根据式（7.1）及（7.4）表述为：

$$W(\underline{d}_1, \bar{d}_1) = \frac{W^1(\underline{d}, \bar{d})}{\alpha^*} + \nu\Delta\theta(K - \bar{d}_1)$$

在这里 $W^1(\cdot,\cdot)$ 是多数群体 1 的目标函数。对 $W^1(\underline{d}_1, \bar{d}_1)$ 运用包络定理，根据式（7.7）我们得到：

$$\frac{dW(\underline{d}_1, \bar{d}_1)}{d\bar{\theta}} = -(1+\lambda-\nu)(K-\bar{d}_1) - \nu\Delta\theta\frac{d\bar{d}_1}{d\bar{\theta}}$$

$$\frac{d\bar{d}_1}{d\bar{\theta}} = \frac{1+\lambda}{(1-\nu)V''(\bar{d}_1)}$$

因而：

$$\frac{d^2W(\underline{d}, \bar{d}_1)}{d\bar{\theta}^2} = \frac{(1+\lambda-2\nu)(1+\lambda)}{(1-\nu)V''(\bar{d}_1)}$$

同样，由多数群体 2 决定社会福利水平时，我们有：

$$W(\underline{d}_2, \bar{d}_2) = \frac{W^2(\underline{d}_2, \bar{d}_2)}{\alpha^*} + (1 - \frac{1}{\alpha^*})\nu\Delta\theta(K - \bar{d}_2)$$

根据式（7.8）得到： 176

$$\frac{dW(\underline{d}_2, \bar{d}_2)}{d\bar{\theta}^2} = -(1+\lambda-\nu)(K-\bar{d}_2) - \left(1-\frac{1}{\alpha^*}\right)\nu\Delta\theta\frac{d\bar{d}_2}{d\bar{\theta}}$$

$$\frac{d\bar{d}_2}{d\bar{\theta}} = \frac{1+\lambda-\nu/\alpha^*}{(1-\nu)V''(\bar{d}_2)}$$

因而：

$$\frac{d^2W(\underline{d}_2, \bar{d}_2)}{d\bar{\theta}^2} = \frac{(1+\lambda-\nu/\alpha^*)}{(1-\nu)V''(\bar{d}_2)}(1+\lambda+\frac{\nu}{\alpha^*}-2\nu)$$

因此在 DIM 机制下（假设每一多数群体在一半的时间内掌控权力），$\bar{\theta}=\underline{\theta}$ 时的预期二阶导数（意味着 $\bar{d}_1=\underline{d}_1=(1+\lambda)\underline{\theta}$）可以表示为：

$$\left.\frac{d^2E_{\lambda\alpha}W(\underline{d}, \bar{d})}{d\bar{\theta}^2}\right|_{\bar{\theta}=\underline{\theta}} = \frac{\nu^2\left(\frac{\alpha^*-\frac{1}{2}}{\alpha^{*2}}\right)+1-2\nu+2(1-\nu)E\lambda+(E\lambda)^2+var(\lambda)}{(1-\nu)V''(d^0)} \tag{7.34}$$

其中 $V'(d^0)=(1+\lambda)\underline{\theta}$。

接下来考虑 DPM 机制，政治上的多数群体受到严格限制，只能选择单一减污水平，由 λ 的函数表示。从式（7.11）与（7.12）得到：

$$\left.\frac{\mathrm{d}d_1}{\mathrm{d}\bar{\theta}}\right|_{\bar{\theta}=\underline{\theta}}=\frac{1+\lambda}{V''(d^0)}$$

及

$$\left.\frac{\mathrm{d}d_2}{\mathrm{d}\bar{\theta}}\right|_{\bar{\theta}=\underline{\theta}}=\frac{1+\lambda-\frac{\nu}{\alpha^*}}{V''(d^0)}$$

当多数群体 1 掌握权力时，社会福利为：

$$W(d_1)=\frac{W^1(d_1)}{\alpha^*}+\nu\Delta\theta(K-d_1)$$

同样，当多数群体 2 掌权时，社会福利为：

177

$$W(d_2)=\frac{W^2(d_2)}{\alpha^*}+\left(1-\frac{1}{\alpha^*}\right)\nu\Delta\theta(K-d_2)$$

于是有：

$$\frac{\mathrm{d}W(d_1)}{\mathrm{d}\bar{\theta}}=-(1+\lambda-\nu)(K-d_1)-\nu\Delta\theta\frac{\mathrm{d}d_1}{\mathrm{d}\bar{\theta}}$$

以及

$$\frac{\mathrm{d}W(d_2)}{d\bar{\theta}}=-(1+\lambda-\nu)(K-d_2)-\left(1-\frac{1}{\alpha^*}\right)\nu\Delta\theta\frac{\mathrm{d}d_1}{\mathrm{d}\bar{\theta}}$$

最终我们得到：

$$\left.\frac{\mathrm{d}^2W(d_1)}{\mathrm{d}\bar{\theta}^2}\right|_{\bar{\theta}=\underline{\theta}}=(1+\lambda-2\nu)\frac{(1+\lambda)}{V''(d^0)}$$

与

$$\left.\frac{\mathrm{d}^2W(d_2)}{d\bar{\theta}^2}\right|_{\bar{\theta}=\underline{\theta}}=\left(1+\lambda+\frac{\nu}{\alpha^*}-2\nu\right)\frac{\left(1+\lambda-\frac{\nu}{\alpha^*}\right)}{V''(d^0)}$$

因此在 DPM 机制下（同样假设每一多数群体在一半的时间内具有权力），$\bar{\theta}=\underline{\theta}$ 时的预期二阶导数可以表示为：

$$\left.\frac{\mathrm{d}^2 E_{\lambda\alpha} W(d)}{\mathrm{d}\bar{\theta}^2}\right|_{\bar{\theta}=\underline{\theta}} = \frac{\nu^2\left(\dfrac{\alpha^* - \dfrac{1}{2}}{\alpha^{*2}}\right) + 1 - 2\nu + 2(1-\nu)E\lambda + (E\lambda)^2 + var(\lambda)}{V''(d^0)}$$

因此，DPM 机制下预期社会福利函数的二阶导数是式（7.34）给出的 DIM 机制下预期社会福利函数二阶导数的（1$-\nu$）倍。当且仅当（7.14）式成立时，这些导数所表示的分子符号为正。如果 $var(\lambda) > H(\cdot)$，当 $\bar{\theta}$ 趋近于 $\underline{\theta}$ 时，DIM 优于 DPM，如果 $var(\lambda) < H(\cdot)$，则结论相反。

A.7.2　命题 7.2 的证明 178

我们试图比较宪政直接确定 DPM 机制下和 DIM 机制下每一多数群体的预期福利水平，从而确定各类多数群体支持后一种宪政规则的热情有多高。因此我们在 $\bar{\theta}$ 趋近于 $\underline{\theta}$ 时，对比

$$E_{\lambda\alpha} W^1(d) - E_{\lambda\alpha} W^1(\underline{d}, \bar{d})$$

和

$$E_{\lambda\alpha} W^2(d) - E_{\lambda\alpha} W^2(\underline{d}, \bar{d})$$

首先要注意的是，在 $\Delta\theta = 0$ 时，这两种差异及其对 $\bar{\theta}$ 的一阶导数都会消失。因此我们考虑二阶导数。直接计算（证明的步骤与命题 7.1 类似）得到：

当且仅当 $var(\lambda) > H^1(\nu, a^*, E\lambda)$ 时，有

$$E_{\lambda\alpha} \frac{\partial^2 W^1(d)/\alpha^*}{\partial\bar{\theta}^2} - E_{\lambda\alpha} \frac{\partial^2 W^1(\underline{d}, \bar{d})/\alpha^*}{\partial\bar{\theta}^2} > 0$$

与此类似，当且仅当 $var(\lambda) > H^2(\nu, a^*, E\lambda)$ 时，有

$$E_{\lambda\alpha} \frac{\partial^2 W^2(d)/\alpha^*}{\partial\bar{\theta}^2} - E_{\lambda\alpha} \frac{\partial^2 W^2(\underline{d}, \bar{d})/\alpha^*}{\partial\bar{\theta}^2} > 0$$

第三部分

联盟形成及宪政设计

最近，大卫·伊斯顿提出了一个能将所有内容综合起来的定义，不仅如此，他的定义也精妙地将政治学纳入了社会科学的一般分析框架中。在他看来，政治是对价值的权威分配。

——莱科尔（Riker，1962)，第 10 页

很大一部分有关价值的权威分配的研究已经简化为对联盟的研究。

——莱科尔（1962)，第 12 页

181 # 第 8 章　对联盟形成的最优制度回应

即使一个利益集团中的所有个体成员都是理性的且利己的，而且利益集团整体目标的实现能够为每一个个体成员都带来好处，他们也不一定会努力去达到这个目标。

——奥尔森（M. Olson，1965），第 2 页

8.1　引言

政治最主要的内容之一就是做出集体决策。想要理解利益集团是如何形成并影响集体决策的政治过程，就必须要理解那些影响了联盟形成（coalition formation）的交易成本的本质。比如说，奥尔森（1965）曾提出，规模较小的利益集团，

其人均交易成本也较低，这个论断经常用以解释为何普通的纳税人通常无法形成利益集团，而某个行业的经理们却能组成有影响力的利益集团。奥尔森的论断是一种直觉，如果我们要对此建模，就需要一个不同于第2～5章的建模理论，这个理论需要将这些交易成本内生化。我们相信代理人（想达成合谋协议）之间的信息不对称是解释联盟之间交易成本的最主要的因素。[①] 在本章中，我们主要解释一种方法论，有了这种方法论之后[②]，就可以写出当合谋的合作者拥有私人信息时所 182
面临的集体激励约束是怎样的。它也为系统分析政府这一类组织中的集体激励提供了重要的一步，同时为奥尔森观点的建模提供了一个框架。[③]

有关集体决策机制中的合谋的文献最初由格林与拉丰（Green and Laffont，1979）开创，他们证明了代理人自由分享其私人信息时，（个体激励相容的）格罗夫斯机制（Groves mechanisms）在面对联盟形成时起不了什么作用。此外，对于代理人只分享私人信息的占优策略机制，拉丰与马斯金（Laffont and Maskin，1980）已经提出，哪怕可选的机制类型是连续的，也只有混同决策规则可以实施。克里默（Cremer，1996）提出，即便是已经考虑了联盟中的信息不对称问题，格罗夫斯机制仍然算不上是能够防范合谋的机制。

马斯金（1999）由纳什执行时（即关于代理人的信息是完全的）得到了非常规范的结果，表明了即使在对代理人的特征没有任何限制时，纳什均衡中满足无否决权的任何单调的社会选择规则都是可执行的。在同样的环境下，马斯金（1979）又在提供了三种备选方案的情况下，论证了任何满足无否决权的社会选择规则在面临合谋时，都是没有防范能力的（即在强纳什均衡下是不可执行的）。

在本章，我们将在贝叶斯设定[④]下，研究如下问题：为了试图操纵

---

① 在莱科尔（Riker，1962，第77页）运用合作博弈理论对政治联盟的研究中，他也坚持认为不确定性具有关键作用，但是他的角度却不尽相同："真实世界中的不确定性与谈判地位会促使联盟成员致力于以主观估计的最低值赢得联盟，而不是以实际上的最低值为目标。在决策系统大到参与者彼此互不相识，而且也不知道彼此都在做什么的时候，仅仅因为缺乏沟通和参与者在估计彼此权重时的无能为力，联盟的实际规模和权重就都无法确定。

② 这个方法最初由拉丰和马赫蒂摩（Laffont and Martimort，1997，1999）提出。

③ 但是在本书中，我们并没有给出交易成本取决于利益集团中成员数量的正式关系。

④ 见拉丰与马斯金（1979）对于贝叶斯-纳什行为下合谋的开创性研究。

由宪政规则定义的集体决策过程，两个利益集团进行水平合谋。

在 8.2 节中，我们将会构建一个模型，允许两个利益集团的私人信息具有相关关系。当利益集团不合谋时，在宪政所施行的机制中，他们的贝叶斯纳什最大化行为不会对中间个体理性配置施加任何限制，无论非零相关系数 ρ 的大小如何这一中间的个体理性配置可以通过宪政来实现。在贝叶斯执行下，货币转移支付的灵活性使宪
183 政可以无成本地得到信息显示。效率与激励并不冲突。于是，在相关系数为 0 时会出现不连续性。我们知道，在这个“独立”的例子中，委托人无法达到完全信息的最优状态，相反，在相关系数不为零的其他任何情况下，他都可以达到这个最优状态。8.2 节基于我们的模型，解释了克里默与马克林（Cremer-McLean，1988）的拍卖机制下的这一结果。

8.3 节讨论了在不可验证信息下为合谋建模带来的一系列问题，并证明了我们分析中做出的选择。8.4 节分析了利益集团可以无成本地互相分享私人信息的情况，并提供了一个精确的分析框架，这个框架中合谋所导致的额外激励约束的特征，符合格林与拉丰（1979）及其他学者的传统观点。这一分析框架也延续了之前的分析结论，即由于防范合谋约束使得克里默-马克林机制无法实现，因此将不可能再达到完全信息的最优状态。当相关系数变得很小时，即可恢复 $\rho=0$ 时最优机制的连续性，而这也预示着，即使是在完全相关条件下也会出现扭曲效应。在这节中，我们还会发现，一般的分析方法会将委托人可使用的机制仅仅限制在（联合披露之前）代理人的（原始）私人信息显示机制的范围内。8.5 节考虑了在代理人联合披露私人信息后，能够得到代理人已经获得的信息的更为一般的机制。通常在这种情况下，就可以达到完全信息的最优状态了。

在 8.6 节中，我们对不完全信息下的合谋进行建模，提供了不可验证信息下的防范合谋原则，并描述了防范合谋约束与最优宪政机制应具有的特征。和以往一样，由于防范合谋约束的作用，最优机制在 $\rho=0$ 时恢复连续性。而且，在完全相关情况下，委托人得到的结果不再是 8.4 节中那样的配置，而是接近于有效率配置的结果。这表明，由于不完全信息所导致的联盟内部的交易成本至关重要。随着相关关系逐渐趋近于完全相关，这些交易成本变得更加有效，以至于防范合

谋约束逐渐放松。8.7 节从本章的分析出发，总结了进一步研究的多种方向。

8.2 模型

184

现在我们对第二章中的模型进行拓展，来考虑仁慈宪政或是有一个为公众利益着想的代理人的情况，同时还有两个政治家，这两位政治家为两阶段生产过程提供必需的主要投入品。每一个政治家都完全融入了他所控制的企业，或者是被他所控制的企业完全俘获了。为了简化，我们将政治家—企业配对（pairs）称为代理人。当宪政打算生产数量为 q 的最终产品时，代理人 1 生产数量为 q_1 的中间产品（产品 1），代理人 2 则用这些中间产品来生产数量为 q_2 的最终产品（产品 2）。生产技术是里昂惕夫生产技术以及一对一的，$q=q_1=q_2$。

每一代理人对其恒定的边际成本 θ_i 拥有私人信息。这些边际成本 (θ_1, θ_2) 来自于具有独立支持 $\Theta=\{\underline{\theta}, \bar{\theta}\}$ 的联合共同知识分布，其中 $\Delta\theta=\bar{\theta}-\underline{\theta}>0$。我们用以下符号表示：

$$p_{11}=\Pr(\theta_1=\underline{\theta} \text{ and } \theta_2=\underline{\theta})$$
$$p_{12}=\Pr(\theta_1=\underline{\theta} \text{ and } \theta_2=\bar{\theta})$$
$$p_{21}=\Pr(\theta_1=\bar{\theta} \text{ and } \theta_2=\underline{\theta})$$
$$p_{22}=\Pr(\theta_1=\bar{\theta} \text{ and } \theta_2=\bar{\theta})$$

用 $\rho=p_{11}p_{22}-p_{12}p_{21}$ 来测度相关关系，假定相关系数非负。为简单起见，我们将分析限制在对称信息的情况，$p_{12}=p_{21}\neq 0$。

我们用下式来表示代理人 i 的效用：

$$U_i = t_i - \theta_i q, \quad i = 1,2$$

在这里，t_i 表示来自于宪政层面的货币转移支付。

社会福利水平为：

$$W = S(q) - (1+\lambda)(t_1+t_2) + U_1 + U_2 = S(q) - (\theta_1+\theta_2)q - \lambda t_1 - \lambda t_2$$

我们赋予符号不同的意义：符号 1 指有效率类型，符号 2 指无效率类型。t_{ij} 指当另一个代理人为类型 j 时，类型 i 代理人收到的转移支付；q_{ij} 为类型 i 代理人和类型 j 代理人同时存在时的生产水平。

完全信息的社会最优状态可以表述为：

$$S'(q_{11}^*) = 2(1+\lambda)\underline{\theta}$$

$$S'(q_{12}^*) = S'(q_{21}^*) = (1+\lambda)(\underline{\theta}+\bar{\theta})$$

185 $$S'(q_{22}^*) = 2(1+\lambda)\bar{\theta}$$

$$t_{11}^* = \underline{\theta} q_{11}^*,\quad t_{12}^* = \underline{\theta} q_{12}^*,\quad t_{21}^* = \bar{\theta} q_{21}^*,\quad t_{22}^* = \bar{\theta} q_{22}^*$$

请注意，即使 $q_{12}^* = q_{21}^*$，$t_{12}^* \neq t_{21}^*$。当一对代理人既包括有效率类型又包含无效率类型时，t_{12}^* 为有效率代理人得到的转移支付，t_{21}^* 为无效率代理人得到的转移支付。

在对于生产特征（θ_1，θ_2）的信息不完全时，宪政可以利用不同类型代理人之间的相关关系，来设计出一个包含标尺竞争的机制，从而抽取所有代理人的全部信息租金，达到完全信息的最优状态。下面，我们将说明，能够实现这一解决办法的转移支付具有怎样的特征。

根据显示原理，我们将分析限制在贝叶斯意义下说真话并且具有中间个体理性的显示机制内。运用对称性，显示机制可以定义为：

$$t_{11}, q_{11};\quad t_{12}, t_{21}, q_{12} = q_{21};\quad t_{22}, q_{22}$$

首先，我们来写出激励约束。对于 $\underline{\theta}$ 类型代理人来说，当他预期到另一个代理人会讲真话的时候，必须保证他倾向于讲真话而不是说谎，即：

$$\frac{p_{11}}{p_{11}+p_{12}}(t_{11}-\underline{\theta} q_{11}) + \frac{p_{12}}{p_{11}+p_{12}}(t_{12}-\underline{\theta} q_{12}) \geqslant \frac{p_{11}}{p_{11}+p_{12}}(t_{21}-\underline{\theta} q_{21}) + \frac{p_{12}}{p_{11}+p_{12}}(t_{22}-\underline{\theta} q_{22}) \tag{8.1}$$

实际上，$\frac{p_{11}}{p_{11}+p_{12}}\left(\frac{p_{12}}{(p_{11}+p_{12})}\right)$ 为当他自身为 $\underline{\theta}$ 类型代理人时，预期另一个代理人是 $\underline{\theta}$ 类型（$\bar{\theta}$ 类型）的信念。将（8.11）式乘以（$p_{11}+p_{12}$），我们得到：

$$p_{11}(t_{11}-\underline{\theta} q_{11}) + p_{12}(t_{12}-\underline{\theta} q_{12}) \geqslant p_{11}(t_{21}-\underline{\theta} q_{21}) + p_{12}(t_{22}-\underline{\theta} q_{22}) \tag{8.2}$$

同样，我们分别得到 $\underline{\theta}$ 类型代理人的激励约束，以及 $\underline{\theta}$ 与 $\bar{\theta}$ 类型代理人的个体理性约束。

$$p_{21}(t_{21}-\bar{\theta}q_{21})+p_{22}(t_{22}-\bar{\theta}q_{22})\geqslant p_{21}(t_{11}-\bar{\theta}q_{11})+p_{22}(t_{12}-\bar{\theta}q_{12}) \tag{8.3}$$

$$p_{11}(t_{11}-\underline{\theta}q_{11})+p_{12}(t_{12}-\underline{\theta}q_{12})\geqslant 0 \tag{8.4}$$

$$p_{21}(t_{21}-\bar{\theta}q_{21})+p_{22}(t_{22}-\bar{\theta}q_{22})\geqslant 0 \tag{8.5}$$ 186

宪政希望在式（8.2）至（8.5）约束条件下，达到预期社会福利最大化：

$$p_{11}[S(q_{11})-2\underline{\theta}q_{11}-2\lambda t_{11}]+2p_{12}[S(q_{12})-(\underline{\theta}+\bar{\theta})q_{12}-\lambda(t_{12}+t_{21})]$$
$$+p_{22}[S(q_{22})-2\bar{\theta}q_{22}-2\lambda t_{22}] \tag{8.6}$$

于是我们得到克里默-马克林定理的特殊情形。①

命题 8.1 对于 $\rho\neq0$，宪政达到完全信息的最优状态。

证明：我们可以找到符合四个约束条件的转移支付，即在中间阶段没有给代理人留下任何预期租金的同时满足激励相容条件。实际上，对于 $\rho\neq0$，由于决定因素为 $-\rho^2$，下面的运算是可逆的。

$$\begin{bmatrix} 0 & 0 & p_{11} & p_{12} \\ p_{21} & p_{22} & 0 & 0 \\ p_{11} & p_{12} & 0 & 0 \\ 0 & 0 & p_{21} & p_{22} \end{bmatrix}\begin{bmatrix} t_{11} \\ t_{12} \\ t_{21} \\ t_{22} \end{bmatrix}=\begin{bmatrix} \underline{\theta}(p_{11}q_{21}+p_{12}q_{22}) \\ \bar{\theta}(p_{21}q_{11}+p_{22}q_{12}) \\ \underline{\theta}(p_{11}q_{11}+p_{12}q_{12}) \\ \bar{\theta}(p_{21}q_{21}+p_{22}q_{22}) \end{bmatrix} \tag{8.7}$$

当 $\rho\neq0$，对式（8.7）求解，可得到执行完全信息解的转移支付。

$$\hat{t}_{11}=\frac{\underline{\theta}p_{22}(p_{11}q_{11}+p_{12}q_{12})-\bar{\theta}p_{12}(p_{21}q_{11}+p_{22}q_{12})}{\rho}$$

$$\hat{t}_{12}=\frac{\bar{\theta}p_{11}(p_{21}q_{11}+p_{22}q_{12})-\underline{\theta}p_{21}(p_{11}q_{11}+p_{12}q_{12})}{\rho}$$

$$\hat{t}_{21}=\frac{\underline{\theta}p_{22}(p_{11}q_{21}+p_{12}q_{22})-\bar{\theta}p_{12}(p_{21}q_{21}+p_{22}q_{22})}{\rho}$$

$$\hat{t}_{22}=\frac{\bar{\theta}p_{11}(p_{21}q_{21}+p_{22}q_{22})-\underline{\theta}p_{21}(p_{11}q_{21}+p_{12}q_{22})}{\rho}$$

① 也可参见迈克菲和雷尼（McAfee and Reny，1991），里奥丹和萨平顿（Riordan and Sappington，1988）。

我们观察到随着 p_{12} 趋近于 0，所有的事后租金 $u_{ij}=t_{ij}-\theta_i q_{ij}$ 也趋近于 0。随着奖励与罚金同时收敛于 0，从而可以达到最优状态。

187 反之，如果 ρ 趋近于 0，那么 t_{11} 与 t_{21} 趋近于 $-\infty$，t_{12} 与 t_{22} 趋近于 $+\infty$。

当代理人非常相似的时候，通过标尺竞争获取他们的租金会比较容易，这并不奇怪。而令人困惑的是，无论代理人之间类型的相关度有多高，哪怕是非常微小的相关度，这个结论都会成立。通过设定严格的奖惩措施，这一机制可以实现代理人的风险中性。对于 $\underline{\theta}$ 类型的代理人，当他讲真话时，如果另一个代理人为 $\bar{\theta}$ 类型，他得到丰厚的奖励，而如果另一个代理人为 $\underline{\theta}$ 类型，他将得到严厉的惩罚。对于 $\bar{\theta}$ 类型代理人也是如此。由此，我们可以对这些数字进行人为安排，使得它们总能让代理人讲真话。

但是，这个结果还要考虑两个问题。第一，由于代理人（委托人）的资源是有限的，那么施加无限制的罚金（或者甚至是无限制的奖励）都是不现实的。第二，在 $\rho=0$ 时会产生一个非常明显的不连续性。实际上，当代理人彼此完全独立时，宪政就无法实现完全信息的最优状态（而任何极小的相关程度都可以使得最优状态实现）。

对于代理人彼此独立的情形，作出如下定义：

$$\nu=\Pr(\theta_1=\underline{\theta})=\Pr(\theta_2=\underline{\theta})$$

于是

$$p_{11}=\nu^2, p_{12}=p_{21}=\nu(1-\nu), p_{22}=(1-\nu)^2$$

延续第二章的方法，我们得到符合下述特征的最优机制：

$$S'(q_{11}^{\mathrm{I}})=2(1+\lambda)\underline{\theta}$$

$$S'(q_{12}^{\mathrm{I}})=(1+\lambda)(\underline{\theta}+\bar{\theta})+\lambda\frac{\nu}{1-\nu}\Delta\theta$$

$$S'(q_{22}^{\mathrm{I}})=2(1+\lambda)\bar{\theta}+\frac{2\lambda\nu}{1-\nu}\Delta\theta$$

宪政放弃了 $\underline{\theta}$ 类型代理人所得到的信息租金，而且，为了降低租金，宪政会对生产水平产生向下的扭曲效应（$q_{12}^{\mathrm{I}}<q_{12}^{*}$；$q_{22}^{\mathrm{I}}<q_{22}^{*}$）。

$\rho=0$ 处的连续性可以通过以下两种方式重新获得：第一种方式是
188 对代理人施加外生的有限责任约束，对任何 i，j，有 $t_{ij}\geqslant k$；第二种方式是对委托人施加有限资源约束，对任何 i，j，有 $t_{ij}\leqslant k$。

在本章中，我们将会探寻一种不同的解决之道。运用标尺竞争来抽取代理人的全部租金的能力，是能够引发合谋行为的。委托人必须要考虑个体激励约束，除此之外，也必须要考虑到联盟的激励约束。这一分析还会有个额外收获，在 $\rho=0$ 处，最优机制的连续性可以重新产生。

8.3 为合谋建模

为合谋建模需要作出大量的选择。信息流与契约的时机是什么：代理人在何时得到私人信息，是在与委托人或监督者（ringmaster）签订契约之前还是之后？合谋伙伴在何时与监督者签订契约，是在与代理人签订契约之前还是之后？合谋是否包括信息共享，如果可能共享信息，是不是在没有合谋时也会共享？合谋方是否可以接近信息不足的第三方，即监督者，在宪政确立的机制中组织集体性的回应，还是说合谋要约来自于信息充分的一方？合谋契约是否有约束力？合谋契约是否可以使用货币转移支付，还是由于其违法性，它是可以自我执行的？这些违法的契约中是否存在着交易成本？

在本章中，我们提出两个建模例子，请注意，在考虑每一个特别问题时，都不要忽略模型的细节。

在这两个例子中，时间节点如下：

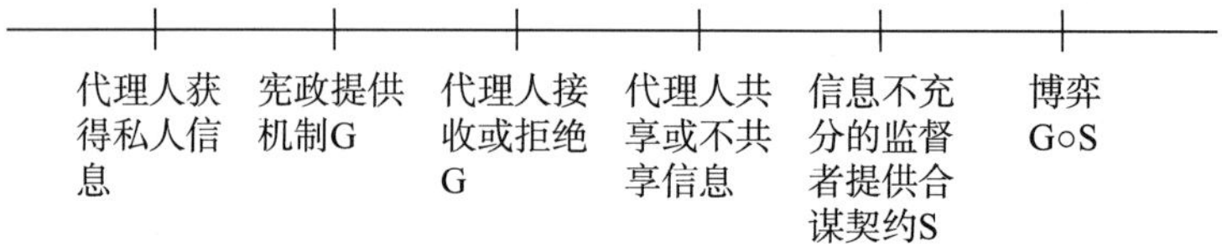

首先，每一个代理人 i，$i=1$，2，了解到自身的类型 θ_i。宪政 189
（委托人）提供显示机制 G①，我们将其写作 $q(\tilde{\theta}_1, \tilde{\theta}_2)$，$t_1(\tilde{\theta}_1, \tilde{\theta}_2)$，$t_2(\tilde{\theta}_1, \tilde{\theta}_2)$，其中 $\tilde{\theta}_1$ 与 $\tilde{\theta}_2$ 分别为代理人 1 与代理人 2 的公告。如果任

① 可以证明的是（Laffont 和 Martimort，1999），在代理人之间没有信息共享的情况下，一个更为一般的机制不会带来任何收益（参见 8.5 小节）。但是，我们假设 G 不能以合谋契约 S 的代理人的公告为先决条件，因为代理人会调整他们对 G 的回应。隐含的假设条件是，监督者总是能够取消那些诱使代理人披露他们的共同信息 S 的机制。

一代理人拒绝 G，则博弈终止，所有的参与者得到零支付。如果两位代理人都接受 G，我们将考虑两种情况：第一种，假设代理人拥有能使彼此分享私人信息的技术，第二种，假设分享信息这个阶段不存在。然后，一个信息不充分的第三方提供给代理人合谋契约 S，这个契约中必须包含操纵报告的条款，对应的私下转移支付能在激励约束与个体理性约束下，使代理人的预期总效用最大化，并保证代理人的所得至少不少于采取不合作态度，去履行 G 时的所得。如果任一代理人拒绝 S，则代理人不合作，履行 G。除此之外，均进行 G◦S 博弈。

这里最具争议的假设是，是否能够接近可强制执行契约的监督者。如果让一个不知情的第三方来充当监督者，那么当代理人彼此分享私人信息时，合谋的力量就被削弱了，因为如果由知情者来充当监督者，他们可以达成信息联盟，从而消除个体激励约束的影响。反之，当合谋方彼此并不熟悉时，让不知情的第三方来充当监督者，可以避免知情委托人的无效率并且提高联盟的力量。所有这些情况都会面临一个疑问，尽管这种有约束力的契约是违法的，但它又确实是一个必不可少的先决条件。合谋中的任何一方都必须求助于类似黑手党这种第三方，或者诉诸名誉声望，在这种情况下，这些都是通往真实动态分析的捷径。

我们的建模过程所拥有的优势是允许防范合谋原则，如显示原理，这些原则可以得到具有可操作性的分配结果，以及面临个体和集体激励约束时的最佳宪政回应。

190

8.4　完全信息下的合谋

在给定的机制 G，$(q(\cdot), t_1(\cdot), t_2(\cdot))$ 下，监督者提出经过操纵的报告 $\phi(\theta_1, \theta_2)$，以及私下转移支付 $y_1(\theta_1, \theta_2)$，$y_2(\theta_1, \theta_2)$，在激励约束、个体理性约束和平衡转移支付约束下，将代理人的预期总效用最大化。[①] 由于代理人可以分享私人信息，约束条件设定在完全信息的基础上，因此监督者的方案可以分解成每个 (θ_1, θ_2) 组合的最

① 通过这一假设，我们考虑了最有利于由不知情第三方组织合谋行为的情形。

大化方案。

$$(\text{Ⅰ})\max_{\phi(\cdot),y_1(\cdot),y_2(\cdot)} t_1(\phi(\theta_1,\theta_2))+t_2(\phi(\theta_1,\theta_2))-(\theta_1+\theta_2)q(\phi(\theta_1+\theta_2))$$

约束条件为

$$y_1(\theta_1,\theta_2)+y_2(\theta_1,\theta_2)=0 \tag{8.8}$$

$$\begin{aligned}&t_1(\phi(\theta_1,\theta_2))-\theta_1 q(\phi(\theta_1,\theta_2))+y_1(\theta_1,\theta_2)\\ &\geqslant t_1(\phi(\tilde{\theta}_1,\theta_2))-\theta_1 q(\phi(\tilde{\theta}_1,\theta_2))+y_1(\tilde{\theta}_1,\theta_2)\ \text{for}\ \tilde{\theta}_1\neq\theta_1\end{aligned} \tag{8.9}$$

$$\begin{aligned}&t_2(\phi(\theta_1,\tilde{\theta}_2))-\theta_2 q(\phi(\theta_1,\theta_2))+y_2(\theta_1,\theta_2)\\ &\geqslant t_2(\phi(\theta_1,\tilde{\theta}_2))-\theta_2 q(\phi(\theta_1,\tilde{\theta}_2))+y_2(\theta_1,\tilde{\theta}_2)\ \text{for}\ \tilde{\theta}_2\neq\theta_2\end{aligned} \tag{8.10}$$

$$t_1(\phi(\theta_1,\theta_2))-\theta_1 q(\phi(\theta_1,\theta_2))+y_1(\theta_1,\theta_2)\geqslant U_1^G(\theta_1,\theta_2) \tag{8.11}$$

$$t_2(\phi(\theta_1,\theta_2))-\theta_2 q(\phi(\theta_1,\theta_2))+y_2(\theta_1,\theta_2)\geqslant U_2^G(\theta_1,\theta_2) \tag{8.12}$$

其中，U_i^G（θ_1，θ_2）表示在完全信息下，G 处于非合作博弈状态时，代理人 i 的效用。

这里要注意的是，对委托人与第三方的显示机制的限制是强限制，因为委托人和第三方都知道代理人是知情的，而且可以利用马斯金博弈对每个代理人进行问询，从而显示其全部的信息（θ_1，θ_2）。在 8.5 小节中我们会对这些更为一般的机制进行进一步研究。

在上述限制条件下，可以立刻获得显示原理的一般情况。

命题 8.2 防范合谋机制：任何契约要约与合谋契约要约的两阶段博弈的贝叶斯完美均衡，$G \circ S$，均可由代理人提供的说真话显示机 191
制实现，而且第三方的最佳反应是不提供报告操纵及私下转移支付。

证明：考虑到当委托人提出 G 时，第三方提供的最优合谋契约 S，$\bar{G}=G\circ S$。$\bar{G}$ 为说真话显示机制，并且该机制使得零合谋契约（无报告操纵且无私下转移支付）是第三方的最佳反应。假设这种情况不为真，$\bar{G}$ 是构建出来的说真话机制，假设第三方提供新的契约 $\bar{S}$，这一新的契约至少在某一些（θ_1，θ_2）组合下对联盟更好。于是，对于联盟来说，$S\circ\bar{S}$ 优于 S，这与 S 是最优的相互矛盾。

还有一层需要说明的含义是，$\phi(\cdot)=i(\cdot)$；$y_1=y_2=0$；是（Ⅰ）中描述防范合谋约束条件的最优契约要约。

命题 8.3　当且仅当满足如下条件时，显示机制 G 为防范合谋机制。

$$
\begin{aligned}
2(t_{11}-\underline{\theta}q_{11}) &\geqslant t_{12}+t_{21}-2\underline{\theta}q_{12} \\
&\geqslant 2(t_{22}-\underline{\theta}q_{22}) \\
t_{12}+t_{21}-(\underline{\theta}+\bar{\theta})q_{12} &\geqslant 2t_{22}-(\underline{\theta}+\bar{\theta})q_{22} \\
&\geqslant 2t_{11}-(\underline{\theta}+\bar{\theta})q_{11} \\
2(t_{22}-\bar{\theta}q_{22}) &\geqslant t_{12}+t_{21}-2\bar{\theta}q_{12} \\
&\geqslant 2(t_{11}-\bar{\theta}q_{11})
\end{aligned}
$$

证明：令 ζ，δ_1，δ_2，ν_1，ν_2 分别为（Ⅰ）中式（8.8）、（8.9）、（8.10）、（8.11）、（8.12）的乘数。将 $y_1(\theta_1，\theta_2)$、$y_2(\theta_1，\theta_2)$ 最大化，得到：

$$\xi+\delta_1+\nu_1=0=\xi+\delta_2+\nu_2 \text{ 或 } \delta_1+\nu_1=\delta_2+\nu_2=\delta+\nu。$$

将 $\phi(\theta_1，\theta_2)$ 最大化，得到：

$$
\begin{aligned}
\phi(\theta_1,\theta_2)\in \arg\max_{\tilde{\phi}}\{&t_1(\tilde{\phi})+t_2(\tilde{\phi})-(\theta_1+\theta_2)q(\tilde{\phi}) \\
&+\delta_1(t_1(\tilde{\phi})-\theta_1 q(\tilde{\phi}))+\delta_2(t_2(\tilde{\phi})-\theta_2 q(\tilde{\phi})) \\
&+\nu_1(t_1(\tilde{\phi})-\theta_2 q(\tilde{\phi}))+\nu_2(t_2(\tilde{\phi})-\theta_2 q(\tilde{\phi}))\}
\end{aligned}
$$

或

$$\phi(\theta_1,\theta_2)\in \arg\max_{\tilde{\phi}}(1+\delta+\nu)[t_1(\tilde{\phi})+t_2(\tilde{\phi})-(\theta_1+\theta_2)q(\tilde{\phi})]$$

于是得到该结果。

192 看起来，代理人的激励约束对第三方好像没有约束力，而防范合谋约束也与两个代理人作为一个整体时的激励约束条件完全相同。然而，委托人问题中的个体激励约束仍然存在，原因是代理人可以拒绝第三方提出的无效私下契约，而且如果委托人提出的契约没有说真话，代理人的行为也会出现偏差。[①]

将这些转移支付代入委托人的目标函数（8.6）中，对数量进行最

① 写出占优策略下的个体与集体激励约束正是格林与拉丰（1979）所采用的方法。

大化运算，我们得到：

命题 8.4 最优防范合谋宪政的特征是：

$$S'(q_{11}) = 2(1+\lambda)\underline{\theta}$$

$$S'(q_{12}) = (1+\lambda)(\underline{\theta}+\bar{\theta}) + \lambda\Delta\theta\frac{p_{11}}{p_{12}}$$

$$S'(q_{22}) = 2(1+\lambda)\bar{\theta} + 2\lambda\Delta\theta\frac{p_{12}}{p_{22}}$$

在完全信息条件下出现合谋时，委托人无法达到完全信息配置，因此会放弃一部分有效率类型的预期租金。在以下三种状态下，他所得到的比面临单个代理人时还要少：$2\underline{\theta}$，$\underline{\theta}+\bar{\theta}$ 与 $2\bar{\theta}$。在最后一种情形下，扭曲效应为：

$$S'(q_{12}) = (1+\lambda)(\underline{\theta}+\bar{\theta}) + \frac{1}{2}\lambda\Delta\theta\frac{p_{11}}{p_{12}}$$

$$S'(q_{22}) = 2(1+\lambda)\bar{\theta} + \frac{2p_{12}+p_{11}}{p_{22}}\lambda\Delta\theta$$

根据我们选择的时机安排，我们必须要考虑中间个体理性约束（因为代理人在共享信息前接受了 G），和事后的个体与集体激励约束。通常情况下，我们预期无效类型的参与约束与向上的激励约束是有约束力的，即：

$$t_{11} - \underline{\theta}q_{11} = t_{21} - \underline{\theta}q_{12} \tag{8.13}$$ 193

$$t_{12} + t_{21} - (\underline{\theta}+\bar{\theta})q_{12} = 2t_{22} - (\underline{\theta}+\bar{\theta})q_{22} \tag{8.14}$$

$$t_{12} - \underline{\theta}q_{12} = t_{22} - \underline{\theta}q_{22} \tag{8.15}$$

$$p_{21}(t_{21} - \bar{\theta}q_{21}) + p_{22}(t_{22} - \bar{\theta}q_{22}) = 0 \tag{8.16}$$

从式（8.13）到（8.16），我们得到：

$$t_{11} = \underline{\theta}q_{11} + \Delta\theta q_{12} \tag{8.17}$$

$$t_{21} = \bar{\theta}q_{12} \tag{8.18}$$

$$t_{22} = \bar{\theta}q_{22} \tag{8.19}$$

$$t_{12} = \underline{\theta}q_{12} + \Delta\theta q_{22} \tag{8.20}$$

当相关关系趋近于 0 且 ρ 趋近于 0 时，由 8.2 小节中的运算可得到：$\frac{p_{11}}{p_{21}}$和$\frac{p_{21}}{p_{22}}$趋近于$\frac{\nu}{1-\nu}$。

且

$$S'(q_{12}) = (1+\lambda)(\bar{\theta}+\underline{\theta}) + \lambda\Delta\theta\frac{\nu}{1-\nu}$$

$$S'(q_{22}) = 2(1+\lambda)\bar{\theta} + 2\lambda\Delta\theta\frac{\nu}{1-\nu}$$

也就是说：无须设定有限责任的任何外生假设，在 $\rho=0$ 处，最优机制的连续性也会再次出现。很容易看出当 ρ 趋近于 0 时，防范合谋约束可以避免使用克里默-马克林机制。其中一项防范合谋约束如下：

$$2(t_{11}-\underline{\theta}q_{11}) \geqslant 2(t_{22}-\underline{\theta}q_{12}) \tag{8.21}$$

我们发现，当 ρ 趋近于 0 时，在克里默-马克林机制中，t_{11} 趋近于 $-\infty$，t_{22} 趋近于 $+\infty$，这明显违反了式（8.21）。

194 8.5　完全信息下扩展机制的合谋

既然代理人可以共享私人信息，委托人和监督者可以使用一些比 8.4 节中的机制更为一般的机制，这些机制不仅要求代理人披露自身的私人信息，也要求他披露其他代理人的私人信息。事实上，显示原理也适用于这些讯息[①]空间（见瑞普罗（Repullo，1986），摩尔（Moore，1992）），我们可以继续运用显示机制。

令 $m_1=(\tilde{\theta}_1^1, \tilde{\theta}_2^1)$，$m_2=(\tilde{\theta}_1^2, \tilde{\theta}_2^2)$，分别为代理人 1 与代理人 2 的讯息。

在惩罚措施足够强硬时，第三方可以轻易地避免互相矛盾的讯息报告 m_1 与 m_2，于是他面临的就是两个代理人作为一个整体时的激励约束。因此，我们需要使用命题 8.3 中的防范合谋约束。

这一节中的分析与前面各节的主要区别在于，委托人可以用同样的方式避免互相矛盾的报告，这样一来将导致个体激励约束消失。由于代理人在共享信息之前接受了 G，因此余下的约束条件只有防范合谋激励约束和中间贝叶斯参与约束。

相关的约束条件为向上的防范合谋约束和参与约束：

① 博弈论中 message 表示当事人所传达的某些特定信息，但不一定是真实信息（information），所以通常译作“讯息”，加以区别。——译者注

$$2(t_{11}-\underline{\theta}q_{11})\geqslant t_{12}+t_{21}-2\underline{\theta}q_{12} \quad (8.22)$$

$$t_{12}+t_{21}-(\underline{\theta}+\bar{\theta})q_{12}\geqslant 2t_{22}-(\underline{\theta}+\bar{\theta})q_{22} \quad (8.23)$$

$$p_{11}(t_{11}-\underline{\theta}q_{11})+p_{12}(t_{12}-\underline{\theta}q_{12})\geqslant 0 \quad (8.24)$$

$$p_{21}(t_{21}-\bar{\theta}q_{21})+p_{22}(t_{22}-\bar{\theta}q_{22})\geqslant 0 \quad (8.25)$$

因此：

命题 8.5 如果 $\rho_{12}\neq 0$，最优防范合扩展机制可实现完全信息的最优状态。

证明：如果 $\rho_{12}\neq 0$，从式（8.22）到（8.25）是可逆的，可以找到一些使代理人的租金为零的转移支付，因此，也就没有理由去扭曲生产决策。 195

需要注意的是，在 $\rho_{12}=0$ 处出现了一个不连续点。实际上，如果 $\rho_{12}=0$，在代理人接受机制 G 时，他是充分知情的。相关约束条件为：

$$t_{11}-\underline{\theta}q_{11}\geqslant t_{22}-\underline{\theta}q_{22}$$

$$t_{22}-\bar{\theta}q_{22}\geqslant 0$$

这和委托人面对单一代理人时的约束条件一样。上述机制利用了这样一个事实，在接受机制 G 时，代理人并不知道他们未来的合谋伙伴是属于哪种类型。只要 $\rho_{12}\neq 0$，这种不确定性就依然存在，但是在 $\rho_{12}=0$ 时则不复存在。

8.6 不完全信息下的合谋

本节的分析承认了在联盟形成过程中面临的一个主要阻力，是合谋伙伴常常无法可靠地共享私人信息。由于个体激励约束或许会变得有约束力，这个阻力可能会给联盟形成带来交易成本。我们仍然假设代理人无法根据合谋契约来调整自己所提出的契约要约，这是因为在我们的假设中，监督者总是能够调整代理人的反应，使这些契约毫无用武之地。

现在，委托人提供机制 G，可以将信息 $m=(m_1, m_2)\in M_1\times M_2$ 映射到数量与转移支付 $q(m)$，$t_1(m)$，$t_2(m)$。

监督者提供给代理人一个显示机制，[①] 包括报告操纵 $\phi(\theta_1, \theta_2)$ 和

① 在这里使用显示机制不会失去其一般性，因为我们可以在博弈的最后阶段应用显示原理。

私下转移支付 $y_1(\theta_1, \theta_2)$，$y_2(\theta_1, \theta_2)$，而这一机制必须是中间激励相容的，且是中间个体理性与平衡的，即：

对任何 (θ_1, θ_2)，均有

$$y_1(\theta_1,\theta_2)+y_2(\theta_1,\theta_2)=0 \tag{8.26}$$

196 我们用符号表示下述含义：

$$\phi_{11}=\phi(\underline{\theta},\underline{\theta});\phi_{12}=\phi(\underline{\theta},\bar{\theta});\phi_{21}=\phi(\bar{\theta},\underline{\theta});\phi_{22}=\phi(\bar{\theta},\bar{\theta})$$

$\underline{\theta}$ 类型代理人的中间激励约束为[①]：

$$\begin{aligned}&p_{11}[t_1(\phi_{11})+y_1(\underline{\theta},\underline{\theta})-\underline{\theta}q(\phi_{11})]+p_{12}[t_1(\phi_{12})+y_1(\underline{\theta},\bar{\theta})-\underline{\theta}q(\phi_{12})]\\&\geqslant p_{11}[t_1(\phi_{21})+y_1(\bar{\theta},\underline{\theta})-\underline{\theta}q(\phi_{21})]+p_{12}[t_1(\phi_{22})+\\&\quad y_1(\bar{\theta},\bar{\theta})-\underline{\theta}q(\phi_{22})]\end{aligned} \tag{8.27}$$

$$\begin{aligned}&p_{11}[t_2(\phi_{11})+y_2(\underline{\theta},\underline{\theta})-\underline{\theta}q(\phi_{11})]+p_{12}[t_2(\phi_{21})+y_2(\bar{\theta},\underline{\theta})-\underline{\theta}q(\phi_{21})]\\&\geqslant p_{11}[t_2(\phi_{12})+y_2(\underline{\theta},\bar{\theta})-\underline{\theta}q(\phi_{12})]+p_{12}[t_2(\phi_{22})\\&\quad +y_2(\bar{\theta},\bar{\theta})-\underline{\theta}q(\phi_{22})]\end{aligned} \tag{8.28}$$

如果代理人拒绝合谋契约 S，他们采取不合作的方式在机制 G 中展开博弈，[②] 并获得预期效用 $U_i^G(\theta_i)$。

$\underline{\theta}$ 类型代理人与 $\bar{\theta}$ 类型代理人的中间个体理性约束可被描述为：

$$\begin{aligned}&p_{11}[t_1(\phi_{11})+y_1(\underline{\theta},\underline{\theta})-\underline{\theta}q(\phi_{11})]+p_{12}[t_1(\phi_{12})+y_1(\underline{\theta},\bar{\theta})-\underline{\theta}q(\phi_{12})]\\&\geqslant(p_{11}+p_{12})U_1^G(\underline{\theta})\end{aligned} \tag{8.29}$$

$$\begin{aligned}&p_{11}[t_2(\phi_{11})+y_2(\underline{\theta},\underline{\theta})-\underline{\theta}q(\phi_{11})]+p_{12}[t_2(\phi_{21})+y_2(\bar{\theta},\underline{\theta})-\underline{\theta}q(\phi_{21})]\\&\geqslant(p_{11}+p_{12})U_2^G(\underline{\theta})\end{aligned} \tag{8.30}$$

$$\begin{aligned}&p_{21}[t_1(\phi_{21})+y_1(\bar{\theta},\underline{\theta})-\bar{\theta}q(\phi_{21})]+p_{22}[t_1(\phi_{22})+y_1(\bar{\theta},\bar{\theta})-\bar{\theta}q(\phi_{22})]\\&\geqslant(p_{21}+p_{22})U_1^G(\bar{\theta})\end{aligned} \tag{8.31}$$

$$\begin{aligned}&p_{12}[t_2(\phi_{12})+y_2(\underline{\theta},\bar{\theta})-\bar{\theta}q(\phi_{12})]+p_{22}[t_2(\phi_{22})+y_2(\bar{\theta},\bar{\theta})-\bar{\theta}q(\phi_{22})]\\&\geqslant(p_{21}+p_{22})U_2^G(\bar{\theta})\end{aligned} \tag{8.32}$$

---

① 另外一个激励约束条件可以忽略，而且我们会在事后确定它已经得到满足。

② 在这里我们假设，在拒绝契约 S 后，代理人不会改变他们的想法（见拉丰与马赫蒂摩（Laffont and Martimot，1999）对其他非均衡想法的讨论和更具一般性的分析）。

在宪政提出的任意机制 G：$q(\cdot)$，$t_1(\cdot)$，$t_2(\cdot)$ 下，（不知情的）监督者都会提出能在上述约束条件下使代理人的预期福利最大化的合谋契约 S^*，即对下式求解：

$$(\text{Ⅱ})\quad \max_{\substack{\phi_{ij}\\ i,j=1,2}} \sum_{ij} p_{ij}\left[t_1(\phi_{ij})+t_2(\phi_{ij})-(\theta_i+\theta_j)\theta(\phi_{ij})\right]$$

约束条件为式（8.26）至（8.32）。 197

接下来我们就可以按照 8.4 节中的逻辑思路进行分析：建立起一个防范合谋原则，用凹情况问题（Ⅱ）的一阶条件来描述防范合谋约束条件所具有的特征，在凹情况问题中，零合谋契约是第三方可给予的最优契约（详情见附录 A.8.1）。我们得到：

命题 8.6 如果存在满足下述条件，机制 G 为防范合谋机制。

对任何 (θ_1,θ_2)，

$$2t_{11}-2\theta q_{11}\geqslant t_1(\theta_1,\theta_2)+t_2(\theta_1,\theta_2)-2\underline{\theta}q(\theta_1,\theta_2) \tag{8.33}$$

对任何 (θ_1,θ_2)，

$$\begin{aligned} t_{12}+t_{21}-\left(\underline{\theta}+\bar{\theta}+\frac{p_{11}}{p_{12}}\varepsilon\Delta\theta\right)q_{12}\geqslant{}& t_1(\theta_1,\theta_2)+t_2(\theta_1+\theta_2)\\ &-\left(\underline{\theta}+\bar{\theta}+\frac{p_{11}}{p_{12}}\varepsilon\Delta\theta\right)q(\theta_1,\theta_2) \end{aligned} \tag{8.34}$$

对任何 (θ_1,θ_2)，

$$\begin{aligned} 2t_{22}-2\left(\bar{\theta}+\Delta\theta\frac{p_{12}\varepsilon}{p_{22}+\frac{\rho\varepsilon}{p_{12}}}\right)q_{22}\geqslant{}& t_1(\theta_1,\theta_2)+t_2(\theta_1+\theta_2)\\ &-2\left(\bar{\theta}+\Delta\theta\frac{p_{12}\varepsilon}{p_{22}+\frac{\varepsilon\rho}{p_{12}}}\right)q(\theta_1,\theta_2) \end{aligned} \tag{8.35}$$

在个体理性和激励约束条件和这些集体激励约束条件下，最优机制 G 可实现预期社会福利最大化。与往常一样，难点在于确定哪些才是相关联的约束条件。

首先注意到式（8.33）和（8.34）中蕴含着单调性条件：

$$q_{11} \geqslant q_{12} \tag{8.36}$$

同样，式（8.34）和（8.35）中蕴含着：

$$\psi(\varepsilon)(q_{12} - q_{22}) \geqslant 0 \tag{8.37}$$

且

$$\psi(\varepsilon) = 1 + 2\frac{p_{12}^2\varepsilon}{p_{12}p_{22} + \varepsilon(p_{11}p_{22} - p_{12}^2)} - \frac{p_{11}\varepsilon}{p_{12}}$$

当 ρ 很小时，对于任何［0，1］之间的 ε，$\psi(\varepsilon)$ 均为正，而且我
198 们的单调条件仍然是 $q_{12} \geqslant q_{22}$。但是，当 ρ 较大时，当 ε 趋近于 1 时，$\psi(\varepsilon)$ 可能为负。正如命题 8.5 所示，ε 是代理人最优化问题中的一个自由变量。因此，（8.37）式开启了在 $q_{12} < q_{22}$ 的情况下执行生产决策的可能性，也就是说，赋予了委托人违反单调性的能力。正是这个由贝叶斯激励相容带来的新的可能性，而不是前面小节中我们遇到的占优策略的激励相容，在相关性很高的情况下很有价值，如下所述。

我们区分相关性较高和较低两种情况，分别进行分析。

案例 1：低相关性

我们预期有效率类型面临着向上的激励约束，无效率类型面临着个体理性约束，集体激励约束是向上的，这些约束条件都是有约束力的。委托人的最优化方案可以写成：

$$\max_{\substack{q_{ij}, t_{ij} \\ i,j=1,2}} \; p_{11}[S(q_{11}) - 2\underline{\theta}q_{11} - 2\lambda t_{11}] + 2p_{12}[S(q_{12}) - (\underline{\theta} + \bar{\theta})q_{12} - \lambda(t_{12} + t_{21})] + p_{22}[S(q_{22}) - 2\bar{\theta}q_{22} - 2\lambda t_{22}]$$

约束条件为：

$$p_{11}[t_{11} - \underline{\theta}q_{11}] + p_{12}[t_{12} - \underline{\theta}q_{12}] \geqslant p_{11}[t_{21} - \underline{\theta}q_{12}] + p_{12}[t_{22} - \underline{\theta}q_{22}] \tag{8.38}$$

$$2t_{11} - 2\underline{\theta}q_{11} \geqslant t_{12} + t_{21} - 2\underline{\theta}q_{12} \tag{8.39}$$

$$t_{21} + t_{12} - \left(\underline{\theta} + \bar{\theta} + \frac{p_{11}\varepsilon}{p_{12}}\Delta\theta\right)q_{12} \geqslant 2t_{22} - \left(\underline{\theta} + \bar{\theta} + \frac{p_{11}\varepsilon}{p_{12}}\Delta\theta\right)q_{22} \tag{8.40}$$

$$p_{12}[t_{21} - \bar{\theta}q_{12}] + p_{22}[t_{22} - \bar{\theta}q_{22}] \geqslant 0 \tag{8.41}$$

$$q_{11} \geqslant q_{12} \geqslant q_{22} \tag{8.42}$$

由于 $q_{22} \leqslant q_{12}$，$\varepsilon=0$ 是弱约束条件（8.40）下的最优选择。对转移支付求解后，代入目标函数，将数量最大化，可以得到这一结果。 199

命题 8.7 对于低相关性，最优宪政应满足以下特征：

$$S'(q_{11}) = 2(1+\lambda)\underline{\theta}$$

$$S'(q_{12}) = (1+\lambda)(\underline{\theta}+\bar{\theta}) + \frac{\lambda\Delta\theta p_{11}}{2p_{12}}\left(1+\frac{p_{12}}{\rho+p_{12}}\right)$$

$$S'(q_{22}) = 2(1+\lambda)\bar{\theta} + \frac{\lambda\Delta\theta}{p_{22}}\left(p_{11}+2p_{12}-\frac{p_{12}p_{11}}{p_{12}+\rho}\right)$$

注意到，随着 ρ 趋近于 0，

$S'(q_{12})$ 趋近于 $(1+\lambda)(\underline{\theta}+\bar{\theta})+\dfrac{\lambda\Delta\theta p_{11}}{p_{12}}$

$S'(q_{22})$ 趋近于 $2(1+\lambda)\bar{\theta}+\dfrac{2\lambda\Delta\theta p_{12}}{p_{22}}$

在类型独立的情形中，在 $\rho=0$ 处，连续性重新产生

$$\frac{p_{11}}{p_{12}} = \frac{p_{12}}{p_{22}} = \frac{\nu}{1-\nu}$$

防范合谋约束条件再次避免了克里默-马克林机制的运用。

案例 2：高相关性

在相关性较高时，委托人可以通过利用（可能的）生产的非单调性，获得比上一种情形中更高的支付额。当 p_{12} 很小时，出现一组（$\underline{\theta}$，$\bar{\theta}$）代理人的可能性非常小，即使是在这种不太可能出现的情况下，委托人也可以担负起较低的生产水平。这使得他可以通过选择 $\varepsilon=1$，在相当程度上弱化防范合谋约束（8.40），使之变成：

$$t_{12}+t_{21}-\left(\underline{\theta}+\bar{\theta}+\frac{p_{11}\Delta\theta}{p_{12}}\right)q_{12} \geqslant 2t_{22}-\left(\underline{\theta}+\bar{\theta}+\frac{p_{11}}{p_{12}}\Delta\theta\right)q_{22} \tag{8.43}$$

由于 q_{12} 非常小，原本的防范合谋约束（8.39）被下面这个约束条件取代：

$$2t_{11}-2\underline{\theta}q_{11} \geqslant 2t_{22}-2\underline{\theta}q_{22} \tag{8.44}$$

在（8.38）、（8.43）、（8.44）、（8.41）一系列约束条件下，最大化预期社会福利，加上 $q_{11} \geqslant q_{22} \geqslant q_{12}$，从而得到：

200 **命题 8.8**　在高相关性条件下，最优宪政应满足以下特征：

$$S'(q_{11})=2(1+\lambda)\underline{\theta}$$

$$S'(q_{12})=(1+\lambda)(\underline{\theta}+\bar{\theta})+\lambda\frac{p_{11}}{p_{12}}\Delta\theta$$

$$S'(q_{22})=2(1+\lambda)\bar{\theta})+\frac{2\lambda p_{12}}{p_{22}}\Delta\theta$$

需要注意，当 p_{12} 趋近于 0 时，q_{12} 趋近于 0，[①] 而且 q_{22} 接近完全信息下的最优状态 q_{22}^*。

因此，随着 p_{12} 趋近于 0，我们可能实现完全信息下的最优状态。我们也可以确定预期租金收敛于 0。实际上当 p_{12} 足够接近于 0 时：

$t_{11}-\underline{\theta}q_{11}$ 趋近于 $\Delta\theta q_{22}$

$t_{12}-\underline{\theta}q_{12}$ 趋近于 $\Delta\theta q_{22}\ (1-\frac{p_{11}}{p_{12}})$

而且，$p_{11}(t_{11}-\underline{\theta}q_{11})+p_{12}(t_{12}-\underline{\theta}q_{12})$ 趋近于 $p_{12}\Delta\theta q_{22}$，当 p_{12} 趋近于 0 时，$p_{12}\Delta\theta q_{22}$ 也趋近于 0。

这样的结果与 8.4 小节中完全信息情况下的合谋截然不同。在 p_{12} 趋近于 0 的过程中，当讯息为 $\underline{\theta}$ 与 $\bar{\theta}$ 时，由于代理人为（$\underline{\theta}$，$\bar{\theta}$）组合的可能性几乎为 0，消除生产的成本也逐渐趋近于 0，而这样的收获就是消除了合谋的风险。只是对于出现（$\underline{\theta}$，$\bar{\theta}$）组合的忧虑依然存在，因为在 p_{12} 接近于 0 时，事后的租金 $t_{12}-\underline{\theta}q_{12}$ 趋近于负无穷大。这样一种担忧的存在，对于第三方督促讲真话的能力至关重要。[②] 联盟之中的交易成本变得如此之高，以至于合谋的约束条件都变得无效了。如果联盟内部的信息是完全的，那么这种担忧就可以在报告的完美协调下消失不见。

这一部分分析的主要结论就是，信息不对称所导致的合谋契约内的交易成本对委托人而言可能是极为有益的。即使委托人可以向代理人提供无成本的技术，来让代理人获知他们的类型，为了弱化合谋激
201 励约束，很明显他也不会这么做。总的来说，在组织内部追求效率去提升信息沟通，和维持代理人的不完全信息状态来更容易地消除合谋激励，这二者之间尚需权衡。

---

① 如果 $S'(0)$ 是有限的，那么 $q_{12}\geqslant 0$ 就变得有约束力了。

② 请注意，即使是一个弱有限责任的约束条件都可以避免这样的机制，当 p_{12} 接近于 0 时，也可以重新产生无效率。

8.7 总结

我们已经对当合谋伙伴打算组建利益集团时存在的交易成本进行了建模。这些交易成本的模型建立在联盟内部信息不对称的基础上，而且我们相信它们还可以为奥尔森的集体行动理论提供基础。实际上，奥尔森（Olson，1965）强调了集团内部存在的免费搭车问题。从最近的公共品理论中，我们知道对免费搭车问题真正的解释在于信息不对称与参与约束的结合。拉丰与马斯金（1979），迈尔森与萨特斯维特（Myerson and Satterthwaite，1983）已经论证过，一般情况下完全信息效率无法在利益集团内部实现，麦拉特与波斯特维特（Mailath and Postlewaite，1990）则证明了随着利益集团规模的增长，无效率现象会变得愈发严重。在委托人提出的机制中安排利益集团的最佳回应，其实相当于在不完全信息条件下提供的公共品，因此，交易成本降低了合谋的效率，也就给委托人带来了好处，这并不奇怪。我们还需要将分析扩展到多代理人情况下，为替代合谋行为建模，去证明由于内部交易成本较低，小集团可能是比大集团更为有影响力的利益集团（也就是对集体决策能产生更大影响的利益集团）。

在本章中，我们强调在不可验证信息条件下的模型中，将激励理论扩展为集体激励理论的方法。我们确实做出了诸多假设，但是这也为进一步的分析提供了坚实的起点。

我们一直设定的一个主要假设是，合谋伙伴总是能够在委托人无法刺探出任何信息的情况下，就合谋契约来协调彼此的反应。效仿纳什执行的一般方法，我们可以尝试着通过扩展机制来探出信息。我们可以为这样的机制建立合谋模型，也许还可以设计出能够达到完全信息的最优状态的一般机制。即便这是正确的，目前将委托代理模型的逻辑推广开来也是非常不现实的。要么以在一定程度上偏离委托代理模型为代价，要么对委托人的契约设定不完全性的特殊假设，我们才能够为在可能出现具有吸引力的合谋时产生的交易成 202

本建模。

因为这一方法可以扩展显示原理，因此对规范政治经济学特别有吸引力。于是我们可以对具有可实施性的配置进行特征描述，并且更进一步地，还可以对因信息不对称而产生的利益集团活动的最优宪政反应进行特征描述。

进一步的研究可以有三个方向：

第一，保留基本模型，用更多的类型、更多的代理人（带来替代联盟的问题）、合谋契约是无效的（由于缺少第三方，也没有特定的拓展性的议价形式）等等来研究同样的模型。

第二，在委托人能够刺探出合谋活动相关信息的更为一般的机制中，为合谋建模。

第三，放松可实施的合谋契约的假设，寻求动态模型中声誉所导致的自我实施（可首先参考梯若尔（1992）与马赫蒂摩（1997））。

有了这种新的方法，我们就可以提出一个在联盟形成过程中交易成本内生的理论。它为我们打开了一个突破口，使我们开始去了解，为何一些联盟形成了，而另一些联盟则成为了泡影，这样一来，它也就提出了一种利益集团的理论，并且提出了为应对利益集团而设计制度时不可忽视的一些要素。到目前为止，人们深知，契约会影响一项制度的表现。我们可以从这个视角出发，向前走得更远。代理人根据信息结构，可以在制度内设计私下契约，这些私下契约都会对他们的绩效产生影响，即便由于防范合谋原则的存在使这种影响仅仅是间接的。这一理论还有很多值得检验的丰富含义，我们也希望能够进一步深入研究。[①]

203 第 8 章附录

A. 8. 1　命题 8. 6 的证明

契约 G 与 S 下博弈的决策树为：

① 一个相关的典型事实是非洲的战争与部落的分布有关，如民族分化指数描述的那样（见科利尔与霍夫勒（Collier and Hoeffler，1998））。

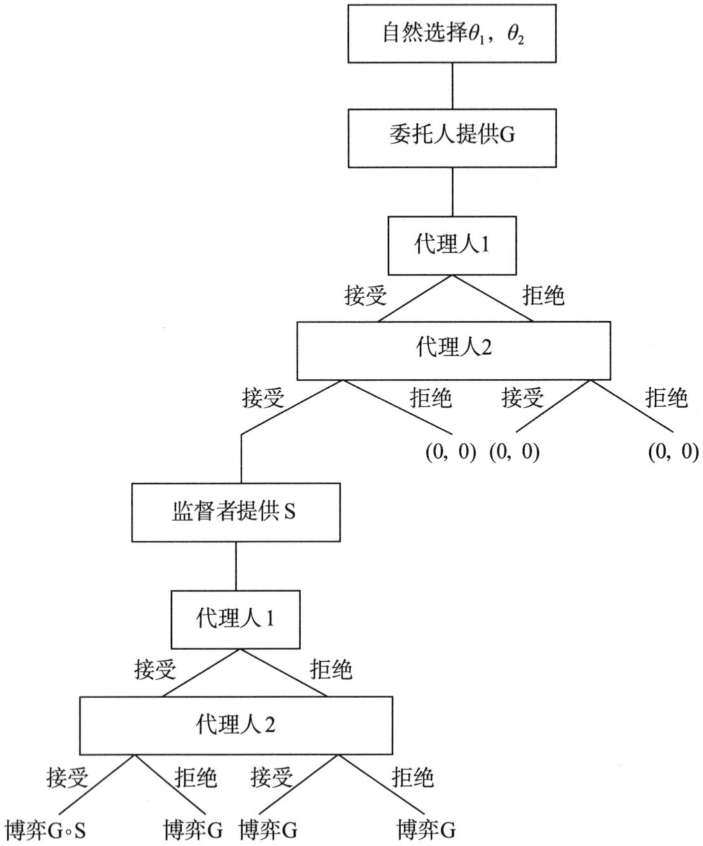

我们的兴趣在于，对上述博弈的完美贝叶斯均衡（PBE）$G^* \circ S^*$ 进行描述。G^* 将 $M_1 \times M_2$ 映射到配置空间（生产水平及转移支付）。G^* 考虑到联盟形成博弈的连续均衡，将委托人的预期福利最大化。我们假设非均衡观点依旧是原始的观点。S^* 将空间特征 $\Theta \times \Theta$（$\Theta = \{\underline{\theta}, \bar{\theta}\}$）映射到讯息空间及私下转移支付。在贝叶斯激励约束、预算平衡约束及个体理性约束下，S^* 将代理人的预期总效用最大化，这种情况下所要求的预期效用水平要比在说真话时的纳什均衡博弈 G^* 下的效用水平更高。 204

$\tilde{G} = G^* \circ \tilde{S}^*$ 为说真话显示机制，可以诚实地执行 $G^* \circ S^*$ 的完美贝叶斯均衡，而且在这种机制中，监督者的最优策略是提供无效私下契约（无操纵报告且无私下转移支付）。如果这种情况不为真，那么监督者可以提供 $\tilde{S}$，然后获得比 $G^* \circ S^*$ 机制下更高的效用水平，而 $G^* \circ S^*$ 所得

到的效用水平要比 G^* 时更高。这就与 S^* 最优相矛盾了。

因此，为描述委托人可以达到的全部完美贝叶斯均衡，描述出一个既是中间个体激励相容的又是中间个体理性的显示机制也就足够了，在这个显示机制中第三方的最优策略是提供零合谋契约。写出问题Ⅱ的一阶条件，并且加上一条“说真话行为和无私下转移支付时最优的”，最后一个必要条件即可达成。

在问题Ⅱ，令 $\rho(\theta_1, \theta_2)$，δ_1，δ_2，ν_1，ν_2，$\bar{\nu}_1$，$\bar{\nu}_2$ 分别为约束条件（8.22）至（8.32）各式的乘数。对 $y_1(\cdot, \cdot)$，$y_2(\cdot, \cdot)$ 进行最大化，我们得到：

$$\rho(\underline{\theta},\underline{\theta}) + p_{11}(\delta_1 + \underline{\nu}_1) = 0 \tag{8.45}$$

$$\rho(\underline{\theta},\underline{\theta}) + p_{11}(\delta_2 + \underline{\nu}_2) = 0 \tag{8.46}$$

$$\rho(\underline{\theta},\bar{\theta}) + p_{12}(\delta_1 + \underline{\nu}_1) = 0 \tag{8.47}$$

$$\rho(\underline{\theta},\bar{\theta}) - p_{11}\delta_2 + p_{12}\bar{\nu}_2 = 0 \tag{8.48}$$

$$\rho(\bar{\theta},\underline{\theta}) - p_{11}\delta_1 + p_{12}\bar{\nu}_1 = 0 \tag{8.49}$$

$$\rho(\bar{\theta},\underline{\theta}) + p_{12}(\delta_2 + \underline{\nu}_2) = 0 \tag{8.50}$$

205 注意，由式（8.41），（8.42）可得

$$\delta_1 + \underline{\nu}_1 = \delta_2 + \underline{\nu}_2 \tag{8.51}$$

由式（8.43），（8.44）可得

$$\delta_1 + \underline{\nu}_1 = -\frac{p_{11}}{p_{12}}\delta_2 + \underline{\nu}_2 \tag{8.52}$$

由式（8.45），（8.46）可得，

$$\delta_2 + \underline{\nu}_2 = -\frac{p_{11}}{p_{12}}\delta_1 + \bar{\nu}_1 \tag{8.53}$$

对 ϕ_{11}，ϕ_{12}，ϕ_{21}，ϕ_{22} 进行最大化，我们得到：

$$\phi_{11}^* \in \arg\max_{\phi_{11}}\{p_{11}[t_1(\phi_{11}) + t_2(\phi_{11}) - 2\underline{\theta}q(\phi_{11})] + (\delta_1 + \underline{\nu}_1)p_{11}[t_1(\phi_{11}) - \underline{\theta}q(\phi_{11})] + (\delta_2 + \underline{\nu}_2)p_{11}[t_2(\phi_{11}) - \underline{\theta}q(\phi_{11})]\}$$

或者，运用式（8.47），得到

$$\phi_{11}^* \in \arg\max_{\phi_{11}}\{t_1(\phi_{11}) + t_2(\phi_{11}) - \underline{\theta}q(\phi_{11})\} \tag{8.54}$$

$$\phi_{12}^{*} \in \arg\max_{\phi_{12}} [p_{12}[t_1(\phi_{12}) + t_2(\phi_{12}) - (\underline{\theta} + \bar{\theta})q(\phi_{12})] + (\delta_1 + \underline{\nu}_1)p_{12}[t_1(\phi_{12}) - \underline{\theta}q(\phi_{12})] - p_{11}\delta_2[t_2(\phi_{12}) - \underline{\theta}q(\phi_{12})] + p_{12}\bar{\nu}_2[t_2(\phi_{12}) - \bar{\theta}q(\phi_{12})]\}$$

或者，运用式（8.48），得到

$$\phi_{12}^{*} \in \arg\max_{\phi_{12}} \{t_1(\phi_{12}) + t_2(\phi_{12}) - \left(\underline{\theta} + \bar{\theta} + \frac{p_{11}}{p_{12}}\varepsilon_1 \Delta\theta\right) q(\phi_{12})\} \tag{8.55}$$

其中

$$\varepsilon_1 = \frac{\delta_2}{1 + \delta_1 + \underline{\nu}_1}$$

对称地，

$$\phi_{12}^{*} \in \arg\max_{\phi_{21}} \left\{ (t_1(\phi_{21}) + t_2(\phi_{21}) - \left(\underline{\theta} + \bar{\theta} + \frac{p_{11}}{p_{12}}\varepsilon_2 \Delta\theta\right) q(\phi_{12}) \right\}$$

其中

$$\varepsilon_2 = \frac{\delta_1}{1 + \delta_2 + \underline{\nu}_2}$$

及 206

$$\phi_{22}^{*} \in \arg\max_{\phi_{22}} \{p_{22}[t_1(\phi_{22}) + t_2(\phi_{22}) - 2\bar{\theta}q(\phi_{22})] - p_{12}\delta_1[t_1(\phi_{22}) - \underline{\theta}q(\phi_{22})] - p_{12}\delta_2[t_2(\phi_{22}) - \underline{\theta}q(\phi_{22})] + p_{22}\bar{\nu}_1[t_1(\phi_{22}) - \bar{\theta}q(\phi_{22})] + p_{22}\bar{\nu}_2[t_2(\phi_{22}) - \bar{\theta}q(\phi_{22})]\}$$

我们将目标函数改写成：

$$(p_{22} - p_{12}\delta_1 + p_{22}\bar{\nu}_1)[t_1(\phi_{22}) - \bar{\theta}q(\phi_{22}) - \Delta\theta p_{12}\delta_1 q(\phi_{22})] + (p_{22} - p_{12}\delta_2 + p_{22}\bar{\nu}_2)[t_2(\phi_{22}) - \bar{\theta}q(\phi_{22}) - \Delta\theta p_{12}\delta_2 q(\phi_{22})] \tag{8.56}$$

注意到在对称均衡下，$\delta_1 = \delta_2 = \delta$，$\bar{\nu}_1 = \bar{\nu}_2 = \bar{\nu}$，$\varepsilon_1 = \varepsilon_2 = \varepsilon$。从式（8.47），（8.48），（8.49）得到：

$$p_{22}-p_{12}\delta+p_{22}\bar{\nu}=p_{22}(1+\delta+\underline{\nu})+p_{22}\left(1+\frac{p_{11}}{p_{12}}\right)\delta-(p_{22}+p_{21})\delta$$
$$=p_{22}(1+\delta+\underline{\nu})+\frac{\delta\rho}{p_{12}}$$

用 $1+\delta+\underline{\nu}$ 去除式（8.53），我们得到：

$$\left(p_{22}+\frac{\rho\varepsilon}{p_{12}}\right)[t_1(\phi_{22})+t_2(\phi_{22})-2\bar{\theta}]-2\Delta\theta p_{12}\varepsilon q(\phi_{22})$$

因此

$$\phi_{22}^{*}\in\arg\max_{\phi_{22}}\left\{t_1(\phi_{22})+t_2(\phi_{22})-2\left[\bar{\theta}+\Delta\theta\frac{p_{12}\varepsilon}{p_{22}+\frac{\rho\varepsilon}{p_{12}}}q(\phi_{22})\right]\right\} \tag{8.57}$$

方程（8.54），（8.55），（8.57）总结了防范合谋约束条件，在这里 ε 是 [0，1) 区间中的自由变量。

207

第 9 章　合谋与分权

要获得授权的好处，当然要付出代价。由于代理人的机会主义行为，委托人遭受福利损失。即使是在最好的环境下，代理损失依然是无法消除的。

——基维特与麦卡宾斯（Kiewiet and McCubbins，1991），第 37 页

9.1　引言

政府理论中一个主要的争论就是多大的分权程度才是合适的。[①] 在制定决策的过程中，很

① 参见经济政策研究中心（CEPR，1993）对辅助性原则相关概念的讨论，以及基维特与麦卡宾斯（Kiewiet and McCubbins，1991）有关美国国会授权的分析。

大一部分相关信息都分散在广大社会成员中。组织设计的目的是建立起沟通的渠道，并且分配代理权，从而能以最低的成本来使用这些信息。① 在授权的情况下，外围的代理人与权力中心没有直接沟通的渠道。他们的信息报告必须沿着层级一层层向上传达，而权力中心的建议则自上向下传达，在传达过程中，还会授予层级中某些特定级别一定的决策权。反过来，在集权的情况下，外围的代理人与权力中心直接沟通，由权力中心制定所有的决策。这些截然不同的组织各有怎样的利弊？在这些不同的安排下，激励问题是如何解决的？沟通约束条件对每种情况的影响究竟是什么？在一个给定的信息不对称的分布中，最优的组织形式应该是怎样的？

208 在接下来的 9.2 节中，我们考虑当宪政（委托人）面对两个有可能合谋的私下获取信息的代理人时的授权问题。结果表明，在私人信息相互独立而且代理人均为风险中性时，授权不会给委托人带来成本。9.3 节甚至表明，对于有限理性的委托人，由于合谋约束和有限沟通之间的相互作用，授权仍有可能是更令人偏爱的一种选择。9.4 节将分析进一步拓展，考察了两个代理人的私人信息相互关联时的特殊情况。这将我们带回到了第二章中的监管模型，该模型在信息不可验证情况下可以通用。如果契约授权的对象是风险厌恶型的代理人，那么这种对风险的厌恶会产生新的交易成本，这将成为一般授权理论的主要部分。9.5 节作出结论。

9.2　相互独立的情形

我们要使用的模型就是第 8 章中的模型，但是选取的是相互独立情形下的模型。我们会论证，授权可以是没有成本的。

9.2.1　最优集权宪政

在 $\underline{\theta}$ 型代理人的临时激励约束条件，和 $\bar{\theta}$ 型代理人的临时参与约束条件下，宪政将预期社会福利最大化，即：

---

① 参考伯曼（Baiman，1982），巴伦与贝赞可（Baron and Besanko，1992，1995），克里默与里奥丹（Cremer and Riordan，1987），迈克菲与麦克米伦（McAfee and McMillan，1995）。

$$(\text{Ⅰ})\quad \max_{\substack{(q_{ij},t_{ij})\\ i,j=1,2}} \nu^2[S(q_{11})-2\underline{\theta}q_{11}-2\lambda t_{11}]+2\nu(1-\nu)[S(q_{12}) -(\underline{\theta}+\bar{\theta})q_{12}-\lambda(t_{12}+t_{21})]+(1-\nu)^2[S(q_{22})- 2\bar{\theta}q_{22}-2\lambda t_{22}]$$

约束条件为

$$\nu(t_{11}-\underline{\theta}q_{11})+(1-\nu)(t_{12}-\underline{\theta}q_{12})\geqslant\nu(t_{21}-\underline{\theta}q_{12})+(1-\nu)\cdot(t_{22}-\underline{\theta}q_{22}) \tag{9.1}$$

$$\nu(t_{21}-\bar{\theta}q_{12})+(1-\nu)(t_{22}-\bar{\theta}q_{22})\geqslant 0 \tag{9.2}$$

我们注意到，在预期转移支付仅为

$T_1=\nu t_{11}+(1-\nu)t_{12}$ 209

$T_2=\nu t_{21}+(1-\nu)t_{22}$ 时，

（Ⅰ）可以改写为：

$$(\text{Ⅱ})\quad \max_{\substack{(q_{ij},t_{ij})\\ i,j=1,2}} \nu^2[S(q_{11})-2\underline{\theta}q_{11}]+2\nu(1-\nu)[S(q_{12}) -(\underline{\theta}+\bar{\theta})q_{12}]+(1-\nu)^2[S(q_{22})-2\bar{\theta}q_{22}]-2\lambda\nu T_1 -2\lambda(1-\nu)T_2$$

$$T_1-\underline{\theta}[\nu q_{11}+(1-\nu)q_{12}]\geqslant T_2-\underline{\theta}[\nu q_{12}+(1-\nu)q_{22}] \tag{9.3}$$

$$T_2-\bar{\theta}[\nu q_{12}+(1-\nu)q_{22}]\geqslant 0 \tag{9.4}$$

求解式（9.3）和（9.4）中的 T_1 与 T_2，并将其代入（Ⅱ），我们得到：

$$(\text{Ⅲ})\quad \max_{\substack{(q_{ij},t_{ij})\\ i,j=1,2}} \nu^2[S(q_{11})-2\underline{\theta}q_{11}]+2\nu(1-\nu)[S(q_{12}) -(\underline{\theta}+\bar{\theta})q_{12}]+(1-\nu)^2[S(q_{22})-2\bar{\theta}q_{22}] -2\lambda\nu\underline{\theta}[\nu q_{11}+(1-\nu)q_{12}] -2\lambda(1-\nu)\bar{\theta}[\nu q_{12}+(1-\nu)q_{22}] -2\lambda\nu\Delta\theta[\nu q_{12}+(1-\nu)q_{22}]$$

因此，解为（与 8.2 节中的一样）：

$$S'(q_{11})=2(1+\lambda)\underline{\theta} \tag{9.5}$$

$$S'(q_{12})=(1+\lambda)(\underline{\theta}+\bar{\theta})+\frac{\lambda\nu}{1-\nu}\Delta\theta \tag{9.6}$$

$$S'(q_{22})=2(1+\lambda)\bar{\theta}+\frac{2\lambda\nu}{1-\nu}\Delta\theta \tag{9.7}$$

我们观察到，只有预期转移支付 T_1 与 T_2 是确定的。因此，在决定转移支付时我们有两个自由度，它们可以用来获得额外的性质。

(a) 占优策略执行且事后的个体理性约束条件[1]

我们可以选择：

$$t_{21}=\bar{\theta}q_{12}\quad t_{22}=\bar{\theta}q_{22}$$

210 占优策略执行要求：

$$t_{11}-\underline{\theta}q_{11}\geqslant t_{21}-\underline{\theta}q_{12}=\Delta\theta q_{12}$$
$$t_{12}-\underline{\theta}q_{12}\geqslant t_{22}-\underline{\theta}q_{22}=\Delta\theta q_{22}$$

我们选择：

$$t_{11}=\underline{\theta}q_{11}+\Delta\theta q_{12};\quad t_{12}=\underline{\theta}q_{12}+\Delta\theta q_{22}$$

这当然也意味着，贝叶斯策略的执行。

(b) 防范合谋执行

按照 8.5 节的推论（$\rho=0$），我们知道防范合谋需要两个附加约束条件：

$$2t_{11}-2\underline{\theta}q_{11}\geqslant t_{12}+t_{21}-2\underline{\theta}q_{12} \tag{9.8}$$
$$t_{21}+t_{12}-(\underline{\theta}+\bar{\theta})q_{12}\geqslant 2t_{22}-(\theta+\bar{\theta})q_{22} \tag{9.9}$$

所以，在贝叶斯策略执行时，我们可以用这两个自由度来保证防范合谋。

命题 9.1　在转移支付如式（9.1），（9.2），（9.8），（9.9）所示时，式（9.5），（9.6），（9.7）描述了最优集权防范合谋的宪政所具有的特征。

接下来我们将看看把契约权力授予一个代理人时，失去控制所带来的成本有多少。

---

① 这一结果是穆克尔吉与赖希斯坦（Mookherjee and Reichelstein，1992）论文中一个命题的特殊情况，在这个命题中，作者给出了贝叶斯策略执行优于占优策略执行的一般条件。这一命题是拉丰与梯若尔（1987）论文中一个结果的一般化总结，该结果表明，占优策略下的维克里拍卖等同于最优贝叶斯拍卖。

9.2.2 最优授权

现在，宪政与代理人 2 不发生任何关系，仅仅与代理人 1 签订契约，而代理人 1 与代理人 2 之间有契约关系。假设代理人 1 是在与代理人 2 签订契约之前接受或拒绝委托人的要约。我们的博弈分析采取逆向归纳法求解，假设代理人 1 运用显示机制与代理人 2 签订契约，仍不失分析的一般性。

但是，这是一个具有私人价值的知情委托代理问题。根据马斯金与梯若尔（1990）的命题 11，如果在博弈前委托人向代理人披露自身类型的话，委托人既不会受益也没有损失。因此，我们假设代理人 2 知晓代理人 1 所属的类型，在代理人 2 的参与约束和激励约束条件下，代理人 1 能够将其自身的期望收益最大化。

用 $s(m)$，$q(m)$ 表示委托人提供给代理人 1 的机制，m 是需要代理人 1 提供的讯息，在这一机制中，m 将该代理人所获得的全部信息 211
都映射到 M 中，即 $(\theta_1, \theta_2) \in \Theta \times \Theta$。

用 $\phi(\theta_1, \theta_2)$ 表示代理人 1 承诺要转达给委托人的讯息，而 $y(\theta_1, \theta_2)$ 则代表代理人 1 支付给代理人 2 的补偿性支付。在代理人 2 的激励约束和参与约束条件下，代理人 1 通过最大化其自身的期望效用，来寻求最优的内部契约。即对下式求解：

$$(\text{IV}) \quad \max_{\phi(\cdot), y(\cdot)} \quad \nu[s(\phi(\theta_1, \underline{\theta})) - y(\theta_1, \underline{\theta}) - \theta_1 q(\phi(\theta_1, \underline{\theta}))] + (1-\nu)[s(\phi(\theta_1, \bar{\theta})) - y(\theta_1, \bar{\theta}) - \theta_1 q(\phi(\theta_1, \bar{\theta}))]$$

约束条件为

$$y(\theta_1, \underline{\theta}) - \underline{\theta} q(\phi(\theta_1, \underline{\theta})) \geqslant y(\theta_1, \bar{\theta}) - \underline{\theta} q(\phi(\theta_1, \bar{\theta})) \tag{9.10}$$

$$y(\theta_1, \underline{\theta}) - \bar{\theta} q(\phi(\theta_1, \bar{\theta})) \geqslant 0 \tag{9.11}$$

跟往常一样，我们只写出 $\underline{\theta}$ 类型代理人 2 的激励约束和 $\bar{\theta}$ 类型代理人 2 的个体理性约束。

解式（9.10）和（9.11），将其代入（Ⅳ），得到：

$$(\text{V}) \quad \max_{\phi(\cdot)} \quad \nu[s(\phi(\theta_1, \underline{\theta})) - (\theta_1 + \underline{\theta}) q(\phi(\theta_1, \underline{\theta})) - \Delta\theta q(\phi(\theta_1, \bar{\theta}))] + (1-\nu)[s(\phi(\theta_1, \bar{\theta})) - (\theta_1 + \bar{\theta}) q(\phi(\theta_1, \bar{\theta}))]$$

再次应用显示原理，我们知道宪政在从 $\Theta \times \Theta$ 到说真话 $R \times R_+$ 的过程中，可以将其自身约束在显示机制（$s(\cdot)$，$q(\cdot)$）中。设：

$$\phi(\theta_1,\theta_2)=(\theta_1,\theta_2)$$

在（V）中是最优的，我们马上得到：

对任意（θ_1，θ_2）都有

$$s_{11}-2\underline{\theta}q_{11}\geqslant s(\theta_1,\theta_2)-2\underline{\theta}q(\theta_1,\theta_2)$$

$$s_{12}-\left(\underline{\theta}+\bar{\theta}+\frac{\nu}{1-\nu}\Delta\theta\right)q_{12}\geqslant s(\theta_1,\theta_2)-\left(\underline{\theta}+\bar{\theta}+\frac{\nu}{1-\nu}\Delta\theta\right)q(\theta_1,\theta_2)$$

$$s_{21}-(\underline{\theta}+\bar{\theta})q_{12}\geqslant s(\theta_1,\theta_2)-(\underline{\theta}+\bar{\theta})q(\theta_1,\theta_2)$$

$$s_{22}-\left(2\bar{\theta}+\frac{\nu}{1-\nu}\Delta\theta\right)q_{22}\geqslant s(\theta_1,\theta_2)-\left(2\bar{\theta}+\frac{\nu}{1-\nu}\Delta\theta\right)q(\theta_1,\theta_2)$$

除去上述这些约束条件之外，在获知代理人 2 的类型之前，宪政
212 还必须加入代理人 1 的临时参与约束。根据我们的预期，只有 $\bar{\theta}$ 类型代理人 1 的约束条件和之前获得的向上的激励约束条件具有约束力。考虑到问题的对称性①，我们得到宪政的最优化方案，如下：

$$(\text{VI})\quad \max_{\substack{q_{ij},t_{ij}\\ i,j=1,2}}\ \nu^2[S(q_{11})-2\underline{\theta}q_{11}-\lambda s_{11}]+2\nu(1-\nu)[S(q_{12})-(\underline{\theta}+\bar{\theta})q_{12}-\lambda s_{12}]+(1-\nu)^2[S(q_{22})-2\bar{\theta}q_{22}-\lambda s_{22}]$$

约束条件为

$$s_{11}-2\underline{\theta}q_{11}=s_{12}-2\underline{\theta}q_{12}$$

$$s_{12}-\left(\underline{\theta}+\bar{\theta}+\frac{\nu}{1-\nu}\Delta\theta\right)q_{12}=s_{22}-\left(\underline{\theta}+\bar{\theta}+\frac{\nu}{1-\nu}\Delta\theta\right)q_{22}$$

$$\nu[s_{12}-[\underline{\theta}+\bar{\theta})q_{12}-\Delta\theta q_{22})+(1-\nu)(s_{22}-2\bar{\theta}q_{22}]=0$$

解（VI），我们再次得到式（9.5）、（9.6）、（9.7）。

命题 9.2　授权下的最优宪政等同于集权下的最优防范合谋宪政。

这一命题（显而易见）将梅吕麦、穆克尔吉与赖希斯坦（Melumad，Mookherjee and Reichelstein，1995）证明的结果变得更具一般性，根据他们的研究结果，集权（不考虑合谋的可能性）等于授权。② 对委托人

---

① 很容易论证，对称情形 $q_{12}=q_{21}$ 和 $s_{12}=s_{21}$ 不会限制分析的一般性。

② 参见伊东（Itoh，1993），巴里加和斯约斯特洛姆（Balliga and Sjostrom，1996）对道德风险下授权与合谋的研究。

来说，控制上的损失是没有成本的。在授权中，代理人 1 的契约选择变成一个道德风险变量。然而，委托人完全可以预期得到，而且，因为代理人 1 是风险中性的，并且对代理人 2 的类型毫不知情，委托人还是可以达到同样的配置结果，就像他在掌控着这个道德风险变量一样。[①]

9.3 有限沟通下相互独立的情形 213

沟通方面的限制是组织的一个基础结构特征，直到激励理论出现之前，它一直都是组织理论关注的核心。极少有学者将这两类研究结合在一起。格林和拉丰（1982）曾对可传递信息的维度提出一系列的约束条件，之后他们二人（1986）运用香农（Shannon）的信息理论对这些约束条件建模，并研究了这些约束条件与激励约束条件之间的互动效应。我们可以通过引入一个相应的固定成本，来对每个信号报告的过程进行建模（戴伊（Dye，1985））。梅吕麦，穆克尔吉与赖希斯坦（Melumad，Mookherjee and Reichelstein，1995）在建模时，曾经运用代理人在报告其所属类型时，即便其类型是连续分布的，也仅仅汇报有限个数的讯息的概率，来描摹沟通的不完备性。所有这些方法都是有争议的，因为它们并不是通往那个迟迟没有出现的有限理性理论的完美捷径。

我们将假设（有限沟通假设），由于委托人的有限理性，有关类型的向量无法全部传达给委托人。委托人只能接收到报告的要点，而无法获得报告的实质特征。

命题 9.3 授权下的最优宪政不会受到有限沟通的影响。

我们观察到，对称约束没有对授权契约施加什么限制（参见 203 页脚注①）。由于代理人 1 向代理人 2 提供激励契约的结果会随着代理人 2 的类型不同而发生变化，因此转移支付的不对称性会在代理人的关系中重建。

命题 9.4 集权下的最优宪政（没有合谋）不会受到有限沟通的影响。

---

① 众所周知，对于分别起作用且风险中性的效用函数，道德风险是无害的。

证明：最优契约要求从与 $q_{12}=q_{21}$ 对称的问题开始，并且在契约的选择上我们有两个自由度。我们利用其中一个自由度，令 $t_{12}=t_{21}$。

214 有限沟通本身或者防范合谋本身都不会使集权和授权的等价性失效。然而，当两种约束条件同时施加作用时，授权就比集权更具优势。

命题 9.5　集权下的最优防范合谋宪政会受到有限沟通的影响。它要求满足以下条件：

$$S'(q_{11})=2(1+\lambda)\underline{\theta}$$

$$S'(q_{12})=(1+\lambda)(\underline{\theta}+\bar{\theta})+\frac{\lambda(1+\nu)}{2(1-\nu)}\Delta\theta$$

$$S'(q_{22})=2(1+\lambda)\bar{\theta}+\frac{\lambda\nu\Delta\theta}{1-\nu}$$

证明：防范合谋要求有两个自由度，这样一来，从式（9.1）、（9.2）、（9.8）、（9.9）所获得的转移支付就会和 $t_{12}=t_{21}$ 时的有限沟通约束条件产生矛盾。

引入匿名性，相关的约束条件为：

$$2(t_{11}-\underline{\theta}q_{11})\geqslant 2(t_{12}-\underline{\theta}q_{12}) \tag{9.12}$$

$$2t_{12}-(\underline{\theta}+\bar{\theta})q_{12}\geqslant 2t_{22}-(\underline{\theta}+\bar{\theta})q_{22} \tag{9.13}$$

$$\nu(t_{12}-\bar{\theta}q_{12})+(1-\nu)(t_{22}-\bar{\theta}q_{22})\geqslant 0 \tag{9.14}$$

也就是两个防范合谋约束条件和临时的 $\bar{\theta}$ 类型代理人的个体理性约束条件。

注意到在（$\underline{\theta}$，$\underline{\theta}$）状态下，（9.12）式等同于一个（占优策略的）激励约束条件。（9.13）式相当于：

$$2(t_{12}-\underline{\theta}q_{12})\geqslant 2(t_{22}-\underline{\theta}q_{22})+\Delta\theta(q_{12}-q_{22})$$

这意味着，既然 $q_{12}>q_{22}$，那么在（$\underline{\theta}$，$\bar{\theta}$）状态下另一个（占优策略的）激励约束条件为：

$$t_{12}-\underline{\theta}q_{12}\geqslant t_{22}-\underline{\theta}q_{22}$$

这两个占优策略激励约束条件意味着贝叶斯激励约束条件（9.1）。

215 根据（9.12）、（9.13）、（9.14）式对转移支付求解，将解代入预期社会福利函数并同时将总量最大化，得到命题 9.5。

有限沟通假设能够为合谋行为提供一些空间。考虑到 9.2.1 节中的无合谋的最优对称机制，$t_{12}=t_{21}$，以及占优策略执行。转移支付满足：

$$t_{11}-\underline{\theta}q_{11}=t_{12}-\underline{\theta}q_{12}$$
$$t_{12}-\underline{\theta}q_{12}=t_{22}-\underline{\theta}q_{22}$$
$$\nu(t_{12}-\bar{\theta}q_{12})+(1-\nu)(t_{22}-\bar{\theta}q_{22})=0$$

由于 $q_{22}<q_{12}$，于是 $t_{22}-\bar{\theta}q_{22}>t_{22}-\bar{\theta}q_{12}=t_{12}-\bar{\theta}q_{12}$。

我们看到，有效率代理人诚实地显示自身的类型时，就对无效率的代理人施加了负外部性（前提是 $q_{22}<q_{12}$；而 $q_{22}=q_{12}$ 则会破坏这一外部性）。在这种情形下，无效率的代理人很愿意去贿赂有效率代理人，让他给委托人错误的报告。无效代理人在合谋中可以与合谋伙伴来分享的利益份额为：

$$(t_{22}-\bar{\theta}q_{22})-(t_{12}-\bar{\theta}q_{12})=\Delta\theta(q_{12}-q_{22})$$

委托人可以通过一个混同契约（$q_{12}=q_{22}$）来破坏合谋，或者提高 t_{12} 来满足下述合谋约束条件：

$$2t_{12}-(\underline{\theta}+\bar{\theta})q_{12}\geqslant 2t_{22}-(\underline{\theta}+\bar{\theta})q_{22}$$

综上所述，我们从命题 9.4 和 9.5 得出的结论是，因为授权能够达到次优状态，而防范合谋集权却无法达到，所以授权优于防范合谋的集权。授权也是合谋的一种，只不过此时所有的谈判力量都属于代理人 1，而在集权时，代理人各自都拥有一定的谈判力量。如果委托人能够实现授权下所要求的谈判力量的不对称分布，那么他就能从中获益。在集权下，当存在着一组类型为 $\underline{\theta}$ 和 $\bar{\theta}$ 的代理人时，委托人和代理人之间的有限沟通约束会强加给两方代理人同等的待遇，授权的不对称消除了这一同等待遇约束，对委托人是有利的。[①]

由于显示原理，只有在次优框架下，授权对于委托人而言才是有 *216*
价值的。通过在沟通上设定约束条件，我们已经给出了这样一个次优框架。关于授权的优势的更一般理论将会探讨其他的次优约束条件。这其中最为传统的约束条件是对委托人的有限承诺。[②] 这样一来，文献

① 最新的进展请参考拉丰与马赫蒂摩（1998）。

② 这个约束条件本身往往就是宪政所强加的，这是关于宪政在契约上的局限性的另一个例子，只是勉强认可了对授权的长度（length of delegation）的限制，却并没能使用一个更加完善的契约。

讨论在证明授权对于解决承诺问题能起到一部分作用时，就要依赖于有给定偏好的第三方是否可用（参考罗格夫（Rogoff，1985），斯普尔伯与贝赞可（Spulber and Besanko，1992），费希特曼，贾德与卡莱（Fershitmann，Judd，and Kalai，1991））。而这些偏好来自何处仍然是个问题。

有另外一个选择，就是像我们在第Ⅱ部分所做的那样，承认委托人是非仁慈的。于是，授权所起到的作用仍旧如前所述（西布莱特（Seabright，1996)。在同一框架下，佛尔-格里默与马赫蒂摩（Faure-Grimaud and Martimort，1999）比较了两种授权的时机选择（选举前和选举后），他们将这两种时机选择进一步解释为政治上独立的官僚和不独立的官僚。

9.4 风险厌恶

就像我们在之前的章节中看到的那样，契约选择的授权会带来道德风险问题。为了解决信息不对称的问题，代理人 1 与代理人 2 签订激励相容的契约。代理人 1 必须要放弃一部分租金给代理人 2，租金的大小取决于代理人 2 的类型：从代理人 1 的角度而言，在知道代理人 2 的类型之前与委托人签订契约是有风险的。如果代理人 1 是风险厌恶型的，那么要他承担这个风险，就必须要给他一定的风险补偿。对委托人而言，授权产生了一个新的交易成本，即对代理人 1 的风险补偿。

我们本可以用前面几个章节中的模型来发展这个设想。但我们选择另一个思路，重新回到第二章中的监管模型，但假设条件中有两个地方要变动一下：一是在这一章中，假定监管者获得的信号是不可验证的，是私人信息；二是考虑一个噪音信号，以此来保持与
217 前面章节中的注释的一致性。我们将会得到一个在信息不可验证时监管的新理论。[①]

9.4.1 基准模型

现在，代理人 2 代表生产公共品的企业，其边际成本为 $\theta\in\{\underline{\theta},\bar{\theta}\}$，

① 更多的细节请参考佛尔-格里默（Faure-Grimaud），拉丰与马赫蒂摩（1998）。

在此我们仍然沿用前面的符号含义，$\theta_1=\underline{\theta}$，$\theta_2=\bar{\theta}$。政治家一监管者的信息技术由两个信号构成，$\tau_1$ 与 τ_2，其随机结构如下：

$$p_{ij}=\Pr(\theta=\theta_i,\tau=\tau_i) \text{ 且 } \rho=p_{11}p_{22}-p_{12}p_{21}>0$$

然后，对任何 i，j，均有 $\Pr(\theta=\theta_i/\tau=\tau_i)=\dfrac{p_{ij}}{p_{12}+p_{2j}}$

而且我们注意到，因为 $\rho>0$，有

$$\Pr(\theta=\theta_1/\tau=\tau_1)=\frac{p_{11}}{p_{11}+p_{21}}>\frac{p_{12}}{p_{12}+p_{22}}=\Pr((\theta=\theta_1/\tau=\tau_2)$$

因此，τ_1 是对 θ_1 有利的信号，τ_2 则是对 θ_2 有利的信号。简单起见，我们假定代理人同样也可以观察到这些信号。

假设政治家一监管者（代理人 1）有恒定的绝对风险厌恶，其效用函数为：

$$V(s)=1-e^{-rs}$$

时机选择与第二章中一致。在政治家与企业之间没有合谋的情况下，委托人无须给政治家任何转移支付就可以了解到 $\tau\in\{\tau_1,\tau_2\}$，而政治家对所有信息的态度是中立的。

对每一个 τ 值，委托人都会在企业的激励和个人理性约束条件下，最大化预期社会福利，即：

$$\max_{\substack{(q_{ij},t_{ij})\\ i,j=1,2}} \Pr(\theta=\theta_1/\tau=\tau_j)(S(q_{1j})-\theta_1 q_{1j}-\lambda t_{1j}) + \Pr(\theta=\theta_2/\tau=\tau_j)(S(q_{2j})-\theta_2 q_{2j}-\lambda t_{2j})$$

约束条件为： 218

$$t_{1j}-\theta_1 q_{1j}\geqslant t_{2j}-\theta_1 q_{2j}$$
$$t_{2j}-\theta_2 q_{2j}\geqslant t_{1j}-\theta_2 q_{1j}$$
$$t_{1j}-\theta_1 q_{1j}\geqslant 0$$
$$t_{2j}-\theta_2 q_{2j}\geqslant 0$$

一如既往，$\underline{\theta}$ 类型代理人的激励约束和 $\bar{\theta}$ 类型代理人的参与约束条件具有约束力，于是有：

$$\max_{\substack{q_{ij}\\ i,j=1,2}} \Pr(\theta=\theta_1/\tau=\tau_j)[S(q_{1j})-(1+\lambda)q_{1j}-\lambda\Delta\theta q_{2j}]$$

$$+\Pr(\theta=\theta_2/\tau=\tau_j)[S(q_{2j})-(1+\lambda)q_{2j}]$$

因而：

$$S'(q_{1j}^*)=(1+\lambda)\underline{\theta}$$

$$S'(q_{2j}^*)=(1+\lambda)\bar{\theta}+\frac{p_{1j}}{p_{2j}}\Delta\theta \quad j=1,2$$

由于相关关系为正，$\frac{p_{11}}{p_{21}}>\frac{p_{12}}{p_{22}}$且 $q_{22}^*>q_{12}^*$。当传递的信号是 τ_1 时，生产水平会低于传递信号为 τ_2 时的生产水平，这是因为委托人面临有效率类型企业（这时的委托人要放弃昂贵的信息租金）时，其生产可能性边界位于更高的位置上。

9.4.2　完全信息下的合谋

如果政治家和企业可以共享他们的私人信息，而且我们继续考虑显示机制 $s(\theta_i,\ \tau_j)$，$t(\theta_i,\ \tau_j)$，$q(\theta_i,\ \tau_j)=q_{ij}$，对所有 θ_i，τ_j，个体与集体激励约束可以写成：

$$t(\theta_1,\tau_1)-\theta_1 q_{11}\geqslant t(\theta_2,\tau_1)-\theta_1 q_{21}$$
$$t(\theta_1,\tau_2)-\theta_1 q_{12}\geqslant t(\theta_2,\tau_2)-\theta_1 q_{22}$$
$$s(\theta_1,\tau_1)\geqslant s(\theta_1,\tau_2)$$
$$s(\theta_1,\tau_2)\geqslant s(\theta_1,\tau_1)$$
$$s(\theta_2,\tau_1)\geqslant s(\theta_2,\tau_2)$$
$$s(\theta_2,\tau_2)\geqslant s(\theta_2,\tau_1)$$

219 对所有 $\theta_{i'}$，$\tau_{j'}$，

$$V(s(\theta_{i'},\tau_j))+t(\theta_{i'},\tau_j)-\theta_i q_{ij}\geqslant V(s(\theta_{i'},\tau_{j'}))+t(\theta_{i'},\tau_{j'})-\theta_i q_{i'j'}$$

监管者的效用函数是平坦的（即不随着生产水平而改变），这个事实意味着给监管者的支付是固定的，而且考虑到合谋约束条件，于是：

$$t(\theta_1,\tau_1)=t(\theta_1,\tau_2)$$
$$t(\theta_2,\tau_1)=t(\theta_2,\tau_2)$$

因此，委托人被限制在未运用有关 τ 的讯息的无条件最优状态中。其特点是：

$$S'(q_{11}^u)=S'(q_{12}^u)=(1+\lambda)\underline{\theta}$$

$$S'(q_{21}^{u}) = S'(q_{22}^{u}) = (1+\lambda)\bar{\theta} + \lambda \frac{p_{11}+p_{12}}{p_{21}+p_{22}}\Delta\theta$$

在这种信息情境下，如果将契约授权给政治家，因为不涉及放弃一部分租金留给企业，所以，政治家的效用函数是：

$$V[s(\theta,\tau) - \theta q(\theta,\tau)]$$

而且，函数 $V(\cdot)$ 与激励和参与约束条件不相关。我们再次达到了无条件最优状态，当然，如果我们将契约授权给企业（也就是简单的忽略了信号 τ），也会得到类似的结果。

9.4.3 不完全信息条件下的合谋

在不完全信息条件下，存在合谋时最优的集权契约应具有怎样的特征，遵循的仍是第八章中的分析方法。由于代理人之间的不对称和风险厌恶，如果全面考虑，我们的分析将会陷入可怕的复杂计算。因此，简单起见，我们这里只对比两种类型的授权。

授权给代理人

很明显，如前所述，如果代理人观察到了信号，没有什么办法能够探得这些信息。而且，如果代理人没有观察到信号，那么代理 220
人也没有办法能够探得政治家的信息。我们得到的仍然是无条件最优状态。

授权给政治家

延续 9.2 节的思路，政治家承诺提供经操纵的报告 $\phi(\theta_i, \tau_j)$，并且给代理人 $y(\theta_i, \tau_j)$ 的转移支付，在代理人激励和参与约束条件下（假定代理人观察到了 τ_j），这两个变量都会使政治家的期望效用达到最大化（期望效用水平在一定程度上取决于信息 τ_j）。

政治家的最优化方案可简写成：

$$\max_{(\phi(\cdot))} \Pr(\theta_1 \mid \tau_j)V[s(\phi(\theta_1,\tau_j)) - \theta_1 q(\phi(\theta_1,\tau_j)) - \Delta\theta q(\phi(\theta_2,\tau_j))] + \Pr(\theta_2 \mid \tau_j)V[s(\phi(\theta_2,\tau_j)) - \theta_2 q(\phi(\theta_2,\tau_j))]$$

运用显示原理，我们知道，委托人可以将其自身限制在显示机制 $S(\cdot)$，$q(\cdot)$ 中，从而诱使政治家诚实地显示其信息 (θ_i, τ_j)。实际上最优 $\phi(\cdot)$ 是恒等函数（V 是指数），我们得到了委托人面临的激励约束：

$$s_{11}-\theta_1 q_{11} \geqslant s_{21}-\theta_2 q_{21}+\Delta\theta q_{21} \tag{9.15}$$

$$s_{12}-\theta_1 q_{12} \geqslant s_{22}-\theta_2 q_{22}+\Delta\theta q_{22} \tag{9.16}$$

$$\begin{aligned} & s_{11}-\theta_1 q_{11}-\Delta\theta q_{21}-\frac{1}{r}\log\left\{\frac{p_{11}}{p_{11}+p_{21}}+\frac{p_{21}}{p_{11}+p_{21}}e^{-r[s_{21}-\theta_2 q_{21}-s_{11}+\theta_1 q_{11}+\Delta\theta q_{21}]}\right\} \\ \geqslant & s_{11}-\theta_1 q_{11}-\Delta\theta q_{22}-\frac{1}{r}\log\left\{\frac{p_{11}}{p_{11}+p_{21}}+\frac{p_{21}}{p_{11}+p_{21}}e^{-r[s_{22}-\theta_2 q_{22}-s_{11}+\theta_1 q_{11}+\Delta\theta q_{21}]}\right\} \end{aligned} \tag{9.17}$$

政治家的参与约束是：

$$\begin{aligned} & s_{11}-\theta_2 q_{11}+\Delta\theta q_{21} \\ & -\frac{1}{r}\log\left\{\frac{p_{11}}{p_{11}+p_{21}}+\frac{p_{21}}{p_{11}+p_{21}}e^{-r[s_{21}-\theta_2 q_{21}-s_{11}+\theta_1 q_{11}+\Delta\theta q_{21}]}\right\} \geqslant 0 \end{aligned} \tag{9.18}$$

$$\begin{aligned} & s_{12}-\theta_1 q_{12}+\Delta\theta q_{22} \\ & -\frac{1}{r}\log\left\{\frac{p_{12}}{p_{12}+p_{22}}+\frac{p_{22}}{p_{12}+p_{22}}e^{-r[s_{22}-\theta_2 q_{22}-s_{12}+\theta_1 q_{12}+\Delta\theta q_{22}]}\right\} \geqslant 0 \end{aligned} \tag{9.19}$$

在（9.16）到（9.20）的条件下，委托人最大化其期望效用：

221

$$\sum_{ij} p_{ij}(S(q_{ij})-\theta_i q_{ij}-\lambda s_{ij})$$

将此解写成作为风险厌恶因素 r 的函数，得到：

$$S'(q_{11}(r)) = S'(q_{12}(r)) = (1+\lambda)\underline{\theta} \tag{9.20}$$

$$S'(q_{21}(r)) = (1+\lambda)\bar{\theta}+\lambda\Delta\theta\frac{p_{11}e^{-r\Delta\theta(q_{22}(r)-q_{21}(r))}}{p_{21}+p_{11}(1-e^{-r\Delta\theta(q_{22}(r)-q_{21}(r))})} \tag{9.21}$$

$$\begin{aligned} & S'(q_{22}(r)) = (1+\lambda)\bar{\theta}+\frac{\lambda\Delta\theta}{p_{22}}(p_{11}+p_{12}- \\ & \left.\frac{p_{21}p_{11}e^{-r\Delta\theta(q_{22}(r)-q_{21}(r))}}{p_{21}+p_{11}(1-e^{-r\Delta\theta(q_{22}(r)-q_{21}(r))})}\right) \end{aligned} \tag{9.22}$$

我们将上述讨论作出如下总结：

命题 9.6

a）授权给政治家的最优宪政要求满足式（9.20）、（9.21）、（9.22）。

b）$q_{21}(r)$ 是一个关于 r 的递增函数，$q_{22}(r)$ 则是一个递减函数。

另外，对所有的 r，都有 $q_{21}(r)<q_{22}(r)$。

c) $\lim_{r\to\infty}q_{21}(r)=\lim_{r\to\infty}q_{22}(r)=q_2^u$

图 9—1 描述了上述解的行为： 222

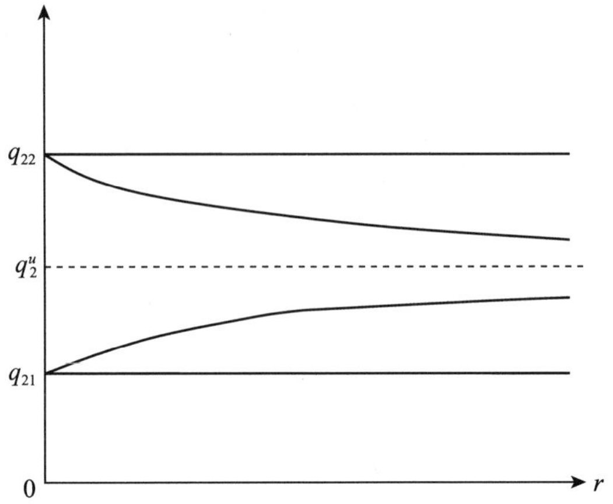

图 9—1

当风险厌恶趋近于零时，我们得到了有条件的最优状态。实际上，既然政治家是风险中性的，那么就不必为他在与代理人的契约中所承担的风险而支付风险补偿。委托人以零成本获得了信息 τ。随着风险厌恶的增加，则必须给政治家高额的风险补偿了。为了降低成本，委托人通过减少 q_{22} 与 q_{21} 之间的差异，也就是降低生产水平和政治家的信息之间的关联性，从而降低给企业的激励支付的风险。当风险厌恶无穷大时，我们得到了无条件的最优状态。政治家观察到的不可验证信息变得毫无用武之地了。

为了明确解对信号中所含信息程度的敏感性，我们考虑以下特殊情况：

$$\Pr(\tau=\tau_1 \mid \theta=\theta_1)=\Pr(\tau=\tau_2 \mid \theta=\theta_2)=\varepsilon \quad \varepsilon\geqslant 1/2$$

当 ε 趋近于 1/2 时（无信息的信号），该解收敛到无条件的最优状态。当 $\varepsilon=1/2$ 时，在独立情况下，解是连续的。

当 ε 趋近于 1 时（完全信息），该解同样收敛到无条件最优（与 9.4 节中一样）。看起来，合谋好像是完美的。

这意味着如果委托人能够控制政治家的信息结构，那么他将提供一个中等水平相关度的信息结构，这使我们想起了命题 4.1.b。

除此之外，我们还观察到，在第 2 章中，合谋的交易成本是个外生变量，而政治家和代理人之间的不完全信息则是将合谋的交易成本内生化的一种方式。实际上，当 $\Delta\theta$，Δq 较小时，如果交易成本如下所示，我们可以将这两个模型看作是一致的①：

$$k \approx \frac{r}{2}\left(1+\frac{\nu\varepsilon}{(1-\nu)(1-\varepsilon)}\right)\Delta\theta\Delta q$$

这就为建立起一个将这些交易成本都纳入考虑范围的组织设计理
223 论提供了基石。比如说，在两个代理人之间选择谁来担当监管者时，这一理论就倾向于选择风险厌恶程度较轻的代理人，从而降低所需的风险补偿。

最后，我们注意到在这个模型中，授权给政治家比授权给代理人要好。更一般地来说，政府设计必须要解决授权的最优配置问题。

9.5　结论

授权有两个作用。但是由于切断了委托人与两个代理人中其中一个之间的沟通，使得运用马斯金博弈不可行，而通过马斯金博弈，委托人可以仰仗出现相互矛盾的报告的概率来获取一般信息。授权基本上限制了委托人对显示机制的运用，使其无法探取授权代理人已获取的全部信息，包括他自己的私人信息以及他要求另一个代理人提供的信息。

此外，授权还引发了一个道德风险问题，原因是无法观察到授权代理人与另一代理人之间的契约选择，因而他们之间的契约选择也变得不再直接可控。当代理人是风险中性时，授权与控制的损失是不相关的。

于是，将风险中性和我们在集权模式下对合谋的建模方式结合起来，导致授权过程中并不会发生效率损失。分权看起来是没什么成本的。

① 请参考佛尔-格里默（Faure-Grimaud），拉丰与马赫蒂摩（1998）。

当委托人只具备有限理性，并且只能接收很有限的信息时，尽管委托人和代理人的目标是矛盾的，也不难看出，利用所有信息的分权或许会比运用有限信息的集权更有优势。9.3 节给出了一个更为复杂的结果，复杂到它将防范合谋约束条件和有限沟通约束结合在了一起，从而使授权的优越性表露出来（而有限沟通约束本身是做不到的）。

当授权代理人是风险厌恶型时，相对于委托人是风险中性型的集权而言，授权引入了一个新的交易成本，因为伴随着底层代理人的激励相容契约而生的风险必须要由授权代理人来承担，这样一来，授权代理人就会要求一定的风险补偿。

这些洞见澄清了当存在利益集团时政府中的授权问题。与过去相 224
比，这些发现开启了一条通往更为复杂的环境下，对授权最优结构研究的新路径。值得一提的是，在第Ⅰ部分中我们探寻的所有问题，都可以用对不可验证信息的分析中这个交易成本的新理念来重新审视。此外，这些问题还可以像第Ⅱ部分中所做的那样，嵌入到派系政治的模型中进行分析。

225

第10章　结束语

如果没有范式，常规科学就将不复存在。

——T. 库恩（Thomas Kuhn，1962），第100页

在阿罗-德布鲁世界（Arrow-Debreu world）中所描述的经济活动，需要一个外在的政治和司法体系，而这个体系并不属于经济分析的范畴。但是一旦引入公共物品，集体决策的必要性就变得十分明确了，它不再仅仅是定义并强加一个司法体系。我们已经论证了这样一个集体决策过程需要中间人角色，他们是民众的代理人，既是因为在某些事务上需要他们这些比普通民众知悉得更多的人，也是因为在某些不可预料的情况下需要他们做出决策。

民众必须授权给这些中间人，他们被称为政治家，拥有监管与制定剩余决策的双重职能。

授权带来了激励问题，我们可以从两个层面来分析。

首先假定宪政试图将定义完善的社会福利最大化，第一个困难就来自于政治家的私人信息，这些信息会使得他们追逐私利，甚至被利益集团所俘获。在这里，信息是政治家权力大小的决定因素，因此必须要对包含政治家选举过程在内的政府机构设计进行研究，从而减少授权的成本。

本书的第Ⅰ和第Ⅲ部分正是沿着这条研究思路进行的。第 2 章描述了宪政必须如何扭曲经济活动来避免政治家被他们所掌控的利益集团所俘获。对政治家和官僚的激励要恰到好处，而且，决策过程必须程序化，从而限制在与这些激励相容的层面上进行合谋的利益。第 3 章探讨了权力分割可以将合谋的交易成本提高到什么程度，才能有助于打击俘获行为。第 4 章研究了政府机构之间的沟通渠道应该如何作出结构化的设计，而且对于强调互惠偏好的危险性的制衡分析亦有所 226
贡献。自始至终，对合谋本身的建模都是一个核心问题。第Ⅰ部分基于梯若尔的可验证信息下的合谋模型，该模型的适用范围十分有限，这也是为什么在第Ⅲ部分中我们又回到了团队激励这一中心问题，在第 8 章我们引入了一个新的方法，来描述当利益集团的私人信息是不可验证信息并且不能被第三方证实的情况下，对利益集团活动的最优宪政反应应该具有哪些特点。第 9 章运用了同样的框架，分析在真实情景下（宪政必须限制与政治家的沟通）授权的成本和收益问题。这两章为政治经济学、组织理论以及社会学的研究开辟了新的路径，为确定基于私人信息的集体行为所产生的经济成本提供了一个更为一般也更具建设性的思路。

第Ⅱ部分承认，在控制政治家的自由裁量权时，宪政的作用十分有限，并且在分析中引入了政治家的民主选举过程。之所以运用简单多数博弈来决定哪个政治家将成为剩余决策者，其根本原因还是在于现实世界的复杂性，以及宪政规则无法预测到所有自然状态的局限性。宪政的制定者面临着两难选择，一边是赋予政治家大量的政策工具，冒着让政治家过度追求私人利益的风险，提高事后的效率，另一边是严格限制政治家的自由裁量权，带来诸多的事后无效率。第 4 章和第 5 章以对自然垄断的监管为背景，对这个权衡问题进行了研究，而第 6 章则探讨了环境政策中相关的权衡问题。

在把政治经济学的一系列核心思想形成正式的理论体系的过程中，信息经济学一直都非常有用，如政治家作为知情监管者或剩余决策者的多样角色，权力分离的利弊，互惠偏好的危险，政府在谨慎与灵活性之间的权衡，对合谋和腐败的制度回应等等。

227 本书中所使用的模型还非常简单，并不足以解释丰富的政治制度，而且读者也会从其他角度来思考政治经济学。实际上，政治学的文献看起来与我们的模型相去甚远，这主要归结于两个原因：第一，这些文献聚焦于零和博弈模型中的分配冲突；第二，这些文献小心翼翼地运用制度细节来寻求将政府的决策程序模型化。

这的确很好，然而政治经济学远比这更加复杂。政治经济学是一门研究经济活动与政治决策程序之间相互作用的学问。考虑到社会中的信息分权，我们已经获得了从政治决策到信息租金的决定和分配的映射关系，也就是一个从政治学到经济学的映射关系。同时，这些租金的分配还定义了合谋行为能带来的利益，而且决定了那些会与政治事件发生相互作用并同时决定政治选择走向的利益集团的形成，这也是从政治学到经济学的映射关系。于是，我们拥有了新政治经济学所需的全部要素，在未来的日子里，应该能够更好地整合政治学的最新进展。

参考文献

Aghion, P. and P. Bolton, (1994), 'Government Domestic Debt and the Risk of Default: A Political-Economic Model of the Strategic Role of Debt', Ch. 11 in *Public Debt Management: Theory and History*, R. Dornbusch and M. Draghy (eds.), Cambridge University Press, Cambridge, England.

Aghion, P. and P. Bolton, (1997), 'Incomplete Social Contracts', mimeo.

Auriol, E. and J. J. Laffont, (1992), 'Regulation by Duopoly', *Journal of Economics and Management Strategy*, 1, 503 - 533.

Baiman, S., (1982), 'Agency Research in Managerial Accounting: A Survey', *Journal of Accounting Literature*, 1,154 – 213.

Balliga, S. and T. Sjostrom, (1996), 'Decentralization and Collusion', mimeo, Harvard University.

Banerjee, A. V., Bestey T. and T. W. Guinnane, (1992), 'Thy Neighbor's Keeper: The Design of a Credit Cooperative with Theory and Test', *Quarterly Journal of Economics*, 46, 491 – 517.

Barnett, A. H., (1980), 'The Pigouvian Tax Rule Under Monopoly', *American Economic Review*, 70 (5), 1037 – 1041.

Baron, D., (1985a), 'Regulation of Prices and Pollution under Incomplete Information', *Journal of Public Economics*, 28, 211 – 231.

Baron, D., (1985b), 'Noncooperative Regulation of a Nonlocalized Externality,' *Rand Journal of Economics*, 16, 553 – 568.

Baron, D. and D. Besanko, (1992), 'Information, Control and Organizational Structure', *Journal of Economics and Management Strategy*, 1,237 – 275.

Baron, D. and D. Besanko, (1995), 'Informational Alliances', mimeo, Stanford University.

Baumol, W. and D. Bradford, (1970), 'Optimal Departures From Marginal Cost Pricing', *American Economic Review*, 60, 265 – 283.

Becker, G., (1976), 'Comment', *Journal of Law and Economics*, 19, 245 -248.

Becker, G., (1983), 'A Theory of Competition Among Pressure Groups for Political Influence', *Quarterly Journal of Economics*, 98, 371 – 400.

Becker, G., (1985), 'Public Policies, Pressure Groups, and Deadweight Costs', *Journal of Public Economics*, 28, 329 – 347.

Bentley, A., (1908), *The Process of Government*, University of Chicago Press, Chicago.

Bernstein, M. S., (1955), *Regulating Business by Independent Commission*, Princeton University Press, Princeton.

Besley, T. and S. Coate, (1995), 'Group Lending, Repayment Incentives and Social Collateral', *Journal of Development Economics*, 46, 1 -18.

Bohm, P., (1981), *Deposit-Refund Systems: Theory and Applications to Environmental, Conservation*, and Consumer Policy, Johns Hopkins University Press for Resources for the Future, Baltimore.

Boyer, M., (1979), 'Les effets de la réglementation', *Canadian Public Policy/Analyse de Politiques*, 469 - 474.

Boyer, M. and J. J. Laffont, (1996), 'Environmental Protection, Producer Insolvency and Lender Liability', Ch. 1 (pp. 1 - 29) in *Economic Policy for the Environment and Natural Resources*, A. Xepapadeas (ed.), Edward Elgar Publishing, Aldershot.

Boyer, M. and J. J. Laffont, (1997), 'Environmental Risks and Bank Liability', *European Economic Review*, 41, 1427 - 1459.

Bramhall, D. F. and E. S. Mills, (1966), 'A Note on the Asymmetry between Fees and Payments', *Water Resources Research*, 2, 615 -616.

Brennan, G. and J. Buchanan, (1977), 'Towards a Tax Constitution for Leviathan', *Journal of Public Economics*, 8, 255 - 273.

Breyer, W. S., (1992), *Breaking the Vicious Circle: Toward Effective Risk Regulation*, Harvard University Press, Cambridge, MA.

Buchanan, J., (1969), 'External Diseconomies, Corrective Taxes and Market Structure', *American Economic Review*, 59, 174 - 176.

Buchanan, J., (1987), 'The Constitution of Economic Policy', *American Economic Review*, 77(3), 243 - 250.

Buchanan, J. M. and G. Tullock, (1965), *The Calculus of Consent*, The University of Michigan Press, Ann Arbor.

Buchanan, J. M, and G. Tullock, (1975), 'Polluters' Profits and Political Response: Direct Control versus Taxes', *American Economic Review*, 65, 139 - 147.

Casper, G., (1997), *Separating Power: Essays on the Founding Period*, Harvard University Press, Cambridge, MA.

CEPR (1993), *Making Sense of Subsidiarity: How Much Centralization for Europe?*, CEPR, London.

Coase, R. H., (1946), 'The Marginal-Cost Controversy', Economica, 13, 169.

Coate, S. and S. Morris, (1995), 'On the Form of Transfers in Special Interests', *Journal of Political Economy*, 103, 1210 - 1235.

Coelho, P. , (1976), 'Polluters' Profits and Political Response: Direct Control versus Taxes: Comment', *American Economic Review*, 66, 976 - 978.

Collier, P. and A. Hoeffier, (1998), 'On Economic Causes of Wars', *Oxford Economic Papers*, 50, 563 - 573.

Congleton, R. , (1984), 'Committees and Rent-Seeking Effort', *Journal of Public Economics*, 25, 197 - 209.

Crémer, J. , (1996), 'Manipulation of Groves Mechanisms', *Games and Economic Behavior*, 13, 39 - 73.

Crémer, J. and R. McLean, (1988), 'Full Extraction of the Surplus in Bayesian and Dominant Strategy Auctions', *Econometrica*, 56, 1247 - 1258.

Crémer, J. and M. Riordan, (1987), 'On Governing Multilateral Transactions with Bilateral Contracts', *Rand Journal of Economics*, 16, 553 -568.

Crocker, T. , (1966), 'The Structuring of Atmospheric Pollution Control Systems', in *The Economics of Air Pollution*, H. Wolozin (ed.), W. W. Norton, New York.

Cropper, M. and W. Oates, (1992), 'Environmental Economics: A Survey', *The Journal of Economic Literature*, 30, 675 - 740.

Crozier, M. , (1963), *Le Phénomène Bureaucratique*, Editions du Seuil, Paris. Translated as *The Bureaucratic Phenomenon*, University of Chicago Press, Chicago (1967).

Cukierman, A. and Y. Spiegel, (1998), 'When Do Representative and Direct Democracies Lead to Similar Policy Choices?', mimeo, Tel Aviv.

Dales, J. H. , (1968a), 'Land, Water and Ownership', *Canadian Journal of Economics*, 1,797 - 804.

Dales, J. H. , (1968b), *Pollution, Property and Prices*, Toronto University Press, Toronto.

Dalton, M., (1959), *Men Who Manage*, reprinted as Ch. 13 in *The Sociology of Economic Life*, M. Granovetter and R. Swedberg (eds.), pp. 314 - 344, Westview Press, Boulder.

Dasgupta, E, P. Hammond and E. Maskin, (1980), 'A Note on the Imperfect Information and Optimal Pollution Control', *Review of Economic Studies*, 47, 857 - 860.

Deb, A., (1963), *Foremanship*, Asia Publishing House, New York. Dewees, D. N., (1983), 'Instrument Choice in Environmental Policy', *Economic Inquiry*, 21, 53 - 71.

Dewees, D. N. and W. A. Sims, (1976), 'The Symmetry of Effluent Charges and Subsidies for Pollution Control', *Canadian Journal of Economics*, 9, 323 - 331.

Dixit, A., (1996), *The Making of Economic Policy: A Transaction* Cost *Politics Perspective*, Munich Lectures in Economics, The MIT Press, Cambridge, MA.

Downs, A., (1957), *An Economic Theory of Democracy*, Harper and Row, New York.

Dupuit, J., (1844), 'De la Mesure de l'Utilité des Travaux Publics', *Annales des Ponts et Chaussées*.

Dupuit, J., (1849), 'De l'Influence des Péages sur l'Utilité des Voies de Communication', *Annales des Ponts et Chaussées*.

Dye, R., (1985), 'Costly Contract Contingencies', *International Economic Review*, 26, 233 - 250.

Edgeworth, F. Y., (1913), 'Contributions to the Theory of Railways', *Economic Journal*.

Ekelund, R. B., (1968), 'Jules Dupuit and the Early Theory of Marginal Cost Pricing', *Journal of Political Economy*, 76, 462 - 71.

Faure-Grimaud, A. and D. Martimort, (1999), 'Political Stabilization by an Independent Bureaucracy', mimeo, IDEI.

Faure-Grimaud, A., J. J. Laffont and D. Martimort, (1998), 'A Theory of Supervision with Endogenous Transaction Costs', mimeo, IDEI.

Fershtmann, C., K. Judd and E. Kalai, (1991), 'Observable Contracts:

Strategic Delegation and Cooperation', *International Economic Review*, 32, 551-559.

Frisch, R., (1939), 'The Dupuit Taxation Theorem', *Econometrica*, 7, 145-150.

Frisch, R., (1970), Nobel Lecture, The Nobel Foundation.

Gibbard, A., (1973), 'Manipulation for Voting Schemes', *Econometrica*, 41,587-601.

Gouldner, A., (1954), *Patterns of Industrial Bureaucracy*, Free Press, New York.

Green, J. and J. J. Laffont, (1977), 'Characterization of Satisfactory Mechanisms for the Revelation of Preferences for Public Goods', *Econometrica*, 45, 427-438.

Green, J. and J. J. Laffont, (1979), 'On Coalition Incentive Compatibility', *Review of Economic Studies*, 46, 243-254.

Green, J. and J. J. Laffont, (1982), 'Limited Communication and Incentive Constraints', Ch. 11 in *Information, Incentives and Economic Mechanisms*, T. Groves, R. Radner and S. Reiter (eds.),

University of Minnesota Press, Minneapolis.

Green, J. and J. J. Laffont, (1986), 'Incentive Theory with Data Compression', Ch. 10, Vol. Ⅲ, in *Uncertainty, Information and Communication*, W. Heller, R. Starr and R. Radner (eds.), Cambridge University Press, Cambridge, England.

Grossman, G. and E. Helpman, (1996), 'Electoral Competition and Special Interest Politics', *Review of Economic Studies*, 63, 265-286.

Guesnerie, R. and J. J. Laffont, (1984), 'A Complete Solution to a Class of Principal-Agent Problems with an Application to the Control of a Self-Managed Firm', *Journal of Public Economics*, 25, 329-369.

Gui E, H. Sonnenschein and R. Wilson, (1985), 'Foundations of Dynamic Monopoly and the Coase Conjecture', *Journal of Economic Theory*, 39, 155-190.

Gupta, S., Van Houtven, G. and M. Cropper, (1996), 'Paying for Permanence: An Analysis of EPA's Cleanup Decisions at Superfund

Sites', *Rand Journal of Economics*, 27, 563 - 582.

Hahn, R. W., (1990), 'The Political Economy of Environmental Regulation: Towards a Unifying Framework', *Public Choice*, 65, 21 - 47.

Hahn, R. W. and A. M. McGartland, (1989), 'The Political Economy of Instrument Choice: An Examination of the U. S. Role in Implementing the Montreal Protocol', *Northwestern University Law Review*, 83, 592 - 611.

Handlin, O. and M. Handlin, eds. (1966), *The Popular Sources of Political Authority; Documents on the Massachusetts Constitution of* 1780, Belknap Press of Harvard University Press.

Holmström, B. and P. Milgrom, (1989), 'Regulating Trade Among Agents', *Journal of Institutional and Theoretical Economics*, 146, 85 -105.

Holmström, B. and P. Milgrom, (1991), 'Multi-task Principal Agent Analysis: Incentive Contracts, Asset Ownership, and Job Design', *Journal of Law, Economics and Organization*, 7, 24 - 52.

Hotelling, H., (1938), 'The General Welfare in Relation to Problems of Taxation and of Railway and Utility Rates', *Econometrica*, 6, 242 -269.

Hotelling, H., (1939), 'The Relation of Prices to Marginal Costs in an Optimum System', *Econometrica*, 7, 151 - 155.

Itoh, H., (1993), 'Collusion, Incentives, and Risk Sharing', *Journal of Economic Theory*, 60, 410 - 427.

Jeon, D. S. and J. J. Laffont, (1999), 'The Efficient Mechanism for Downsizing the Public Sector', forthcoming in *World Bank Economic Review*, The World Bank, Washington DC.

Jones, L. P., P. Tandon and I. Vogelsang, (1990), *Selling Public Enterprises*, MIT Press, Cambridge, MA.

JuUien, B., (1997), 'Participation Constraints in Adverse Selection Models', mimeo, IDEI.

Kahn, R. E, (1935), 'Some Notes on Ideal Output', *Economic Journal*, March.

Kamien, M. L., N. L. Schwartz and F. T. Dolbear, (1966), 'Asymmetry between Bribes and Charges', *Water Resources Research*, 2, 147 - 157.

Kaufman, H., (1961), 'Why Organizations Behave as They do: An Outline of a Theory', *Administrative Theory*, 37 - 72.

Khalil, F. and J. Lawarrée, (1994), 'On Commitment and Collusion in Auditing', mimeo, University of Washington.

Kiewiet, D. R. and M. D. McCubbins, (1991), *The Logic of Delegation*, The University of Chicago Press, Chicago.

Kneese, A. V. and B. T. Bower, (1968), *Managing Water Quality: Economics, Technology, Institutions*, Johns Hopkins University Press for Resources for the Future, Baltimore.

Kofman, F. and J. Lawarrée, (1993), 'Collusion in Hierarchical Agency', *Econometrica*, 61, 629 - 656.

Kofman, F. and J. Lawarr6e, (1996a), 'A Prisoner's Dilemma Model of Collusion Deterrence', *Journal of Public Economics*, 40, 117 - 136.

Kofman, F. and J. Lawarr6e, (1996b), 'On the Optimality of Allowing Collusion', *Journal of Public Economics*, 61, 383 - 407.

Kramnick, I., (1987), *The Federalist Papers*, Introduction, Penguin Books, London.

Kuhn, T., (1962), *The Structure of Scientific Revolutions*, The University of Chicago Press, Chicago.

Laffont, J. J., (1990), 'Analysis of Hidden Gaming in a Three Level Hierarchy', *Journal of Law, Economics and Organization*, 6, 301 - 324.

Laffont, J. J., (1994), 'Regulation of Pollution with Asymmetric Information', Ch. 2 in *Nonpoint Source Pollution Regulation: Issues and Analysis*, C. Dosi and T. Tomasi (eds.), Kluwer Academic Publishers, Dordrecht.

Laffont, J. J. and D. Martimort, (1999), 'Separation of Regulators Against Collusive Behavior', *Rand Journal of Economics*, 30, 232 - 262.

Laffont, J. J. and D. Martimort, (1997), 'Collusion under Asymmetric Information', *Econometrica*, 65, 875 - 911.

Laffont, J. J. and D. Martimort, (1998), 'Collusion and Delegation',

Rand Journal of Economics, 29, 280 - 305.

Laffont, J. J. and D. Martimort, (1999), 'Mechanism Design under Collusion and Correlation', forthcoming *Econometrica*.

Laffont, J. J. and E. Maskin, (1979), 'A Differentiable Approach to Expected Utility Maximizing Mechanisms', in *Aggregation and Revelation of Preferences*, J. J. Laffont (ed.), North-Holland, Amsterdam.

Laffont, J. J. and E. Maskin, (1980), 'A Differential Approach to Dominant Strategy Mechanisms', *Econometrica*, 48, 1507 - 1520.

Laffont, J. J. and T. T. N'Guessan, (1998), 'Competition and Corruption in an Agency Relationship', to appear in *Journal of Development Economics*.

Laffont, J. J. and T. T. N'Guessan, (1999), 'Group Lending with Adverse Selection', to appear in *European Economic Review*.

Laffont, J. J. and J. Tirole, (1987), 'Auctioning Incentive Contracts', *Journal of Political Economy*, 95, 921 - 937.

Laffont, J. J. and J. Tirole, (1993), *A Theory of Incentives in Procurement and Regulation*, MIT Press, Cambridge, MA.

Laffont, J. J. and J. Tirole, (1996), 'Creating Competition through Interconnection: Theory and Practice', *Journal of Regulatory Economics*, 10, 227 - 256.

Lane, J. E. , (1996), *Constitutions and Political Theory*, Manchester University Press, Manchester and New York.

Lange, O. and F. Taylor, (1938), *On the Economic Theory of Socialism*, University of Minnesota Press, Minneapolis.

Launhardt, W. , (1885), *Mathematische Begriindung der Volkswirtschaftslehre*.

Lee, D. R. , (1975), 'Efficiency of Pollution Taxation and Market Structure', *Journal of Environmental Economic Management*, 2, 69 - 72.

Lerner, A. , (1937), 'Statics and Dynamics in Socialist Economics', *Economic Journal*, June.

Lewis, T. , (1997), 'Protecting the Environment when Costs and Benefits are Privately Known', *Rand Journal of Economics*, 27, 819 - 847.

Lewis, T. and D. Sappington, (1989), 'Countervailing Incentives in Agency Problems', *Journal of Economic Theory*, 49, 294-313.

Maggi, G. and A. Rodriguez, (1995), 'On Countervailing Incentives', *Journal of Economic Theory*, 66, 238-263.

Mailath, G. and A. Postlewaite, (1990), 'Asymmetric Information Bargaining Problems with Many Agents', *Review of Economic Studies*, 57, 351-368.

Marshall, A., (1890), *Principles of Economics*, Macmillan, London.

Martimort, D., (1995), 'Multiprincipals Regulatory Charter as a Safeguard Against Opportunism', mimeo, INRA, Toulouse.

Martimort, D., (1997), 'Fhe Life Cycle of Regulatory Agencies: Dynamic Capture and Transaction Costs', forthcoming in *Review of Economic Studies.*

Maskin, E., (1999), 'Nash Implementation and Welfare Optimality', *Review of Economic Studies*, 66, 23-38.

Maskin, E., (1979), 'Implementation and Strong-Nash Equilibrium', Ch. 23 in *Aggregation and Revelation of Preferences*, J. J. Laffont (ed.), North-Holland, Amsterdam.

Maskin, E. and J. Tirole, (1990), 'The Principal-Agent Relationship with an Informed Principal 1: Private Values', *Econometrica*, 58, 379-410.

Maskin, E. and J. Tirole, (1999), 'Unforeseen Contingencies and Incomplete Contracts', *Review of Economic Studies*, 66, 83-114.

Mauro, P., (1995), 'Corruption and Growth', *Quarterly Journal of Economics*, 110, 681-712.

McAfee, P. and J. McMillan, (1995), 'Organizational Diseconomies of Scope', *Journal of Economics and Management Strategy*, 4, 399-426.

McAfee, P. and P. Reny, (1991), 'Correlated Information and Mechanism Design', *Econometrica*, 60, 395-421.

Melumad, N., D. Mookherjee and S. Reichelstein, (1995), 'Hierarchical Decentralization of Incentive Contracts', *Rand Journal of Economics*, 26, 654-692.

Mintzberg, H. , (1979), *The Structuring of Organizations*, Prentice Hall, New York.

Mirrlees, J. , (1971), 'An Exploration of the Theory of Optimum Income Taxation', *Review of Economic Studies*, 38, 175 - 208.

Moe, T. , (1986), 'Interests, Institutions, and Positive Theory: The Politics of the NLRB', *Studies in American Political Development*, 2.

Montesquieu, (1748), *De l'Esprit des Lois*, in Oeuvres Complètes, Editions du Seuil, (ed. 1964), Paris.

Montinola G. , Y. Qian and B. Weingast, (1993), 'Federalism, Chinese Style: The Political Gains of Economic Success of China', mimeo, Hoover Institution, Stanford.

Mookherjee, D. and S. Reichelstein, (1992), 'Dominant Strategy Implementation of Bayesian Incentive Compatible Rules', *Journal of Economic Theory*, 56, 378 - 399.

Moore, J. , (1992), 'Implementation, Contracts and Renegotiation in Environments with Complete Information', Ch. 5 in *Advances in Economic Theory*, 6*th World Congress of the Econometric Society*, J. J. Laffont (ed.), Cambridge University Press, Cambridge, England.

Mueller, D. , (1997), *Constitutional Democracy*, Oxford University Press, Oxford.

Myerson, R. , (1979), 'Incentive Compatibility and the Bargaining Problem', *Econometrica*, 47, 61 - 73.

Myerson, R. , (1982), 'Optimal Coordination Mechanisms in Generalized Principal-Agent Problems', *Journal of Mathematical Economics*, 10, 67 - 81.

Myerson, R. and M. Satterthwaite, (1983), 'Efficient Mechanisms for Bilateral Trading', *Journal of Economic Theory*, 28, 265 - 281.

Neven, D. , (1994), 'The Political Economy of State Aid in the European Community: Some Econometric Evidence', Deep, Lausanne.

Neven D. , R. Nuttall and P. Seabright, (1993), 'Regulatory Capture and The Design of European Merger Policy', in *Merger in Daylight*, D. Neven, R. Nutall and P. Seabright (eds.), CEPR Press, London.

Niskanen, W., (1971), *Bureaucracy and Representative Government*, Aldine-Atherton, Chicago.

Noll, R., (1983), 'The Political Foundations of Regulatory Policy', *Journal of Institutional and Theoretical Economics*, 139, 377 - 404.

Noll, R., (1989), 'Economic Perspectives on the Politics of Regulation', pp. 1253 - 1287 in R. Schmalensee and R. Willig (eds.), *Handbook of Industrial Organization*, North-Holland, Amsterdam.

North, D. C., (1990), 'A Transaction Cost Theory of Politics', *Journal of Theoretical Politics*, 2, 355 - 367.

Olsen, T. and G. Torsvick, (1993), 'The Ratchet Effect in Common Agency: Implication for Regulation and Privatization', *Journal of Law, Economics and Organization*, 9, 136 - 158.

Olson, M., (1965), *The Logic of Collective Action*, Harvard University Press, Cambridge, MA.

Pelzman, S., (1976), 'Toward a More General Theory of Regulation', *Journal of Law and Economics*, 19, 211 - 240.

Persson, T., (1997), 'Economic Policy and Special Interest Politics', *Frank Paish Lecture*, mimeo.

Persson, T. and G. Tabellini, (1996), 'Federal Fiscal Constitutions, Risk Sharing and Moral Hazard', *Econometrica*, 59, 689 - 701.

Persson, T., G. Roland and G. Tabellini, (1997), 'Separation of Powers and Political Accountability', *Quarterly Journal of Economics*, 112, 1163 - 1202.

Pigou, A. C., (1952), The Economics of Welfare, Macmillan, London (reprint of the 4th (1932) edition).

Plato, (1941), *The Republic of Plato*, translated by F. M. Cornford, Oxford University Press, Oxford.

Pollak, R. A., (1995), 'Regulating Risks', *Journal of Economic Literature*, 33, 179 - 191.

Porter, R. and D. Zona, (1993), 'Detection of Bid Rigging in Procurement Auctions', *Journal of Political Economy*, 101(3), 518 - 538.

Posner, R., (1974), 'Theories of Economic Regulation', *Bell Journal of*

Economics, 5, 335 - 358.

Repullo, R., (1986), 'The Revelation Principle under Complete and Incomplete Information', in *Economic Organizations as Games*, K. Binmore and P. Dasgupta (eds.), Basic Blackwell, Oxford.

Riker, W. H., (1962), *The Theory of Political Coalitions*, Yale University Press, New Haven and London.

Riordan, M. and D. Sappington, (1988), 'Optimal Contracts with Ex Post Information', *Journal of Economic Theory*, 45, 189 - 199.

Roberts, M. J. and M. Spence, (1976), 'Effluent Charges and Licenses Under Uncertainty', *Journal of Public Economy*, 84, 193 - 208.

Robinson, J., (1934) 'The Economics of Hyperinflation', *Economic Journal*, September.

Robinson, M., (1985), 'Collusion and the Choice of Auction', *Rand Journal of Economics*, 16, 141 - 145.

Rogoff, K., (1985), 'The Optimal Degree of Commitment to an Intermediate Monetary Target', *Quarterly Journal of Economics*, 100, 1169 - 1189.

Rose-Ackerman, S., (1978), *Corruption: A Study in Political Economy*, Academic Press, New York.

Rousseau, J. J., (1948), *The Social Contract*, Hafner Publishing Company, New York.

Say, J. B., (1840), *Cours d'Economie Politique*, 7ème pattie, Ch. XXIII.

Schumpeter, J., (1954), *History of Economic Analysis*, *Oxford* University Press, New York.

Seabright, P., (1996), 'Accountability and Decentralization in Government: An Incomplete Contracts Model', *European Economic Review*, 40, 61 - 90.

Segerson, K., (1995), 'Liability and Penalty Structures in Policy Design', in *Handbook of Environmental Economics*, D. W. Bromley (ed.), Basil Blackwell, Oxford.

Segerson, K., (1996), 'Issues in the Choice of Environmental Policy Instruments', Ch. 6 (pp. 149 - 174) in *Environmental Policy with Po-*

litical and Economic Integration, J. B. Braden, H. Folmer and T. S. Ulen (eds.), Edward Elgar, Aldershot.

Shleifer, A., (1985), 'A Theory of Yardstick Competition', *Rand Journal of Economics*, 16, 319-327.

Shleifer, A. and R. Vishny, (1993), 'Corruption', *Quarterly Journal of Economics*, 109, 599-617.

Smith, A., (1776), *The Wealth of Nations*, The Modern Library, New York (1937 edition).

Spulber, D. and D. Besanko, (1992), 'Delegation, Commitment, and the Regulatory Mandate', *Journal of Law, Economics and Organization*, 8, 126-154.

Starrett, D., (1972), 'Fundamental Non Convexities in the Theory of Externalities', *Journal of Economic Theory*, 4, 180-199.

Stigler, G., (1971), 'The Economic Theory of Regulation', *Bell Journal of Economics*, 2, 3-21.

Stigler, G., (1982), 'Economists and Public Policy', *Regulation*, 6, 13-17.

Stiglitz, J., (1990), 'Peer Monitoring and Credit Markets', *World Bank Economic Review*, 4, 351-366.

Strausz, R., (1997), 'Collusion and Renegotiation in a Principal- Supervisor-Agent Relationship', *The Scandinavian Journal of Economics*, 99, 497-518.

Tirole, J., (1986), 'Hierarchies and Bureaucracies: On the Role of Collusion in Organizations', *Journal of Law, Economics and Organization*, 2, 181-214.

Tirole, J., (1992), 'Collusion and the Theory of Organizations', in *Advances in Economic Theory, Sixth World Congress Vol.* 2, J. J. Laffont (ed.), Cambridge University Press, Cambridge, England.

Tirole, J. (1994), 'The Internal Organization of the Government', *Oxford Economic Papers*, 46, 1-29.

ToUison, R. (1989), 'Rent Seeking', Ch. 23 in *Perspectives on Public Choice*, D. Mueller (ed.), Cambridge University Press, Cambridge,

England.

Truman, D. , (1951), *The Government Process*, Knopf, New York.

Tullock, G. , (1983), *Economics of Income Redistribution*, Kluwer- Nyhoff, Boston.

Vickrey, W. , (1945), 'Measuring Marginal Utility by Reactions to Risk', Econometrica, 13, 319 – 333.

Vickrey, W. , (1948), 'Some Objections to Marginal-Cost Pricing', *Journal of Political Economy*, 56, 218 – 38.

Vickrey, W. , (1987), 'Marginal - and Average - Cost Pricing', *The New Palgrave*, J. Eatwell *et al*. (eds), Vol. Ⅲ, 311 – 318, Macmillan, London.

Walras, L. , (1897), 'L'Etat et les chemins de fer', *Revue du Droit Public et de la Science Politique*, mai-juin et juillet-août, reprinted in *August et Leon Walras Oeuvres Economiques Completes*, Vol. X, *Economica*, 1992, Paris.

Weitzman, M. L. , (1974), 'Prices vs Quantities,' *Review of Economic Studies*, 41,477 – 91.

Williamson, O. F. , (1989), 'Transaction Cost Economics', in *Handbook of Industrial Organization*, Vol. I, R. Schmalensee and R. Willig (eds.), North-Holland, Amsterdam.

Wilson, J. , (1980), 'The Politics of Regulation', in *The Politics of Regulation*, J. Wilson (ed.), Basic Books, New York.

Wittman, D. , (1989), 'Why Democracies Produce Efficient Results', *Journal of Political Economy*, 97, 1395 – 1424.

Yohe, G. , (1976), 'Polluter's Profits and Political Response: Direct Control versus Taxes: Comment', *American Economic Review*, 66, 981 – 982.

术 语*

A

---

* 陈宁、顾晓波、冯丽君、马幕远、胡安荣、曾景、王晓、孙晖、程诗、付欢、王小芽、马慕禹、张伟、李军、王建昌、王晓东、李一凡、刘燕平、刘蕊、范阳阳、钟红英、赵文荣、王博、刘伟琳、周尧、李君、罗宇、参加了图书的校对工作在此表示感谢。

B

D

E

F

G

H

I

J

K

L

M

N

O

P

Q

R

S

T

U

W

Y

Z

Incentives and Political Economy by Jean-Jacques Laffont
Copyright © Jean-Jacques Laffont，2000
Simplified Chinese version © 2013 by China Renmin University Press.
All Rights Reserved.

Incentives and Political Economy was originally published in English in 2000. This translation is published by arrangement with Oxford University Press and is for sale in the Mainland (part) of the People's Republic of China only.
《激励与政治经济学》英语版 2000 年出版。简体中文版由牛津大学出版社授权中国人民大学出版社出版，仅限中国大陆地区销售发行。

图书在版编目（CIP）数据

激励与政治经济学/（法）拉丰著；刘冠群，杨小静译. —北京：中国人民大学出版社，2013.8
（当代世界学术名著）
ISBN 978-7-300-17919-3

Ⅰ.①激… Ⅱ.①拉… ②刘… ③杨… Ⅲ.①激励-研究 ②政治经济学-研究 Ⅳ.①C936 ②F0

中国版本图书馆 CIP 数据核字（2013）第 198110 号

当代世界学术名著
激励与政治经济学
［法］让-雅克·拉丰（Jean-Jacques Laffont） 著
刘冠群 杨小静 译
刘冠群 周业安 校
Jili Yu Zhengzhi Jingjixue

出版发行	中国人民大学出版社		
社　　址	北京中关村大街 31 号	**邮政编码**	100080
电　　话	010－62511242（总编室）		010－62511398（质管部）
	010－82501766（邮购部）		010－62514148（门市部）
	010－62515195（发行公司）		010－62515275（盗版举报）
网　　址	http://www.crup.com.cn		
	http://www.ttrnet.com（人大教研网）		
经　　销	新华书店		
印　　刷	北京东君印刷有限公司		
规　　格	155 mm×235 mm　16 开本	**版　　次**	2013 年 9 月第 1 版
印　　张	17.5　插页 2	**印　　次**	2013 年 9 月第 1 次印刷
字　　数	259 000	**定　　价**	49.00 元

版权所有　侵权必究　　印装差错　负责调换